Crimes inavoués

DU MÊME AUTEUR CHEZ MIRA

Amnésie
Kidnapping
Le sceau du mal

MARGOT DALTON

Crimes inavoués

Roman

MIRA

Titre original :
THIRD CHOICE
publié par MIRA®

Traduction de l'américain par KATIA NOVET SAINT-LOT

Photos de couverture
Gants : © BURAZIN / MASTERFILE
Mur : © ROYALTY FREE / PHOTODISC / GETTY IMAGES

83/85 boulevard Vincent Auriol 75646 PARIS CEDEX 13.
ISBN 2-280-85592-5 — ISSN 1765-7792

NOTE DE L'AUTEUR

Ce livre est une œuvre de fiction. Il n'existe pas de commissariat de Northwest rattaché au département de police de Spokane, et les personnages de ce roman sont purement imaginaires. S'il s'agissait avant tout d'offrir aux lecteurs une description fidèle du métier d'inspecteur de police, l'auteur s'est permis, pour les besoins de l'intrigue, quelques libertés concernant les procédures judiciaires et administratives.

L'auteur remercie vivement le commissaire James Earle de la police de Spokane, et le commissaire L. K. Eddy (aujourd'hui à la retraite), de la Gendarmerie Royale du Canada, pour leur collaboration généreuse. Toute erreur ou inexactitude éventuelle dans cet ouvrage n'impliquerait pas leur responsabilité, mais celle de l'auteur.

Prologue

La fillette se pencha et, haletante, souleva une boule de neige presque aussi grande qu'elle. La neige, lourde et dense, était idéale pour faire un bonhomme de neige.

Et puis, songea l'enfant, c'était rigolo d'être ainsi, dehors dans la pénombre ; rigolo et un peu effrayant aussi.

Mais la maison était tout près, vaste et rassurante, avec ses guirlandes et ses lumières de Noël.

L'enfant se redressa et tira sur une de ses moufles. Au même instant, la porte d'entrée s'ouvrit et son père apparut sur le seuil. Il tenait un journal à la main.

— Ça va, mon ange ? demanda-t-il.

— Oui, papa. J'ai terminé le bas de mon bonhomme de neige et maintenant je fais son ventre.

— Tu ne peux pas rester là plus longtemps, chérie. C'est l'heure d'aller dormir.

— Non ! cria la petite fille avec passion. Pas encore. Il faut que je finisse mon bonhomme.

— Bon, bon, concéda son père, ainsi que l'enfant l'avait prévu. Je te laisse encore quelques minutes. Mais surtout, ne va pas derrière la palissade.

— D'accord, répondit la petite en le regardant disparaître à l'intérieur de la maison.

Elle déposa une deuxième boule de neige sur la première et recula pour admirer le résultat.

« Super », se dit-elle.

Maintenant, il fallait ajouter une boule plus petite pour la tête. Elle avait déjà tout préparé dans un seau en plastique, qu'elle avait déposé près de la palissade : une carotte pour le nez, un des vieux chapeaux mous de son père et…

Une lumière l'aveugla soudain, et elle leva les yeux, étonnée. Les phares d'une voiture fonçaient sur elle.

Ce n'était pas normal, se dit-elle, confuse. Les voitures devaient rouler sur la chaussée, pas ici, dans le jardin, si près de la maison où elle était toujours en sécurité. Pas ici…

Trop tard. Poussant un cri d'horreur, elle voulut faire un bond de côté. Les pneus du véhicule crissèrent sur la glace et une des ailes frôla la palissade, avant de heurter violemment le petit corps.

L'enfant perçut l'impact. Elle se sentit soulevée dans les airs, comme une poupée de chiffon, avant d'atterrir sur la neige, tel un paquet désarticulé.

Les feux arrière disparurent dans la nuit et la douleur envahit le corps de la petite fille. Elle poussa un gémissement, voulut appeler son père, mais sa bouche était pleine de sang et les mots ne sortaient pas.

Autour d'elle, le monde se mit à changer. Elle avait l'impression de nager sous l'eau, de s'éloigner de la lumière ; elle s'enfonçait peu à peu dans l'obscurité. Les fenêtres de la maison, les décorations de Noël, les lampadaires dans la rue, tout se brouilla, se fondit en une seule couleur.

Puis ce fut le noir absolu.

1.

Dehors, la neige tombait à gros flocons, s'accumulant sur les cèdres et les genévriers constellés de lumières de Noël. Les ampoules colorées scintillaient dans l'obscurité, renvoyant sur le manteau immaculé alentour des petites taches roses ou bleu pâle, vertes ou dorées.

Lovée sur le canapé de cuir, les bras autour des genoux, Jackie Kaminski observait le spectacle à travers la fenêtre, en proie à un sentiment de profonde mélancolie. S'arrachant à sa contemplation, elle s'étira, saisit un magazine et posa ses pieds déchaussés sur l'accoudoir du canapé.

— Je m'étonne toujours que tu te donnes tout ce mal, dit-elle à la jeune femme qui venait d'entrer dans la pièce.

Adrienne Calder posa son plateau sur la table basse. Elle y avait disposé une assiette de gâteaux, des petites timbales en argent et de l'*eggflip*.

— Quel mal je me donne ? demanda-t-elle.

Jackie engloba dans un grand geste le superbe sapin couvert d'anges dorés, les couronnes de pins et les branches de cèdre qui décoraient la cheminée.

— Tous ces trucs de Noël. Je ne sais pas pourquoi, je trouve que cela ne te correspond pas.

Adrienne remplit un gobelet d'*eggflip* et considéra son amie d'un air étonné.

— Que veux-tu dire ?

Jackie haussa les épaules en tournant quelques pages du magazine.

— Pour quelqu'un qui est cynique toute l'année, je trouve que tu deviens drôlement sentimentale quand Noël approche.

— Vraiment ?

Adrienne considéra l'énorme sapin près de la cheminée. Agée d'une trentaine d'années, elle était mince et brune, et on pouvait deviner son humour un peu caustique à la mine détachée qu'elle arborait volontiers.

— A vrai dire, admit-elle, c'est surtout Harlan qui aime célébrer Noël. Je joue le jeu pour lui faire plaisir.

— Ben voyons ! railla Jackie en se penchant pour prendre un gâteau. Allons, regarde autour de toi, Adrienne. Il reste un mois avant le 24 décembre, et on se croirait déjà dans l'atelier du Père Noël.

Adrienne s'installa dans un fauteuil de cuir et croisa les jambes.

— Alors tu n'es pas sensible au charme de Noël ? Ça ne m'étonne pas outre mesure. Je suppose que pour vous autres, flics endurcis, c'est juste un jour comme les autres.

— N'exagérons pas, répondit Jackie, après quelques instants de réflexion. Je n'ai rien contre Noël.

Elle marqua une pause avant de reprendre :

— Mais Paul et moi n'avons pas prévu d'ornements particuliers, cette année.

— Vraiment ? Même pas un petit sapin ?

Jackie secoua la tête.

— On le mettrait où ? Paul passe tout son temps au ranch. Et je ne vois vraiment pas l'intérêt d'installer un arbre de Noël chez moi, alors que je suis toute seule la plupart du temps.

— Tu pourrais décorer le ranch, ce week-end.

— J'ai trop à faire, Adrienne. Je ne peux pas m'éterniser là-bas. D'ailleurs, Paul risque de se sentir encore plus seul dans une maison décorée de guirlandes et autres boules de Noël.

Adrienne secoua la tête.

— Décidément, il est grand temps que vous preniez certaines décisions, tous les deux, dit-elle.

— Je sais. Mais c'est tellement…

Jackie s'interrompit et fronça les sourcils, les yeux fixés sur le magazine.

— Et celle-là ? enchaîna-t-elle. Tu m'imagines là-dedans ?

Elle tendit le magazine à son amie, qui se pencha sur une photo où un mannequin arborait une robe de style empire de soie beige pâle.

— Je ne sais pas, répondit-elle, l'air pensif. Tu es un peu trop grande pour porter la taille aussi haut. En revanche, cette couleur crème t'irait bien au teint.

Une ravissante adolescente blonde entra dans la pièce, vêtue d'un caleçon noir et d'un grand T-shirt blanc. Alex Gerard, la fille adoptive d'Adrienne, s'installa en tailleur, à côté de Jackie, et jeta un coup d'œil à la photo.

— J'aimerais tellement avoir les cheveux noirs et une peau comme la tienne, soupira-t-elle. Tu es si belle.

Jackie éclata de rire et lui tapota la tête d'un geste affectueux.

— Tu parles ! J'ai bien choisi mes ancêtres, voilà tout. Rien de tel qu'un mélange de sang africain, cherokee et russe pour vous donner une couleur de peau intéressante.

— Moi, je crois que tu devrais plutôt porter un tailleur comme celui-là, dit Alex en désignant une autre photo. C'est plus dans ton style qu'une robe longue.

Jackie considéra le cliché qui représentait une jeune femme en tailleur : la jupe, droite, blanche, était assortie à une petite veste courte, bien ajustée.

— Tu as sûrement raison, dit-elle. Je me sentirais peut-être mal à l'aise là-dedans, mais pas complètement ridicule.

— Tu sais quoi ? renchérit Alex en prenant à son tour un gâteau. Je crois que toi et Paul vous devriez vous marier à Noël. Ce serait tellement joli, une cérémonie au milieu de toutes ces décorations.

Le visage d'Adrienne s'éclaira brusquement.

— Quelle bonne idée ! s'exclama-t-elle. On pourrait jouer sur le thème de l'hiver et utiliser des tas de…

— Oh là, on se calme ! intervint Jackie. Noël, c'est dans quelques semaines à peine. On ne peut pas organiser un mariage en si peu de temps.

Adrienne balaya cet argument d'un revers de main.

— Bien sûr que si. Ce n'est pas si compliqué. Tu devrais y réfléchir, Jackie. Vous pourriez vous marier le soir de Noël. Tu imagines comme votre anniversaire de mariage serait romantique, chaque année.

Jackie considéra les visages enthousiastes de ses amies.

Une sorte de malaise s'installait sournoisement en elle, lui nouant le ventre.

— Non, impossible de tout faire en si peu de temps, insista-t-elle. Et je ne parle même pas d'essayer d'obtenir une réservation à cette époque de l'année.

— Oh, je n'aurai aucun mal à t'en obtenir une, déclara Adrienne avec cette assurance que Jackie trouvait toujours irrésistible.

Adrienne Calder avait grandi à Spokane, dans l'Etat de Washington, et elle était issue d'une des plus puissantes et plus riches familles de la région. Elle n'avait jamais connu d'autre vie. A peine sortie de l'adolescence, elle avait épousé un avocat d'affaires qui était son aîné de quinze ans et, en sa compagnie, elle continuait d'évoluer dans les cercles très fermés de la haute société locale.

Pourtant, à bien des égards, l'enfance privilégiée d'Adrienne avait été aussi solitaire, aussi peu encadrée et tout aussi dénuée de chaleur humaine que celle de Jackie, qui s'était déroulée à des centaines de kilomètres de là, dans les quartiers mal famés de Los Angeles. Cette expérience commune avait largement contribué à cimenter leur amitié.

— A supposer que tu puisses obtenir des réservations, reprit Jackie, je ne pense pas que nous soyons prêts à sauter le pas, Paul et moi. Dans quelques mois, peut-être.

— C'est malin, commenta Adrienne en secouant la tête. Encore quelques mois à te rendre malheureuse dans ton appartement, alors qu'il est tout seul dans son ranch ; encore quelques mois à faire des trajets dans un sens et dans l'autre, chaque week-end. Sans compter que tu te fais chaque fois un sang d'encre à l'idée qu'il est peut-être enseveli sous son tracteur.

Alex contemplait la cheminée d'un air rêveur.

— On pourrait attacher des nœuds en satin blanc et des rameaux à l'église, dit-elle. Et Jackie porterait un joli bouquet de Noël…

— Chérie, l'interrompit cette dernière, on ne se mariera probablement pas à l'église. Je n'y suis jamais allée de ma vie, et Paul pas davantage.

— Dans ce cas, on peut faire la cérémonie ici même, dans le salon, suggéra Adrienne. Ou alors chez maman. Ce serait parfait. Il y a toute la place qu'il faut, et Alex et moi nous t'aiderions pour la décoration.

Jackie fit la grimace en revoyant l'énorme et élégant manoir dans lequel Adrienne avait grandi.

— Ton offre est vraiment gentille, mais…

— Mais quoi ? s'exclama son amie avec impatience. La maison de ma mère est l'endroit idéal pour une cérémonie de mariage. Et cela ne la dérangerait pas du tout. Tu le sais bien.

Jackie se remit à feuilleter le magazine. Décidément, elle n'aimait absolument pas le tour qu'avait pris la conversation.

— Tu ne veux même pas y réfléchir ? insista Adrienne en se penchant en avant.

— C'est totalement irréaliste. Si j'organise un mariage tel que tu le décris, il faudra que j'invite ma famille. Tu imagines ma grand-mère, sans parler de Joey et de Carmelo, en train de coudoyer ta mère et tes amis, dans le grand salon ?

— Nous ne sommes pas si snob, tu sais. Et il est grand temps que je fasse la connaissance de ta grand-mère. Elle m'a l'air d'être une femme intéressante.

— Oh, sobre, elle est formidable, ça ne fait pas l'ombre d'un doute, rétorqua Jackie. Quand elle a bu, en revanche, c'est une vraie teigne.

Adrienne ne répondit rien et Jackie continua de feuilleter le magazine d'un air distrait.

La mère de Jackie l'avait abandonnée peu après sa naissance et, quelques années plus tard, elle avait succombé à une overdose de drogue. Quant à son père, Jackie ne l'avait jamais connu. Elle avait été prise en charge par une grand-mère alcoolique qui s'occupait en même temps d'une ribambelle de cousins.

Irène Kaminski était à la fois dure et négligente, et Jackie avait connu une enfance misérable, marquée par la pauvreté et les mauvais traitements. A l'adolescence, elle avait atterri dans une maison de redressement, où elle avait passé vingt-quatre longs mois.

Sitôt sortie, elle avait intégré l'académie de police, bien déterminée à donner une nouvelle direction à sa vie. Et elle avait réussi. Après quelques années dans la police de Los Angeles, Jackie était venue s'installer à Spokane, où elle avait servi le temps requis, comme simple agent, avant de passer brillamment l'examen d'inspecteur.

Cela remontait à quatre ans, maintenant. Elle avait parcouru bien du chemin depuis qu'elle avait quitté son quartier minable, à l'ouest de Los Angeles.

Pourtant, il lui arrivait encore, surtout depuis quelque

temps, de se demander si ce chemin l'avait conduite si loin que cela…

La voix d'Adrienne l'arracha à ses réflexions.

— Jackie ? Tu ne veux pas y réfléchir, au moins ?

— D'accord, concéda celle-ci, sans conviction.

Puis elle s'empressa de changer de sujet.

— Alors, Alex, quelles sont les dernières nouvelles ? Tu joues toujours de la flûte dans l'orchestre du lycée ? Alex hocha la tête.

— Nous allons dans des maisons de retraite deux après-midi par semaine, jusqu'à la fin de l'année, répondit-elle. On a mis au point un petit répertoire de chants de Noël. C'est vraiment sympa, ajouta-t-elle en croquant un autre gâteau. Ils sont tellement contents de nous voir.

Jackie prit la longue natte blonde de l'adolescente et la caressa distraitement.

— Tu es vraiment une chouette fille, Alex, murmura-t-elle. Tu sais ça ?

Le téléphone sonna et Alex bondit sur ses pieds.

— C'est pour moi, lança-t-elle par-dessus son épaule, avant de disparaître dans le vestibule.

Adrienne et Jackie échangèrent un regard amusé, tout en écoutant les pas de la jeune fille rebondir dans l'escalier.

— On dirait qu'elle va bien, remarqua Jackie.

Adrienne poussa un soupir heureux et sirota son *egg-flip*.

— Oui. Elle a des tas d'amis et elle adore le lycée. C'est vraiment le jour et la nuit, entre l'année dernière et cette année.

Les deux femmes se turent un moment, et Jackie repensa

aux épreuves qu'Alex avait dû traverser, moins de deux ans plus tôt.

A quatorze ans, Alexandra Gerard avait été violée par son beau-père. Au lieu de la défendre, sa mère l'avait accusée d'avoir séduit son mari. Alex s'était alors enfuie de Seattle, où elle habitait, et Jackie l'avait trouvée en train de racoler, au coin d'une rue sordide de Spokane. Comme elle n'arrivait pas à lui trouver un endroit pour vivre, elle avait amené l'adolescente chez ses amis, Adrienne et Harlan.

— Si je ne l'avais pas découverte à ce coin de rue, et que vous n'aviez pas accepté de l'accueillir…, murmura-t-elle.

— Ne m'en parle même pas, fit Adrienne en réprimant un frisson.

Elle baissa les yeux sur la timbale en argent qu'elle tenait entre ses mains.

— Sa mère a encore téléphoné la semaine dernière, reprit-elle.

— Vraiment ? fit Jackie.

— J'attendais qu'Alex monte dans sa chambre pour t'en parler. L'appel l'a bouleversée.

— Pauvre gosse, commenta Jackie. Que voulait sa mère, cette fois-ci ?

— Qu'Alex rentre chez eux pour Noël.

— Elle est toujours mariée avec cette ordure ?

— Oui, mais elle prétend que la situation a changé. Elle veut essayer de nouveau.

— Qu'a répondu Alex ?

Adrienne esquissa un petit sourire bref.

— Elle a dit qu'elle était déjà chez elle et qu'elle ne voulait pas passer Noël ailleurs.

— Bravo. Mais ça lui a quand même fait de la peine ?

— Oui.

Adrienne marqua une pause.

— Je me sens un peu triste pour sa mère, aussi. Ce doit être terrible pour elle. En même temps, je ne peux pas m'empêcher d'être heureuse qu'Alex veuille rester avec nous.

— Un jour ou l'autre, elle finira par gérer ses problèmes avec sa famille, commenta Jackie. Mais pas maintenant. Il est encore trop tôt. Elle commence à peine à s'installer dans sa nouvelle vie, à se faire des amis.

— C'est exactement l'avis de Harlan.

— Tu vois bien !

Jackie se replongea dans le magazine, avant d'ajouter :

— J'ai toujours pensé qu'Harlan avait oublié d'être bête.

Les deux amies échangèrent un sourire et Jackie baissa de nouveau les yeux sur le magazine. Il y eut un petit silence, qu'Adrienne interrompit bientôt.

— Jackie ?

— Mmm ?

— Qu'est-ce qui se passe ? Je veux parler de tes projets de mariage.

Jackie fronça les sourcils.

— Comment ça ?

— Tu as une raison de ne pas vouloir te marier ? Je ne crois pas que ce soit lié à tes problèmes de famille ou à la difficulté de monter une réception. J'ai l'impression qu'il y a autre chose.

— Quoi d'autre ?

— Je n'en sais rien. C'est pourquoi je te pose la question. Tu as changé d'avis ?

Jackie secoua la tête.

— Non ! J'aime Paul. Je l'aime très fort. Seulement, parfois, je me sens un peu…

Elle s'interrompit brusquement. Ce fut Adrienne qui reprit la parole.

— Quand j'ai rencontré Harlan, j'avais vingt ans et il en avait trente-cinq. Il a mis des mois à essayer de me convaincre de l'épouser. Moi, je m'obstinais à refuser et je faisais tout pour le décourager ; je le traitais mal, je sortais avec d'autres types. Je me suis vraiment comportée comme une imbécile.

— Pourquoi ? demanda Jackie, étonnée.

— Je ne sais pas trop. C'était sûrement dû au fait que je n'avais jamais vraiment eu de vie de famille. Je t'ai raconté la manière dont ma mère me traitait. Je ne pensais pas que quelqu'un pouvait m'aimer suffisamment pour me rester fidèle. Harlan a eu beaucoup de mal à me convaincre que je n'avais aucune raison d'avoir peur.

— Si tu ne l'avais pas épousé, tu aurais commis la plus grosse erreur de ta vie.

— En effet, répondit Adrienne. Et c'est précisément ce que je suis en train de te dire.

Jackie posa le magazine et regarda les flammes dans la cheminée.

— D'après Paul, expliqua-t-elle, nous avons le choix entre

deux options, et aucune n'inclut la situation présente, à savoir que chacun vive chez soi et qu'on ne se voie que le week-end.

— Quelles sont ces options ?

— La première serait d'organiser un grand mariage et d'inviter tous nos amis, de faire venir ma grand-mère et les cousins de Los Angeles, et au diable les conséquences.

— Ce serait sympa. Et l'autre ?

— L'autre option consisterait à s'installer au ranch. On se débarrasserait de mon appartement et on vivrait ensemble sans se marier.

— Je parie que Paul n'aime pas cette idée.

Jackie secoua la tête d'un air lugubre.

— Non. Pour lui, cela vaut mieux que d'être seul, mais il veut qu'on se marie…

— Pas toi ?

— J'aimerais bien avoir un troisième choix. Par exemple, on pourrait remettre tout ça à plus tard, continuer à vivre chacun de son côté, tout en restant…

Jackie rougit et se tut un instant, puis elle enchaîna :

— Tu vas peut-être trouver ça ridicule, mais tu ne peux pas imaginer à quel point j'ai horreur de prendre des décisions qui concernent ma vie. Surtout des décisions irréversibles. Ça me fait peur.

— Oh, je ne trouve pas ça ridicule du tout. Au contraire ! Je comprends parfaitement ce que tu ressens.

Jackie tourna encore les pages du magazine, avant de le refermer et de le poser sur la table basse.

— Je ne sais pas quel est mon problème, murmura-t-elle au bout d'un moment. Tout le monde se marie, et tout le monde a l'air heureux. Il y a plus d'un an que Carmen a épousé Tony. Chaque fois que je la vois, elle irradie. Brian et Christine aussi… Ils sont tellement heureux que c'en est écœurant.

— Ils sont mignons, tous les deux.

Jackie sourit en revoyant l'expression de plénitude qu'affichaient son équipier et sa nouvelle petite amie.

— Brian est devenu une publicité vivante pour la vie de couple. Et pourtant, il était tellement amer après son divorce. Il n'arrêtait pas de dire que c'était fini avec les femmes, qu'il ne voulait plus jamais avoir de relation sérieuse.

— Il a bien mérité d'avoir un peu de chance, après ce divorce épouvantable. Maintenant, il a une adorable petite amie, et il n'a plus qu'à décider de franchir le pas pour fonder une famille.

— Et puis il y a toi et Harlan, poursuivit Jackie. Vous formez un couple uni, heureux. Quand on vous voit ensemble, ça a l'air tellement facile. Mais je ne sais pas si…

— Quoi ? la pressa Adrienne.

Jackie gigota sur le canapé.

— Je ne sais pas si j'en suis capable. Rien, dans mon enfance, ne m'a préparée à croire à la vie de famille ou à la permanence des relations de couple.

— Allons, Jackie, tu vas avoir trente-quatre ans. Il faudra bien que tu enterres ton enfance, un jour.

Jackie se leva, prit le tisonnier en fer forgé et poussa une bûche dans la cheminée, faisant jaillir une nouvelle gerbe de flammes.

— Je ne sais même pas si on peut vraiment se fier à l'autre, dans un couple, reprit-elle. Quelle que soit la force de l'amour qu'on éprouve pour un homme, peut-on placer sa vie entre ses mains et croire qu'il sera toujours là, qu'il ne vous fera pas souffrir, qu'il ne vous abandonnera pas ?

— Il arrive un moment, dans la vie, où il faut se risquer à sauter le pas, répondit Adrienne. C'est effrayant, bien sûr, mais si tu ne te décides pas à faire confiance à un homme, un jour, tu cours un autre risque : celui de rester toujours seule.

— Je sais, murmura Jackie. Je sais.

Elle reposa le tisonnier et consulta sa montre.

— Mon Dieu ! Tu as vu l'heure ? Il faut que je rentre.

Elle se rendit dans le vestibule et prit son manteau. Adrienne la rejoignit au moment où elle enfilait ses bottes et les laçait.

— Tu devrais réfléchir aux options de Paul, dit-elle. Lui aussi, il a oublié d'être bête, tu sais.

Jackie sourit et se redressa.

— Ne t'inquiète pas pour moi, Adrienne. Je vais m'en tirer.

— Evidemment que tu vas t'en tirer, renchérit son amie en la serrant dans ses bras avant qu'elles se séparent.

Elle la regarda s'éloigner dans l'allée.

— Fais attention. Il neige beaucoup et il y a du verglas.

— Hé, tu oublies que je suis flic, répondit Jackie en essuyant son pare-brise. On nous apprend aussi à conduire, dans la police, ajouta-t-elle avec un sourire.

Mais sitôt installée au volant, elle se rembrunit et un voile de tristesse l'enveloppa.

Son humeur ne s'était guère améliorée quand elle arriva

chez elle. Elle avait toujours aimé son appartement, apprécié l'ameublement spartiate et le sentiment de sécurité qu'elle éprouvait à se trouver au milieu d'objets bien à elle. Mais ces derniers temps, alors que Paul passait désormais presque toutes ses journées et ses nuits au ranch, elle se sentait agitée, perdue, comme si une part vitale d'elle-même lui avait été arrachée.

Elle se mit à arpenter son appartement, passant d'une pièce à l'autre puis, comme elle commençait à tourner en rond, elle vint se planter devant une fenêtre et contempla les guirlandes lumineuses sur le bâtiment d'en face, en se demandant si ce ne serait pas une bonne idée d'acheter un arbre de Noël et de le décorer avant que Paul ne revienne à Spokane pour le week-end.

Puis, écartant ces pensées, elle alla prendre sa flûte et s'installa en tailleur sur le canapé. Elle fit quelques gammes, mais remarqua que ses notes étaient dures, rouillées.

Finalement, elle reposa l'instrument, écrasée de fatigue. Elle se leva, alla choisir un Compact Disc qu'elle glissa dans le lecteur, et retourna s'allonger sur le canapé, où elle se couvrit d'une vieille couverture tricotée par sa grand-mère. Incapable de définir l'origine de sa tristesse, elle luttait pourtant contre une soudaine et violente envie d'éclater en sanglots.

2.

La ville de Spokane est située à l'est de l'Etat de Washington, dans une vallée agricole fertile, bordée d'un côté par les Rocheuses, et de l'autre par les Cascades, à cent soixante kilomètres de la frontière canadienne.

Ayant débuté dans la police à Los Angeles, Jackie s'était vite lassée de la violence qui règne dans cette mégalopole ; soucieuse, en outre, de mettre quelque distance entre elle et ses problèmes familiaux, elle avait cherché un endroit où elle pourrait s'installer et travailler. Finalement, elle avait choisi Spokane, parce que c'était une des rares grandes villes du nord-ouest du pays à ne pas souffrir d'un taux de criminalité ascendant, et aussi parce que le département de police de Spokane avait une réputation d'efficacité, au sein de la communauté : il ne semblait pas pourri, comme tant d'autres, par d'innombrables querelles intestines.

Avec le recul, Jackie ne regrettait pas son choix. La seule ombre au tableau était le climat ; elle ne s'était jamais totalement habituée à ces hivers interminables.

En effet, d'octobre à avril, Spokane est battue par des tempêtes de neige et de glace, entrecoupées de brusques montées de température qui entraînent de grosses inondations. A cette période-là, les services de police et d'urgence sont pris d'assaut et bien souvent débordés.

Heureusement, il y a des trêves, et parfois, un après-midi de janvier se révèle aussi doux et parfumé qu'une journée du mois de juin ; quant à l'été, c'est une saison bénie des dieux à Spokane, qui devient alors un paradis.

« Et puis, nous n'avons pas de tremblements de terre », songea encore Jackie tandis qu'elle roulait en direction du commissariat de Northwest. En ce mardi, au lendemain de sa visite à Adrienne, les rues étaient encombrées par des amas de neige fraîche.

Un chasse-neige descendait lentement l'avenue, faisant gicler de grandes gerbes blanches qui allaient s'entasser le long des trottoirs.

Jackie attendit qu'il passe et considéra la montagne de neige qui bloquait l'entrée du parking réservé au personnel du commissariat.

« Zut », grommela-t-elle. Voilà qu'elle était contrainte de faire le tour du bâtiment pour se garer devant l'entrée, comme tout le monde.

Quelques instants plus tard, elle prenait son attaché-case et son ordinateur portable sur la banquette arrière, son sac, et sortait de la voiture. Puis elle courut se réfugier à l'intérieur, son souffle formant des nuages glacés devant elle.

Le vestibule du commissariat consistait en une petite pièce nue, avec deux chaises rangées contre un mur. Ginny Clarke, la réceptionniste, était perchée derrière un comptoir de bois sur lequel on avait monté une vitre pare-balles. Elle était en train de taper sur un clavier d'ordinateur.

— Hé, Jackie, lança-t-elle, tandis que cette dernière posait son fardeau sur un des sièges et s'asseyait pour délacer ses grosses bottes. Tu veux un brownie ?

Jackie sortit une paire de mocassins de son sac et les enfila, avant de se lever et de marcher vers la réception.

— Tu as des brownies, là-dedans, Ginny ? s'exclama-t-elle en voyant l'étalage de gâteaux et de chocolats sur le classeur métallique.

— Ils viennent presque tous du Club des Epouses de la Police, expliqua Ginny, la bouche pleine. Tu en veux ?

Jackie recula vivement.

— Non, merci. J'ai l'intention d'ignorer Noël, cette année. En tout cas pour ce qui concerne la nourriture. Je n'ai pas envie de prendre cinq kilos.

— Tu parles, commenta Ginny en lui jetant un regard d'envie. Je ne t'ai jamais vue prendre un seul gramme.

— C'est parce que je viens très tôt le matin, trois fois par semaine, pour faire de l'exercice dans la salle de gym, au sous-sol. Sans parler de tous les repas que je saute parce que je suis en train de courir ici et là.

Elle avait déjà la main sur la poignée de la porte menant à la salle de brigade, lorsqu'elle se tourna brusquement.

— Ginny ?

— Oui ? répondit celle-ci, baissant aussitôt les yeux.

— Tu allais me dire quelque chose ?

Ginny parut hésiter, puis elle secoua la tête.

— Je n'ai pas pu faire autrement, Jackie. Je suis désolée.

Presque au même instant, la porte de la salle de brigade s'ouvrit et Alice Polson, la secrétaire administrative, passa sa tête grise dans le vestibule.

— Oh, Jackie, vous voilà ! dit-elle. On vous attend à votre bureau.

Aussitôt, la jeune femme fronça les sourcils.

— Je ne suis pas censée recevoir des gens dans la salle de brigade, alors que je n'ai même pas eu le temps d'arriver. Vous ne pouviez pas les faire attendre ailleurs ?

— Quand tu les auras vus, tu comprendras, intervint Ginny. Nous n'avions pas le choix.

Alice acquiesça d'un signe de tête, avant de regagner son propre bureau, au bout du couloir.

Poussant un soupir, Jackie entra dans la salle, qui résonnait déjà du bruit des conversations matinales, des sonneries de téléphone et du cliquetis des claviers d'ordinateur. Elle sentit la tension qui vibrait dans l'air, le genre de tension qui envahit un poste de police lorsqu'un événement majeur vient de se produire.

Quoi qu'il en soit, songea-t-elle, l'histoire n'avait pas encore percé sur les ondes. Et Jackie n'était pas prête à en apprendre davantage ; elle avait d'autres chats à fouetter.

Une jeune femme était assise sur une chaise, devant son bureau, un bébé dans les bras. Deux petits enfants se tenaient près d'elle ; l'un d'eux, le pouce fourré dans la bouche, regardait gravement les policiers en uniforme et les inspecteurs en bras de chemise, dont l'épaule était sanglée par la courroie de leur étui de revolver.

L'impatience de Jackie à l'égard de Ginny et d'Alice s'évanouit aussitôt. Elle comprenait que les deux femmes n'aient pas eu le choix, en effet. Où auraient-elles pu installer une mère et ses trois petits enfants, dans ce commissariat bruissant d'activité matinale, et alors même que des réunions de patrouille avaient lieu dans les bureaux de tous les chefs ?

Elle déposa ses affaires, tout en observant la jeune femme qui tenait le bébé. Elle pouvait avoir trente ans, estima-t-elle. Timide.

Sans doute jolie, quand elle se donnait la peine de s'arranger un peu, mais ce n'était manifestement pas le cas aujourd'hui. Elle ne portait aucun maquillage. Ses longs cheveux bruns étaient tirés vers l'arrière en une queue-de-cheval, et des taches de rousseur constellaient l'arête de son nez. Elle avait de grands yeux bleu pervenche très creusés, et des cernes si foncés qu'ils ressemblaient à des hématomes. L'expression de sa bouche trahissait une grande vulnérabilité, lui donnant un air presque enfantin.

Le bébé dans ses bras devait être âgé de quelques mois, jugea Jackie qui n'était cependant pas experte en la matière. Et c'était sans doute un garçon, si l'on en croyait la petite combinaison bleue dans laquelle il était emmitouflé. Il avait de grands yeux pervenche, comme sa mère, et paraissait, lui aussi, au bord des larmes.

Les deux autres enfants devaient être des jumeaux. Ou plutôt des jumelles, rectifia mentalement Jackie, qui leur donnait trois ou quatre ans. Elles avaient des cheveux bruns coupés au carré, qui encadraient une frimousse où brillaient de grands yeux noisette. Elles se tenaient de chaque côté de la chaise sur laquelle était assise leur mère.

Jackie s'installa derrière son bureau et sortit un stylo et un calepin.

— Je suis l'inspecteur Kaminski, dit-elle avec un sourire rassurant. Vous pouvez m'appeler Jackie, si vous voulez.

La jeune femme lui répondit par une grimace timide et s'éclaircit la gorge.

— Merci.

Une des jumelles tendit la main vers un petit ballon de basket en mousse posé sur le bureau voisin — celui de Brian Wardlow, l'équipier de Jackie. Sa mère chuchota quelques mots et l'enfant se rétracta, remettant aussitôt le pouce dans sa bouche.

Wardlow arriva sur ces entrefaites. Il ôta son manteau, vit le petit groupe et échangea un bref regard avec Jackie. Puis, accrochant son pardessus, il prit le ballon et le tendit à l'enfant, en lui désignant un cercle en acier monté au-dessus d'une corbeille à papier, le long du mur.

— Si on tirait quelques paniers, pendant que votre maman parle avec Jackie, suggéra-t-il.

Les deux jumelles s'approchèrent de lui, avec circonspection, mais visiblement intéressées. Leur mère parut se détendre et s'appuya au dossier de sa chaise, le bébé toujours serré contre elle.

Après avoir adressé un sourire de gratitude à son équipier, Jackie se tourna vers la jeune femme.

— Quel est votre nom, s'il vous plaît ?

— Carolyn Stevenson. Mais on… on m'appelle Carly.

— Et votre adresse, Carly ?

Celle-ci lui donna un nom de rue du côté de Franklin Park, un quartier résidentiel modeste situé à mi-chemin entre celui où habitait Jackie et le commissariat.

Cette dernière se renversa sur son siège et considéra son interlocutrice avec attention. Carly Stevenson semblait dévastée par la fatigue et l'inquiétude. Ses bras tremblaient.

— On dirait qu'il s'est endormi, remarqua Jackie en regardant le bébé. C'est bien un garçon ?

Carly acquiesça d'un signe de tête et Jackie renchérit :

— On peut l'allonger sur mon bureau, si vous voulez.

La femme avait encore l'air effrayé, mais elle était trop lasse pour discuter.

— Si cela ne pose pas de problème, murmura-t-elle.

Jackie se leva et plia son manteau sur la table, pour en faire une sorte de matelas. Puis elle prit doucement le bébé dans les bras de Carly, sous le regard amusé de Wardlow qu'elle sentait posé sur elle. Elle fut surprise par la solidité du petit corps, par l'émotion qu'elle éprouva quand elle le tint contre elle, par son odeur, aussi. Il sentait si bon.

De toute évidence, Carly Stevenson ne se souciait pas beaucoup de son apparence, mais elle s'occupait bien de ses enfants.

Jackie plaça le bébé endormi sur le manteau plié et le couvrit avec le châle dont sa mère l'avait enroulé. Elle éprouva même un petit pincement au cœur lorsque celui-ci, toujours endormi, retroussa les lèvres et pressa une menotte bien ronde contre sa joue.

Sa mère poussa un soupir de soulagement. Puis, comme une jeune femme blonde en uniforme lui apportait un café et une assiette pleine de gâteaux décorés, Carly lui sourit avec gratitude.

— Merci, Brenda, dit Jackie.

— Vous voulez un café, aussi ? demanda Brenda.

— Ah oui, avec plaisir. Noir et sans sucre, s'il vous plaît.

Jackie reporta alors son regard sur son calepin, sentant

qu'il valait mieux poser encore quelques questions anodines, avant d'aborder la raison de la présence matinale de Carly Stevenson au commissariat.

A la table voisine, Wardlow et les deux petites filles paraissaient s'être lassés du basket. Assises sur les genoux de l'inspecteur, les jumelles griffonnaient à présent sur des blocs-notes, leurs deux têtes jointes.

Jackie se promit d'inviter son équipier à déjeuner, à la première occasion.

— Elles sont jumelles ? demanda-t-elle à Carly.

Celle-ci hocha la tête.

— Rachel et Emily. Elles auront quatre ans en mars. Nous avons une autre petite fille, Caitlin, mais elle est à l'école, maintenant. En dixième.

— Et le bébé ?

— Il s'appelle Patrick, répondit la femme, en regardant le visage potelé de son enfant. Il aura cinq mois la semaine prochaine, ajouta-t-elle avec un sourire fatigué.

Jackie nota ces informations, puis leva les yeux.

— Qu'est-ce qui vous amène ce matin, Carly ? Vous avez un problème ?

— Mon mari…

La femme s'interrompit. Une larme coula de son œil droit et roula sur sa joue, suivie par une autre, et encore une autre. Elle renifla et fourragea dans le sac posé à ses pieds, pour y prendre un mouchoir.

« Il vous bat, songea Jackie, en attendant la suite sans broncher. Il vous a fait mal, il a terrorisé les enfants, et vous vous demandez s'il faut porter plainte. Mais vous ne le ferez pas, Carly. Vous allez changer d'avis parce que vous ne savez pas où aller et que vous avez peur de lui. D'ailleurs, il est tellement, tellement désolé… Alors vous allez rentrer à la maison et il recommencera, jusqu'à ce qu'il vous tue, ou qu'il tue l'un de vos gosses… »

Jackie avait beau assister, encore et encore, à ce genre de scénario, elle continuait d'éprouver le même sentiment de fureur devant les situations dramatiques où se retrouvaient bon nombre de femmes — souvent des mères d'enfants en bas âge.

Aussi fut-elle stupéfaite lorsque Carly reprit la parole pour expliquer :

— Il est parti. Je ne sais pas où il est. Je suis tellement inquiète…

Sa voix se brisa et elle crispa les doigts sur son mouchoir.

— Quel est le nom de votre mari ?

— John Stevenson.

Jackie en prit note.

— Quel âge a-t-il et où travaille-t-il ?

— Il aura trente-deux ans en février. Il est comptable aux entreprises White Wolf. Personnellement, je n'ai pas d'emploi pour le moment. La garde des enfants coûte si cher… Cela n'aurait aucun sens.

Maintenant qu'elle ne tenait plus le bébé dans ses bras, Carly paraissait ne pas savoir quoi faire de ses mains. Elle déchira le mouchoir en papier qu'elle avait pris dans son sac, puis joua avec une mèche de ses cheveux, avant de se mettre à triturer la ficelle de son blouson de ski.

— Depuis combien de temps votre mari est-il parti ? demanda Jackie.

— Hier soir. Il est sorti chercher du lait en poudre pour le bébé. J'avais oublié d'en prendre. Il était encore tôt. Environ 17 heures. Il… il n'est pas revenu.

Jackie échangea un bref regard avec Wardlow qui, les jumelles sur les genoux, ne perdait pas un mot de la conversation.

— Vous avez appelé les hôpitaux ?

— J'ai appelé partout, répondit Carly d'une voix qui grimpa d'une octave. Nos amis, les hôpitaux, ce poste de police et le commissariat central… Je suis folle d'inquiétude.

— C'est la première fois qu'il disparaît ainsi ?

— Oui. John n'est pas… Ce n'est pas son genre.

— Vous vous êtes disputés, récemment ? Vous avez des problèmes ?

— Pas plus qu'un autre couple qui élèverait quatre enfants, répondit la jeune femme, avant de croiser le regard de Jackie. John et moi nous nous aimons, inspecteur. Et il adore les gosses. Il n'y a aucune raison au monde pour qu'il s'en aille et nous abandonne.

— Quel genre de véhicule conduisait-il ?

— Notre van.

— La marque, le modèle, l'année ?

— Ford Windstar, vert foncé… 1995, je crois. Attendez.

Elle fouilla dans sa poche et en tira un morceau de papier sur lequel était noté un numéro de plaque d'immatriculation.

Jackie consigna tous ces détails.

— Et vous, que conduisez-vous ?

— Nous avons un vieux break Volvo que John prend

pour se rendre au travail, en général. Je n'ai même pas les sièges auto pour les enfants. Ils sont tous dans le van.

Jackie l'écoutait attentivement, en proie à un malaise grandissant.

— Carly, dit-elle avec douceur, je crains que nous ne puissions rien faire pour le moment. La procédure, quand une personne disparaît, nous impose d'attendre trois jours avant de lancer une enquête.

— Je sais. On me l'a expliqué au téléphone. C'est pour cette raison que j'ai dû habiller les enfants et venir jusqu'ici. Je… je ne savais pas vers qui me tourner.

Jackie surprit un autre regard de son équipier et respira profondément.

— Si aucun accident n'a été rapporté et qu'il n'est dans aucun hôpital, cela signifie certainement qu'il n'est pas blessé.

— Mais où est-il ? s'exclama Carly, une note de panique dans la voix.

— Cela arrive sans arrêt, Carly. Même à des gens qui se sont toujours montrés solides et dignes de confiance. Le stress du travail et de la vie familiale finit par les faire craquer et ils disparaissent. Après un jour ou deux, ils rentrent chez eux, ou du moins, ils téléphonent pour dire où ils sont. Vous avez de la famille ou des amis qui peuvent vous venir en aide, en attendant ?

La jeune femme leva le menton et considéra Jackie d'un air de défi. En dépit de sa timidité et de son désespoir, Carly Stevenson était manifestement une jeune personne douée d'une certaine force intérieure.

— Nous sommes tous deux originaires du Wyoming,

dit-elle. Mes parents sont décédés et la mère de John est malade. Je ne veux pas inquiéter qui que ce soit tant que…

Elle déglutit péniblement.

— Nous avons des amis, bien sûr. Et une voisine m'aide quand j'ai besoin de quelqu'un pour garder les enfants. Ce n'est pas un problème.

Jackie garda le silence et Carly se remit à déchirer son mouchoir, alignant les bandes de papier sur son jean. Une des jumelles quitta le genou de Wardlow et vint s'appuyer contre sa mère, posant sur Jackie son profond regard noisette.

— Il lui est arrivé quelque chose, reprit Carly à voix basse. Si vous connaissiez John, vous n'en douteriez pas non plus. C'est la personne la plus stable, la plus digne de confiance qui soit, et aussi le meilleur des maris et le meilleur des pères. Jamais, jamais, il ne ferait une chose pareille volontairement. Jamais.

Jackie ferma son calepin.

— D'accord, dit-elle. Je vais voir ce que je peux faire. Et vous, appelez-moi immédiatement s'il se manifeste. D'accord ?

Elle lui tendit une de ses cartes de visite.

Carly se leva, comme à contrecœur, prit le bébé dans ses bras et l'enveloppa du châle, tandis que Wardlow et Jackie aidaient les deux petites filles à enfiler leur manteau.

— Vous m'appellerez ? demanda Carly, comme Jackie les raccompagnait jusqu'à la porte. Vous me tiendrez au courant, dès que vous aurez des informations ?

— Je vais faire au mieux, répondit Jackie. En attendant,

essayez de ne pas trop vous inquiéter. Je suis sûre que vous aurez bientôt de ses nouvelles.

Elle regarda le petit groupe traverser la réception, puis ferma la porte et retourna s'asseoir à son bureau.

Wardlow se renversa sur sa chaise, les mains derrière la tête. Le mouvement fit s'ouvrir un pan de sa veste, révélant le revolver accroché à son épaule, dans son holster.

— Alors, qu'en penses-tu ? demanda-t-il.

— Je pense que c'est une histoire bien triste. Elle est toute seule avec quatre petits enfants. Ce salopard est même parti avec les sièges auto.

— Tu ne crois pas qu'il est en train de se vider de son sang, quelque part dans une allée sombre, ou bien coincé dans de la tôle froissée, à la suite d'une collision ?

— Quelqu'un l'aurait déjà retrouvé. Il a disparu depuis plus de douze heures et il était parti pour aller chercher du lait en poudre, répliqua Jackie d'un ton irrité, en avalant une gorgée de café.

— Pourtant, tu as promis de faire quelque chose, insista Wardlow avec un petit sourire taquin.

Brian Wardlow avait le même âge que Jackie, mais moins d'ancienneté dans la police. Il avait mûri considérablement depuis son divorce récent et le cortège de souffrances qui l'avait accompagné. Avec ses cheveux roux frisés, son beau visage constellé de taches de rousseur et son corps athlétique, c'était un homme charmant, et Jackie l'adorait, en dépit de leurs désaccords périodiques.

— Je n'ai rien promis, contesta cette dernière. J'ai juste dit que j'essaierais.

— La pauvre, commenta Wardlow. Elles étaient mignonnes, ces gosses. Et drôlement bien élevées.

— A ce stade, la police ne peut rien faire, Brian. Tu le sais bien.

Et elle plongea le nez dans les dossiers entassés sur son bureau.

Wardlow hocha la tête et se pencha pour prendre un gâteau dans l'assiette restée sur la table. Il le mordit d'un air songeur.

— Chris et moi sommes allés rendre visite à Désirée, hier soir, reprit-il.

Désirée était la demi-sœur de Christine Lewis, la petite amie de Brian, et aussi une des principales suspectes dans leur première affaire d'homicide.

— Comment va-t-elle ? s'enquit Jackie.

— Bien. Elle se plaît, dans son nouveau lycée. Elle s'y sent plus à l'aise que dans le précédent.

— Sans blague, commenta Jackie sur un ton ironique.

Désirée Moreau avait de longs cheveux noir jais et une boucle dans le nez ; elle portait des robes transparentes, des grosses bottes militaires, et elle pratiquait une étrange religion païenne.

— Elle s'entend très bien avec Laney. Elles ont pris deux autres pensionnaires, dans la maison. Une vraie bande de hippies, amateurs de musique country, qui aiment marcher pieds nus et vivent tous sous le même toit.

Laney Symons, une autre des suspectes dans cette même affaire d'homicide, était chanteuse et se produisait à mi-temps, dans un club du centre-ville. Elle et Désirée s'étaient découvert des points communs et elles avaient décidé de s'installer ensemble.

— Cette pauvre Maribel se retournerait dans sa tombe, si elle savait ce qui se passe chez elle, fit Jackie avec un petit rire.

Mais, repensant à l'horrible série de meurtres qui avaient fait l'objet de leur enquête, elle prit un air grave.

— C'est une bonne chose, pour Chris et toi, que Désirée ne vive pas avec vous, ajouta-t-elle, quelques instants plus tard.

— Comme tu dis, acquiesça Brian avec ferveur. D'ailleurs, elles s'entendent beaucoup mieux, maintenant.

— Et Gordie, comment va-t-il ? Il suit toujours son régime ?

Le visage de Wardlow s'éclaira à la mention du fils de Christine.

— Il a perdu dix kilos. On va courir ensemble tous les soirs. C'est vraiment un gosse formidable.

Jackie sourit. Puis elle regarda autour d'elle.

— Dis donc, je change de sujet, mais que se passe-t-il, ce matin ? Je n'ai pas encore eu l'occasion de parler avec qui que ce soit depuis mon arrivée.

Wardlow recouvra instantanément son sérieux.

— Une sale affaire. Tu connais Jason Burkett ?

— Tu veux parler du type qui va se présenter au Congrès, au printemps prochain ? D'après les journaux, c'est le plus beau et le plus charismatique des hommes politiques de notre ville.

Wardlow hocha gravement la tête.

— Sa gosse est morte, ce matin. Elle avait huit ans. Tuée par un chauffard qui s'est enfui.

Jackie écarquilla les yeux.

— Quand ça ?

— Elle n'a pas été tuée sur le coup. Apparemment, elle était en train de construire un bonhomme de neige hier soir, au bord de leur propriété, juste avant d'aller se coucher. Une voiture a surgi brusquement, foncé dans le jardin et la gosse a été fauchée.

— On connaît la marque et la couleur de la voiture ?

— Des flics ont passé la nuit à interroger les voisins, mais personne n'a encore été capable de fournir une description du véhicule.

— Et la petite est morte ce matin ?

— Elle a passé la nuit sous assistance respiratoire. Ils ont tout débranché il y a trois heures, environ.

— Mon Dieu, c'est horrible.

Jackie hésita un instant.

— Qui s'est vu confier l'affaire ?

— Steve Baumgartner, à la circulation.

Jackie pianota sur son bureau et Wardlow la dévisagea avec curiosité.

— A quoi tu penses ?

— Brian, tu te souviens de cette affaire d'effraction aux entreprises White Wolf, l'an passé ?

Le jeune homme hocha la tête.

— Ouais. On avait volé du fric et saccagé les lieux. Les mecs de l'identification ont pu relever une bonne empreinte sur un des comptoirs, et on a pincé ces petits salauds.

— En effet. Et tu te rappelles qui est propriétaire des entreprises White Wolf ?

Brian ouvrit de grands yeux.

— C'est Jason Burkett, pas vrai ? White Wolf est la société financière qui regroupe la plupart de ses affaires.

— C'est aussi l'endroit où le mari de Carly Stevenson travaille comme comptable.

Wardlow émit un sifflement.

— Et Stevenson est sorti de chez lui, hier, vers 17 heures, pour ne jamais rentrer.

Jackie alluma son ordinateur portable et ouvrit un nouveau fichier.

— Tu ne vas pas passer cette information à Baumgartner ? demanda Wardlow.

— Je veux d'abord en parler au commissaire. On devrait peut-être lancer une enquête sur la disparition de John Stevenson.

— Il faudra bien en parler à Baumgartner.

— Evidemment.

Wardlow se leva.

— Allons voir le chef.

Il s'éloigna de son bureau, Jackie sur les talons. Soudain, il parut se raviser et revint sur ses pas. Avec un petit sourire en coin, il prit l'assiette de gâteaux et l'emporta avec lui, dans le bureau de Lew Michelson.

3.

— Sortez ces cochonneries de mon bureau, tempêta Michelson, quand il vit les gâteaux.

Wardlow sourit jusqu'aux oreilles et posa l'assiette sur la table, juste sous son nez.

— Allons, commissaire, détendez-vous. C'est Noël.

Jackie s'installa sur une chaise et sourit à son supérieur. Lew Michelson frisait la cinquantaine. Il avait le visage rond, un large front qui se dégarnissait. Récemment, il avait perdu beaucoup de poids, et paraissait encore mal à l'aise dans son nouveau corps.

— Ignorez-le, commissaire, dit Jackie. Il fait partie de ces maigres pas très drôles qui essaient toujours de pousser les autres à manger. Je ne sais pas comment Gordie réussit à tenir son régime.

— Hé, comment va le gosse ? demanda Michelson, avec la chaleureuse curiosité des gens au régime à l'égard de leurs compagnons d'épreuve.

— Il a perdu dix kilos, annonça Wardlow. Il est en pleine forme. Heureusement que les gosses portent aujourd'hui des vêtements trop larges pour eux ; autrement, il aurait fallu lui racheter toute une garde-robe.

Michelson sourit et repoussa l'assiette de gâteaux vers le bout de sa table.

— Que se passe-t-il ? demanda-t-il à Jackie. Qui était cette femme avec tous les gosses ?

Jackie lui expliqua la situation et il écouta en silence.

— Soixante-douze heures, déclara-t-il quand elle eut terminé. C'est le laps de temps réglementaire pour lancer un avis de recherche sur les adultes disparus, Jackie.

— Je sais. Mais compte tenu du lien avec Jason Burkett, j'ai pensé que nous pourrions peut-être…

Michelson secoua la tête.

— C'est maigre. D'ailleurs, nous avons une vague identification du véhicule qui a heurté la gosse, et il ne s'agit pas d'un van.

— Sûr ? demanda Wardlow.

Michelson tendit la main vers l'assiette de gâteaux, puis il se rétracta et se mit à griffonner distraitement sur un bloc-notes.

— Le porte-à-porte a fini par donner des résultats, déclara-t-il. Un type a vu l'accident, alors qu'il sortait de chez lui pour aller prendre son service de nuit. Il n'a pas compris que la gosse avait été touchée. Il a juste vu dans son rétroviseur une voiture qui bifurquait dans le jardin des Burkett et redébouchait aussitôt dans la rue. Il faisait sombre et il neigeait, mais il lui a semblé reconnaître une petite voiture de sport.

— On a des confirmations ? demanda Jackie.

— Oui. Un garçon qui déblayait la neige dans une allée a vu une voiture de sport passer très vite en zigzaguant. Mais il n'a pu ni reconnaître le modèle ni voir la couleur.

— Mais ce n'était pas un van.

— Non.

Michelson poussa un soupir, prit un gâteau en forme de Père Noël, le brisa en deux morceaux, et se mit à grignoter les pieds.

Jackie baissa les yeux sur son calepin. Elle sentait le regard de son supérieur sur elle.

— Vous avez une intuition, on dirait, reprit-il finalement.

Elle hocha la tête.

— Oui. J'aimerais bien lancer un avis de recherche, plutôt que d'attendre trois jours.

— Bon, fit Michelson. Commencez par lancer un appel sur le van et appelez Steve Baumgartner pour le mettre au courant. Mais si vous ne pouvez pas établir de lien avec ce délit de fuite, il faudra oublier Stevenson jusqu'à ce qu'on ouvre une enquête officielle, au terme des soixante-douze heures. D'accord ?

— D'accord.

Jackie regarda affectueusement le commissaire, qui venait d'entamer la deuxième moitié du Père Noël.

— Wardlow, dit-il, alors qu'ils s'étaient levés pour sortir, emportez ça avec vous, s'il vous plaît.

L'équipier de Jackie prit l'assiette et la déposa sur le bureau d'un autre inspecteur, dans la salle de brigade.

— Tu fais quoi, ce matin ? lui demanda Jackie.

— Il faut que j'aille à Loma Vista poser des questions au sujet du bébé Sullivan.

Jackie hocha la tête d'un air compatissant.

La veille au matin, le petit Matthew Sullivan, âgé de

quatre mois, avait été retrouvé mort dans son berceau par ses parents. Ce genre d'enquête comptait parmi les plus difficiles et les plus désagréables.

— Il faut le faire, Brian, commenta la jeune femme avec gentillesse.

— Je sais, répondit ce dernier en enfilant son manteau. Mais c'est dur.

Elle lui tapota le bras et s'assit à son bureau, avant de décrocher le téléphone.

— Si tu rentres à temps et que je suis encore là, je t'invite à déjeuner, d'accord ?

— Désolé, mais aujourd'hui, je ne peux pas. Chris doit venir en ville pour emmener un cheval chez le vétérinaire et j'ai promis de déjeuner avec elle. Tu vas lancer l'avis de recherche sur le van de Stevenson ?

— Tout de suite.

— Plus de douze heures ont passé, tu sais. Il est peut-être en Californie, maintenant.

— Oui, je sais.

Elle lui fit un signe de la main et, sitôt qu'il fut sorti, elle composa le numéro de la brigade de la circulation, à qui elle communiqua les renseignements concernant le van de John Stevenson. Ensuite, elle laissa un message pour Steve Baumgartner, demandant qu'il la rappelle.

Vingt minutes plus tard, un officier de patrouille, Dave Pringle, entrait en contact avec elle, par voie de radio. Ils venaient de trouver le van sur le parking du centre commercial de Northtown, à quelques pâtés de maisons de chez Stevenson.

— Il n'y a rien d'anormal ? demanda Jackie.

— Rien que je puisse voir, en tout cas, répondit l'officier de patrouille. Le van est verrouillé et couvert de neige.

— Cela signifie qu'il a dû passer la nuit sur le parking.

— Sans doute.

— Les sièges auto sont encore à l'intérieur ? demanda Jackie. Des sièges pour enfants ?

— Il y en a trois, répondit l'officier, quelques instants plus tard. Alignés sur la banquette arrière.

— Bon. Je vous remercie.

— On le fait embarquer ?

— La voiture est verrouillée, vous dites ?

— Oui.

— Alors on la laisse là où elle est. J'irai jeter un coup d'œil à la première occasion et je préviendrai le propriétaire qu'on l'a retrouvée. Merci, Dave.

— De rien.

Après avoir pris congé, Jackie pianota sur son ordinateur. La sonnerie du téléphone l'interrompit. C'était Steve Baumgartner ; il avait l'air énervé, débordé.

— Salut, Jackie, vous avez quelque chose pour moi ? lança t il sans préambule.

Elle lui parla de John Stevenson. Sa déclaration fut suivie d'un long silence.

— C'est intéressant, déclara finalement son interlocuteur. Mais je ne suis pas sûr qu'il y ait un lien. Le véhicule qui a heurté la gosse était une petite voiture rouge, sans doute un modèle sport.

— Vous avez des preuves ?

— Quelques-unes. Le véhicule a frôlé une barrière métallique et laissé une trace de peinture rouge avec un morceau de phare brisé. On est en train d'analyser ça au labo. D'ici un jour ou deux, nous connaîtrons la marque et le modèle.

— Super. Le commissaire Michelson pense que nous devrions suivre la piste de John Stevenson, histoire de vérifier s'il y a un lien entre les deux affaires. Mais je ne veux empiéter sur les plates-bandes de personne. Vous permettez que je mène ma petite enquête ?

— Ça oui, alors ! On est en train de devenir fous, ici.

Jackie entendait le téléphone sonner sans discontinuer et des bruits de voix.

— Que se passe-t-il ? demanda-t-elle.

— C'est la presse. Ils se sont jetés sur cette histoire comme des mouches sur un tas de merde. On dirait un campement armé, autour du bâtiment. Il va falloir leur servir quelque chose rapidement, ou je ne sais pas ce qui va se passer.

— Bon. Dès que j'ai une information intéressante, je vous rappelle.

En milieu de matinée, Jackie se rendit au centre commercial de Northtown. La tempête de neige avait pris fin et de timides rayons de soleil brillaient entre les nuages moutonneux qui flottaient dans le ciel bleu.

Le van était stationné près de l'entrée du parking, et Jackie se gara aussi près que possible, avant d'aller en faire le tour.

Conformément à la description de l'officier de patrouille, le véhicule était encore couvert de neige. A l'intérieur, sur la banquette arrière, Jackie reconnut la rangée de sièges pour enfants. Il n'y avait aucune trace de lutte, rien qui traînait par terre, ni sur les sièges. Le van était propre, verrouillé et vide. Les éventuelles empreintes de pas, autour, avaient forcément été recouvertes par la neige.

Elle considéra le véhicule un moment puis, retournant à sa voiture banalisée, elle se dirigea vers la zone industrielle située à la sortie nord de la ville.

Les entreprises White Wolf étaient en retrait de la route, au milieu d'une rangée de bâtiments de bureaux.

Jackie se gara et longea l'allée menant à l'entrée. Une note griffonnée à la main et accrochée à la porte vitrée annonçait que la maison était fermée pour cause de tragédie familiale. Mais lorsque Jackie jeta un coup d'œil à l'intérieur, elle vit une femme qui travaillait devant un ordinateur.

Le décor était moderne et confortable, avec son épaisse moquette bleue et son mobilier bleu marine. Un arbre de Noël clignotait dans un coin.

Jackie frappa à la vitre et la femme leva brusquement la tête. Après un instant d'hésitation, elle s'approcha de la porte pour regarder à travers les lamelles du store vénitien. Jackie sortit alors son badge et désigna la poignée de la porte.

De mauvaise grâce, la femme lui ouvrit et s'effaça pour la laisser entrer.

— La police est déjà venue ce matin, dit-elle.

— Je sais, répondit Jackie. Je voudrais vous poser encore quelques questions, si vous permettez.

La femme lui tourna le dos et retourna s'asseoir à son bureau, indiquant une chaise à Jackie. Agée d'une soixantaine d'années, bien en chair, elle avait des airs de matrone, les cheveux gris, et des lunettes qui pendaient à son cou, au bout d'une chaîne en argent.

— A en croire le panneau dehors, la maison est fermée aujourd'hui, dit Jackie quand elle eut pris place et sorti son calepin. Pourtant, vous travaillez encore.

— Je ne savais pas quoi faire d'autre. Je ne pouvais pas rester chez moi… à regarder dans le vide.

— Je comprends. C'est vraiment un drame atroce, renchérit Jackie avec gentillesse.

Un silence suivit. La femme venait de tirer une poignée de mouchoirs d'une boîte posée sur son bureau.

— Pouvez-vous m'indiquer votre nom et votre position dans la société ? reprit Jackie.

— Gladys Wahl. Je dirige ce bureau.

Elle leva la tête et cligna des yeux, les lèvres tremblantes.

— Je travaille pour la famille Burkett depuis près de trente ans.

— Nous avons enquêté sur une affaire d'effraction ici, l'an passé, mais je ne me rappelle plus très bien l'organisation de la compagnie.

Gladys Wahl baissa les yeux sur son clavier. Une larme roula sur sa joue et elle l'essuya d'un revers de main.

— White Wolf est une société commerciale qui chapeaute les six sociétés de M. Burkett. L'entreprise d'ébénisterie a son magasin ici, ajouta-t-elle en désignant une salle, au-delà d'une alcôve, dans laquelle Jackie remarqua des échantillons de portes de bois et de meubles.

— Alors les vendeurs travaillent ici, eux aussi ?

— Il n'y en a qu'un, en ce moment. C'est la plus petite de nos activités. La société de téléphones portables est basée ici temporairement, pendant que nous essayons de trouver un nouveau local de vente dans le centre-ville.

M. Burkett a également un bureau dans le bâtiment, mais il y vient rarement. Il est très occupé ailleurs.

Jackie considéra une porte en chêne, fermée, avec une plaque en bronze.

— Autrement dit, White Wolf est le siège social de M. Burkett ?

— C'est cela. Je travaille ici à temps plein. Je m'occupe des rendez-vous et de l'emploi du temps personnel de M. Burkett. Il y a aussi quelques personnes employées par la famille, qui utilisent l'espace pour différentes raisons, et un responsable chargé de la comptabilité de toutes les sociétés.

— Vous dites que vous êtes employée par la famille depuis près de trente ans ?

Gladys hocha la tête.

— Mon mari a été tué au Viêt Nam et j'avais trois enfants à élever. J'ai commencé comme vendeuse dans la quincaillerie de James Burkett, en ville.

— James Burkett était le père de Jason Burkett, je présume ?

— Oui. La famille a toujours été très bonne pour moi. C'est…

Une autre larme glissa sur sa joue.

— Ce qui vient d'arriver est vraiment terrible.

— Vous connaissiez la petite fille ? demanda Jackie.

— Depuis sa naissance. Elle s'appelait Angela, et portait

bien son nom. C'était… c'était un petit ange. Et leur enfant unique. Je ne peux pas imaginer la manière dont…

La voix lui manqua, et elle pivota sur sa chaise pour fourrager dans une pile de lettres.

— Jason l'adorait, reprit-elle péniblement. Il n'avait pas eu d'enfant avec sa première femme, et il avait presque quarante ans, quand Angela est née.

Jackie hocha la tête.

— Vous lui avez parlé, aujourd'hui ?

— Il a appelé de l'hôpital ce matin pour me demander de fermer la maison. Pauvre homme. Il avait l'air tellement…

Gladys se moucha bruyamment.

— Vous m'avez dit qu'un comptable à plein temps s'occupe des livres de toutes les sociétés ? demanda Jackie, désireuse de donner un tour moins émotionnel à la conversation.

— En fait, chaque société a son propre comptable. Ici, c'est la corporation de M. Burkett. Donc, les comptes des six sociétés viennent ici afin d'être organisés et inscrits sur les livres, avant d'être renvoyés à chaque comptable.

— Et ça, c'est le travail de John Stevenson ?

La femme leva brusquement les yeux, lui jetant un regard stupéfait.

— Oui. Et de son assistante.

Jackie hocha la tête et réfléchit un instant, choisissant ses mots avec soin, avant de reprendre la parole.

— Est-ce que John Stevenson s'entend bien avec les autres membres du personnel ?

— Il était toujours poli avec tout le monde. Je ne crois pas l'avoir jamais entendu dire un mot plus fort que l'autre.

Cette fois, ce fut le tour de Jackie d'être étonnée.

— Vous parlez de lui au passé. Pourquoi ?

Gladys se tamponna les yeux avec son mouchoir.

— C'était vraiment irresponsable de sa part. Je n'arrive toujours pas à le croire.

Elle secoua la tête.

— Il est arrivé un matin et, sans crier gare, il a nettoyé son bureau et déclaré qu'il ne reviendrait plus. La pauvre Chantal est en train de devenir folle. Elle est incapable de s'occuper de tout.

— Chantal… C'est l'assistante de M. Stevenson ?

— Oui. Chantal Biggins.

— Est-ce qu'elle sera là, demain ? demanda Jackie.

— Oui. Le bureau sera ouvert. L'enterrement a lieu vendredi après-midi. Ce jour-là, nous fermerons sûrement à midi.

— Bien sûr. Pouvez-vous me montrer le bureau de M. Stevenson ?

— C'est là, répondit Gladys en indiquant une autre porte close. Mais il n'a rien laissé. Il a pris tout ce qui lui appartenait. Nous essayons d'engager un autre comptable, mais ce n'est pas facile d'en trouver un du jour au lendemain.

Jackie ferma son calepin, le glissa dans son sac et se leva.

— Je vous remercie, madame Wahl.

Puis, après une fraction de seconde, elle reprit :

— Encore une petite chose : que pensiez-vous *personnellement* de John Stevenson ?

— Je l'aimais bien. C'était un homme calme, doux, travailleur, responsable, et il adorait sa femme et ses enfants.

Je ne comprends vraiment pas pourquoi il a démissionné, comme ça. J'ai failli l'appeler plusieurs fois pour lui parler, mais c'est un peu gênant.

Elle rougit légèrement.

— Je veux dire, il a sûrement un motif pour avoir agi comme il l'a fait. Simplement, je n'arrive pas à l'imaginer.

— Il s'est peut-être disputé avec M. Burkett ? suggéra Jackie sur un ton naturel. Vous savez s'ils avaient un différend ?

— Mon Dieu, non ! M. Burkett aimait beaucoup John. Il n'en revenait pas quand nous lui avons annoncé son départ si soudain. Je crois que Jason avait l'intention de l'appeler pour lui parler. En fait, c'est aussi une des raisons pour lesquelles je n'ai pas essayé de le contacter, ajouta-t-elle, un peu sur la défensive. J'ai jugé préférable de laisser faire M. Burkett.

— Je comprends, dit Jackie en glissant son calepin dans son sac. Je vous remercie pour votre coopération, madame Wahl. Je reviendrai peut-être demain, pour m'entretenir avec les autres employés.

Gladys hocha la tête et chaussa ses lunettes.

Jackie quitta le bâtiment. Parvenue à sa voiture, elle trouva un homme appuyé sur le capot, les mains enfoncées dans les poches d'une veste en tweed.

Il devait avoir une quarantaine d'années. C'était un bel homme, avec un nez busqué, des cheveux gris bouclés et une allure savamment décontractée. Ses yeux pétillaient d'intelligence et il arborait une expression railleuse qui eut le don de crisper Jackie sur-le-champ.

— Désolée, déclara-t-elle lorsqu'il lui montra sa carte de presse. Je ne peux rien pour vous.

— Je suis Karl Widmer, déclara-t-il avec un grand sourire, sans paraître s'offenser du ton sec de la jeune femme. Du *Spokane Sentinel.* Et vous êtes ?

— Pressée, riposta Jackie. Encore une fois, je n'ai aucune déclaration à vous faire.

L'homme sourit de nouveau et s'installa sur le capot.

— Ce n'est pas gentil de traiter la presse de cette manière, dit-il. Comment vous appelez-vous et depuis quand la police recrute-t-elle des membres aussi séduisants ? On vient juste de me transférer aux faits divers, enchaîna-t-il. Je commence à m'en féliciter.

Jackie fit le tour de sa voiture et déverrouilla la portière, avant de jeter son sac sur le siège du passager.

— Encore une fois, je n'ai pas de temps à perdre.

— Votre nom ? demanda-t-il calmement, ouvrant un calepin usé.

Jackie poussa un soupir.

Le *Spokane Sentinel* était un petit journal indépendant qui cherchait à se faire une place parmi les poids lourds de la presse locale. Il se distinguait par son style implacable, ses techniques d'investigation qui ne l'étaient pas moins, et des reportages dignes d'un tabloïd.

Cependant, le *Sentinel* tendait à soutenir la police locale, laquelle en avait bien besoin. Jackie décida de faire un effort.

— Je suis l'inspecteur Kaminski, du commissariat de Northwest, déclara-t-elle.

L'homme l'enveloppa d'un regard pénétrant.

— Et vous êtes chargée de l'affaire Burkett ? Je pensais que l'enquête avait été confiée à la circulation ?

— Je ne m'occupe pas de l'affaire Burkett. C'est un autre problème qui m'amène ici.

— Lequel ? demanda le journaliste, dont les yeux brillèrent de curiosité.

— Je ne peux pas vous en parler. Il ne s'agit même pas d'une enquête officielle, pour le moment. Je suis juste venue poser quelques questions. Ecoutez, monsieur…

— Widmer. Appelez-moi Karl.

Il se pencha vers elle et lui tendit sa carte de visite. Son sourire éclatant contrastait avec son regard dur, perçant.

— Très bien, Karl, renchérit Jackie en glissant la carte dans sa poche. Je m'intéresse à un des employés de Burkett et cela n'a aucun rapport avec le délit de fuite et la mort de cette petite fille. Si j'estime, à un moment ou à un autre, que vous et moi pouvons échanger des informations utiles, je ne manquerai pas de vous appeler. D'accord ?

— Vous avez une carte, inspecteur Kaminski ?

Elle lui en tendit une et il l'étudia un instant, l'air pensif.

— Jackie, murmura-t-il. C'est un joli nom. Il vous va bien.

Celle-ci secoua la tête et ouvrit sa portière. Aussitôt, Widmer glissa du capot et, juste comme la jeune femme s'installait derrière le volant, il vint se poster dans l'entrebâillement de la portière.

— La police a-t-elle retrouvé des indices matériels sur les lieux du drame ? demanda-t-il.

— Vous allez devoir poser la question au sergent Baumgartner. C'est lui qui est chargé de l'affaire.

— Je sais.

Widmer se pencha un peu plus vers elle.

— Est-il vrai que les Burkett étaient sur le point de divorcer ?

Jackie réprima un soupir agacé.

— Je n'ai jamais rencontré un seul membre de la famille Burkett, et d'ailleurs, je ne vois pas le rapport. Qu'est-ce que leur mariage a à voir avec la mort de leur petite fille ?

Widmer eut un sourire.

— Ah, un brin de morale offusquée. J'aime ça chez un flic. Surtout quand il s'agit d'une jolie femme.

— Otez-vous de mon chemin, d'accord ? riposta Jackie en tirant sur la portière.

— N'oubliez pas, inspecteur, que vous et moi pourrions bien nous entraider.

— Je ne vois vraiment pas comment, mais je tâcherai d'y penser. Et maintenant, si vous voulez bien m'excuser…

Elle ferma sa portière et l'homme fit un pas de côté.

En s'éloignant, Jackie jeta un coup d'œil dans son rétroviseur. Karl Widmer la suivait des yeux. Au moment où elle bifurqua au bout de la rue, il lui fit même un signe de la main, avant de se diriger vers une vieille Volkswagen toute cabossée. De nouveau, Jackie eut une bouffée d'irritation.

Mais elle l'oublia très vite pour se concentrer sur l'étrange comportement de John Stevenson, qui lui apparaissait comme un véritable puzzle.

Comment allait-elle annoncer à Carly que le véhicule de

son mari semblait avoir été abandonné délibérément sur le parking d'un centre commercial local ?

Comment, surtout, allait-elle lui annoncer que cet homme, apparemment si probe, avait passé les deux dernières semaines à mentir à sa femme, chaque fois qu'il se levait et faisait semblant de se rendre à un travail qu'il avait d'ores et déjà quitté ?

4.

Il restait environ une heure avant le déjeuner, et Jackie décida de retourner au centre commercial, afin de s'entretenir avec plusieurs commerçants qui avaient été victimes d'une vague de faux chèques, la semaine précédente.

A midi, elle avait l'estomac dans les talons et décida de faire un crochet par chez elle, plutôt que d'avaler un hamburger à la va-vite, dans le premier fast-food venu. Tandis qu'elle roulait, elle essayait de visionner le contenu de son réfrigérateur ; elle avait de la salade, des fruits, de quoi se concocter un petit repas léger…

Mais lorsqu'elle s'arrêta devant son immeuble, elle oublia complètement sa faim.

Un gros 4x4 était garé devant la porte, sa carrosserie maculée de boue, ses pare-chocs couverts de neige sale. Jackie sentit son cœur bondir dans sa poitrine et elle jaillit de sa voiture pour gravir les marches de l'escalier deux par deux.

Un profond silence l'accueillit dans son appartement. Pas le moindre bruit alentour.

Aucun signe de Paul.

Elle entra à pas de loup dans le living-room, et là, elle le trouva étendu sur le canapé. Il dormait à poings fermés.

Elle se débarrassa de son manteau, qu'elle posa sur un fauteuil, puis elle ôta sa veste et la ceinture à laquelle étaient accrochés son revolver et la petite poche contenant les menottes. Alors, seulement, elle se dirigea vers l'homme endormi.

Paul Arnussen était allongé sur le dos, à demi enveloppé dans la couverture qu'elle laissait sur le canapé. Elle le contempla en silence, le cœur empli d'une profonde tendresse. Grand, mince et musclé, il avait les cheveux blonds, les pommettes hautes et la bouche fine, bien dessinée.

Jackie n'avait pas souvent l'occasion de l'observer ainsi, à son insu. Généralement, ses yeux sombres étaient ouverts et la considéraient d'un air pénétrant, au point qu'elle avait parfois l'impression qu'il lisait dans ses pensées.

En fait, Paul était médium malgré lui. A plus d'une occasion, Jackie avait été surprise par la capacité que manifestait son compagnon à deviner les émotions des autres. Mais ce don, qui le gênait et l'affligeait, était à la fois aléatoire et très ciblé. Ainsi, il pouvait parfois, même à distance, déceler les souffrances qu'éprouvait une autre personne. En revanche, il affirmait ne pas pouvoir lire dans l'esprit des autres et encore moins prédire l'avenir — une faculté qui, s'il l'avait eue, l'aurait retenu de risquer autant d'argent dans le marché du bétail, aimait-il à rappeler.

Là-dessus, Jackie avait des doutes ; Paul était né pour vivre sur un ranch. Adulte, il avait toujours travaillé dans le but d'acheter des terres qui seraient les siennes, après que son père avait perdu tout leur patrimoine au jeu.

Jackie tendit la main et caressa ses cheveux, tout doucement, pour ne pas le réveiller. Il avait l'air tellement épuisé que son cœur se gonfla de compassion ; de culpabilité, aussi.

« Je devrais être là-bas, avec lui, se dit-elle. Je devrais veiller à ce qu'il dorme et qu'il ait quelqu'un à qui parler. Il passe trop de temps sans compagnie… »

Paul était enfin en train de réaliser son rêve. Au printemps, il avait acheté un ranch délabré, près de Reardan, à une trentaine de kilomètres à l'ouest de Spokane, et il entreprenait de le restaurer pour en faire un domaine rentable. Il vivait dans l'isolement le plus complet, à l'exception des quelques jours de congé où Jackie le rejoignait. A lui seul, il accomplissait la tâche de quatre hommes.

En effet, il fallait reconstruire les étables et les dépendances, rénover la maison, s'occuper du terrain et, enfin, nourrir et soigner les bêtes durant l'hiver.

Ses mains étaient calleuses, pleines de coupures. Jackie remarqua un pansement sur son pouce gauche, et se demanda comment il s'était blessé, cette fois : une entaille causée par la scie ou par une clôture en fer barbelé ? A moins que ce ne soit en s'occupant des bêtes… Il ne cessait de se faire mal et elle vivait dans l'angoisse qu'il lui arrive malheur, à un moment où personne ne serait là pour lui venir en aide.

Doucement, Jackie écarta la couverture et s'allongea près de lui, se nichant contre son corps.

Il bougea, murmura quelques paroles indistinctes, puis l'entoura de ses bras.

— Hmm, fit-il enfin, à moitié endormi, tandis que

ses lèvres caressaient comme par mégarde le visage de la jeune femme.

— Ne te réveille pas, chuchota celle-ci.

Les mains de Paul se mirent à courir sur son corps.

— Tu ne dors pas, reprit-elle, un peu surprise.

— Mais si, répondit-il d'une voix rauque. Je fais un rêve érotique.

Il tira sur le chemisier de Jackie et y glissa les mains, caressant doucement son dos. Il trouva l'agrafe de son soutien-gorge, la défit. Puis ses mains emprisonnèrent les seins palpitants de la jeune femme, à l'instant même où leurs lèvres se joignaient.

— Oh, Paul, chuchota Jackie.

— J'aime bien ce rêve, chuchota-t-il comme elle se nichait plus confortablement contre lui.

Elle sourit.

— Ne te réveille surtout pas. Il va devenir encore plus agréable, murmura-t-elle à son oreille, en se frottant contre son corps.

Elle fit glisser la fermeture Eclair de son pantalon et le libéra avec douceur, avant de se débarrasser à son tour de ses vêtements. Puis elle caressa délicatement le sexe de son compagnon, avant de le guider en elle. Il poussa un soupir heureux et bougea lentement, tandis que leurs corps se mêlaient avec l'aisance des amants accoutumés l'un à l'autre. Jackie se souleva sur ses coudes et imprima un mouvement rotatif à ses hanches, se servant de Paul pour son propre plaisir.

Finalement, elle sentit des vagues de plaisir monter en elle, doucement, puis de plus en plus fort, jusqu'à l'explosion, et elle se laissa retomber contre son amant en gémissant. Il la tint serrée contre lui quelques instants, tandis qu'elle recommençait à bouger, lentement, et cette fois, ce fut elle qui le mena à la jouissance.

— Tu vois, je te l'avais dit, chuchota-t-elle, plus tard, contre les lèvres de son amant. C'était un beau rêve.

Il sourit, les yeux encore fermés, et la serra contre lui.

— Epouse-moi, Jackie.

Elle lui jeta un regard stupéfait et Paul ouvrit les yeux.

— Epouse-moi, répéta-t-il. Ce week-end. Je ne peux plus continuer à vivre sans toi.

La jeune femme considéra leurs deux corps encore joints et sourit.

— Tu appelles ça vivre sans moi ?

— Tu sais très bien ce que je veux dire. Je veux que tu sois avec moi, au ranch, chaque jour. Je veux que tu sois ma femme. Je t'aime, Jackie.

Elle lui caressa les cheveux.

— Je sais. Moi aussi, je t'aime.

Paul tendit la main et prit la couverture qui avait glissé par terre, l'étalant sur eux, pendant que Jackie lui racontait sa visite chez les Calder, la veille au soir, et la proposition que faisait Adrienne de mettre à leur disposition le vaste manoir de ses parents.

— Qu'en penses-tu ? demanda Paul.

— Je ne sais pas. Et toi ?

Elle déposa un baiser sur son oreille, puis se dégagea de son étreinte et se leva, ramassant ses vêtements avant de se rendre dans la salle de bains.

Paul rajusta son jean et vint s'appuyer contre le chambranle de la porte, tandis qu'elle se rhabillait et brossait ses cheveux.

— Je suis sûr de ne pas avoir envie de me marier dans leur maison, répondit-il. Je préférerais quelque chose d'un peu plus intime. Pas toi ?

Jackie fronça les sourcils dans le miroir.

— Je ne sais pas. Je n'arrête pas de me dire que si nous organisons une cérémonie formelle, il faudra que j'invite ma famille et que je leur envoie des billets d'avion pour qu'ils viennent de Los Angeles. Or, je ne sais jamais à quoi m'attendre avec ma grand-mère.

— Oui.

— Et puis, il y a tous les gens, au boulot. Si j'invite Brian et Lew, il faudra sûrement que j'invite tous les autres…

— Jackie, dit Paul en lui touchant le bras.

— Quoi ?

— Si nous parlions de ce qui te fait vraiment peur ? Cela n'a rien à voir avec le genre de cérémonie que nous prévoyons, n'est-ce pas ?

— Paul, j'ai juste fait un crochet par ici pour déjeuner, murmura la jeune femme en s'efforçant d'adopter un ton naturel. Je n'ai pas le temps de me plonger dans une introspection, d'accord ?

Il hésita.

— D'accord, répondit-il finalement.

Jackie passa devant lui pour se rendre dans la cuisine.

— Je meurs de faim et je suis pressée, déclara-t-elle. Qu'est-ce qui t'amène en ville, au fait ?

— J'avais besoin d'un peu d'affection, lui répondit-il en ouvrant le réfrigérateur. Tu veux de la salade ?

— Bonne idée.

Elle ouvrit un placard et en sortit du pain.

— Je crois qu'il y a du fromage et quelques fruits, aussi.

— D'accord, dit-il en transportant le tout du réfrigérateur sur le comptoir. Pour tout t'avouer, j'avais besoin de quelques blocs de sel pour les vaches. *Et* d'un peu d'affection, ajouta-t-il en allant déposer un baiser sur la joue de Jackie.

Celle-ci se tourna et enroula les bras autour de son cou, attirant son visage sur le sien, soulagée qu'il ait choisi de ne pas s'étendre sur le sujet du mariage, pour le moment.

Après déjeuner, ils quittèrent l'appartement ensemble et Jackie, le cœur serré, regarda Paul monter dans son 4x4 et s'éloigner.

Encore trois jours et ils seraient de nouveau réunis, se dit-elle, avant de s'installer à son tour derrière le volant. Il était prévu qu'elle aille au ranch vendredi soir pour y passer tout le week-end.

Une vague de mélancolie l'envahit, comme la veille chez Adrienne, mais elle refusa d'y succomber, et surtout d'y penser. Elle avait d'autres chats à fouetter. L'air résolu, elle prit la direction de Franklin Park et chercha l'adresse de Carly Stevenson. Un moment plus tard, elle se garait devant la demeure.

C'était une maison de plain-pied, modeste, dont la construction devait remonter à une vingtaine d'années tout au plus, et qui frappait par son aspect propret. Tout était impeccable, depuis l'habillage des fenêtres fraîchement repeintes jusqu'aux buissons taillés tout autour du jardin.

La porte ouverte du garage dévoilait des étagères métalliques supportant un assortiment d'outils divers. Pas de bric-à-brac dans les coins, de jouets ou de pots de peinture qui traînaient ; tout était parfaitement rangé. Un break Volvo bleu, ancien mais en bon état, occupait une place ; l'autre était vide.

Jackie considéra cet espace vacant, appréhendant la conversation qu'elle allait avoir avec Carly Stevenson. Finalement, presque à contrecœur, elle sortit de sa voiture et longea la petite allée menant à l'entrée. Là, elle sonna.

La porte s'ouvrit sur une des deux jumelles, qui resta accrochée à la poignée, fixant sur Jackie un de ces longs regards qui vous mettent mal à l'aise. Des cris et des rires d'enfants jaillissaient de l'intérieur.

— Ma maman est occupée, dit la petite fille.

— Qui est-ce ? lança la voix de Carly, depuis une pièce invisible. Emily, as-tu…

La jeune femme surgit du couloir, tenant dans ses bras un bébé nu et une couche. Dès qu'elle vit Jackie, elle se figea, et son visage refléta la surprise, puis la peur.

— Inspecteur, avez-vous… des nouvelles de John ? demanda-t-elle.

— Rien de précis, répondit Jackie précipitamment. Juste un ou deux points dont je souhaite m'entretenir avec vous. Est-ce que je peux…

— Bien sûr.

Carly se précipita vers elle et voulut lui prendre son manteau.

— Ne vous inquiétez pas, je m'en occupe, dit Jackie en posant son pardessus sur le dossier d'une chaise.

Puis, tirant son calepin de son sac, elle ajouta :

— Je n'en ai pas pour longtemps.

Une autre femme apparut alors dans le couloir. Elle était jeune et plutôt jolie, même si son style voyant avait quelque chose de négligé. Ses longs cheveux étaient d'un blond artificiel, son visage très maquillé, et ses formes moulées dans un caleçon noir et un T-shirt violet constellé de paillettes. Sur ses pieds nus, on pouvait voir des ongles orange dont le vernis s'écaillait.

— Voici Lavonne Dermott, déclara Carly. Elle habite la maison voisine. Lavonne, voici l'inspecteur de police dont je t'ai parlé.

— Salut, lança la jeune femme, enveloppant Jackie d'un long regard pénétrant.

Elle souriait froidement, dévoilant des dents mal plantées.

— Comment ça va ?

— Ça va, répondit Jackie.

— Lavonne vient souvent m'aider avec les enfants, reprit Carly, qui tenait toujours le bébé dans ses bras, et crispait la main sur une couche. Elle en a deux, presque du même âge que les jumelles.

Jackie hocha la tête, songeant que ces deux-là formaient une paire étrange. Même ici, dans le décor familier de sa propre maison, Carly Stevenson avait un air vaguement austère, alors que sa voisine était plutôt du genre débraillé. Il devait s'agir d'une de ces relations basées uniquement sur la proximité géographique et l'âge des enfants.

La deuxième jumelle apparut avec deux garçons aux cheveux blonds, vêtus de T-shirts sales et de jeans déchirés. Ils s'agglutinèrent autour de Lavonne et considérèrent Jackie de ce regard fixe auquel elle commençait à s'habituer.

— Allons, les enfants, dit la jeune femme, avant de prendre le bébé des bras de Carly. Venez m'aider à habiller ce bout de chou. Après, on regardera la télé, d'accord ?

Elle s'éloigna dans le couloir, suivie des enfants.

Dès qu'elles furent seules, Carly indiqua un fauteuil à Jackie et s'installa sur le canapé, en face d'elle.

Le calepin sur ses genoux, elle embrassa la pièce du regard. Le mobilier était modeste, mais confortable, et la maison bien rangée.

Une grande photo dans un cadre doré occupait la place d'honneur, au-dessus du canapé. Elle représentait Carly, radieuse dans une longue robe blanche, les yeux levés vers un jeune homme aux cheveux blond cendré et au visage carré, agréable, qui avait l'air particulièrement mal à l'aise dans son smoking bleu.

— C'est une bonne photo de votre mari ? demanda Jackie.

Carly considéra le cliché et son visage s'adoucit.

— Oui, même si nous y paraissons affreusement jeunes. C'était il y a presque dix ans. John et moi nous sommes connus au lycée.

Un gros coffre de bois trônait près de la cheminée, avec les noms de Rachel et Emily gravés sur le couvercle.

— John l'a fabriqué pour les jumelles, l'an dernier,

déclara Carly. Il est très bricoleur et il adore travailler dans la maison.

— Mon petit ami aussi, répondit Jackie, jetant de nouveau un coup d'œil involontaire vers la photo de mariage.

Elle s'éclaircit la gorge.

— Vous voulez quelque chose ? demanda Carly d'une voix timide. Du café, peut-être ?

— Non, merci.

Jackie ouvrit son calepin et tourna les pages, se demandant par où commencer.

— Nous avons retrouvé votre van, dit-elle finalement.

Carly écarquilla les yeux.

— Où ça ? Est-ce que John… ?

— Il n'y a aucune trace de votre mari, Carly. En revanche, le van est garé sur le parking du centre commercial de Northtown. Vous avez un double des clés ?

Carly hocha la tête, l'air confus.

— Si votre voisine ne voit pas d'inconvénient à rester avec les enfants, je peux vous y conduire afin que vous le récupériez.

— Mais… je ne comprends pas. Comment le van est-il là, si John… ?

— Carly, votre mari a-t-il trahi des signes de nervosité ou de stress, dernièrement ? Est-ce qu'il a évoqué des problèmes qu'il aurait à son travail, par exemple ?

La jeune femme secoua la tête, les sourcils froncés.

— Non, pas du tout. Il m'a bien dit au cours du week-end qu'ils étaient toujours très occupés à l'approche de Noël, mais il espérait qu'ensuite nous pourrions prendre deux semaines de vacances pour aller rendre visite à sa famille, dans le Wyoming.

— Je vois.

— Il a même dit que nous pourrions laisser les enfants à sa sœur, pendant quelques jours, et partir tous les deux skier dans le Colorado. Nous adorons le ski, mais les occasions d'en faire sont de plus en plus rares avec les enfants, et le reste…

Jackie hocha la tête et prit une profonde inspiration.

— Je tiens à vous apprendre que je suis allée à White Wolf, ce matin. J'ai parlé à Gladys Wahl.

Le visage de Carly se chargea d'émotion.

— Je viens juste d'entendre la nouvelle à la radio, au sujet de la petite fille des Burkett, fit-elle dans un murmure. C'est terrible. Je voulais leur téléphoner, mais… je me suis dit que ce n'était pas le moment de les ennuyer. Et puis, je préfère attendre que John rentre à la maison, afin que nous…

Sa voix se brisa et la phrase resta en suspens.

— Carly, reprit Jackie en la regardant bien en face pour épier sa réaction, Gladys Wahl m'a affirmé que votre mari avait quitté son travail à White Wolf, il y a deux semaines.

La jeune femme pâlit si brusquement que ses taches de rousseur se détachèrent sur son visage. Elle écarquilla les yeux, visiblement sous le choc.

— Pardon ? fit-elle. Qu'avez-vous dit ?

— Il a démissionné il y a deux semaines, répéta Jackie. Ils ne l'ont plus revu depuis.

— Mais… mais…

Carly secoua la tête.

— C'est impossible. Ce n'est pas vrai. Il n'a jamais cessé de partir pour le travail. Chaque matin, il se lève et il prend son petit déjeuner, puis il joue un peu avec les filles, il m'aide à donner son bain à Patrick, il emporte sa gamelle du déjeuner, son attaché-case, et il part travailler. Chaque jour.

— Ils ne l'ont pas vu depuis deux semaines, insista Jackie. J'ignore où il se rendait, chaque matin ; en tout cas, ce n'était pas à son bureau.

— Mais… c'est de la folie. Où serait-il allé ? Et pourquoi aurait-il quitté son travail ? John est ravi de son poste à White Wolf. Il y est depuis plus de six ans ; Caitlin était encore un bébé.

— D'après Gladys, il n'a pas dit pourquoi il s'en allait. Il a simplement vidé son bureau, un matin, et il est parti, sans donner de préavis. Ils n'ont pas encore pu le remplacer. Apparemment, ça leur pose un problème.

Des larmes jaillirent brusquement des yeux de Carly, et elle prit distraitement un mouchoir dans la poche de son cardigan pour s'essuyer le visage.

— Je… je ne sais pas quoi vous répondre, murmura-t-elle finalement. J'ai l'impression de vivre un cauchemar. C'est horrible.

Lavonne Dermott apparut sur le seuil, le bébé dans ses bras. Elle lui avait mis un pyjama bleu.

— Je vais le coucher, annonça-t-elle. Et les gosses regardent la télé.

Elle fronça les sourcils en voyant le visage baigné de larmes de Carly.

— Que se passe-t-il ?

Carly se leva et tituba vers elle. Lavonne la reçut dans ses bras, la serra contre elle, sans lâcher le bébé. Elle foudroya Jackie du regard.

— Elle dit…, commença Carly dans un sanglot. Elle dit que John a laissé le van sur le parking du centre commercial. Et il… il a quitté son travail depuis deux semaines ! Il n'est même pas allé travailler ! ajouta-t-elle d'une voix aiguë.

Lavonne lui tapota le dos comme si elle rassurait une petite fille, et lui murmura des paroles apaisantes. Jackie, qui observait la scène, songea qu'elle avait peut-être mal jugé la voisine.

Elle se leva, prit son manteau, et déclara :

— Madame Dermott, si vous pouviez rester avec les enfants un moment, j'aimerais conduire Carly à Northtown, afin qu'elle récupère leur véhicule. Elle va avoir besoin des sièges auto pour les enfants. Cela ne vous dérange pas ?

— Pas du tout. Vas-y, ajouta Lavonne à l'adresse de Carly. Je m'occupe de la marmaille jusqu'à ton retour.

— Mais où est-il ? demanda la jeune femme d'un air pitoyable. Où est John ? Que se passe-t-il ?

— Ecoute, on n'en sait rien encore, mais je suis sûre qu'il existe une explication. On finira bien par la découvrir.

Carly renifla et essuya ses larmes d'un revers de manche.

— Tu crois ? Tu penses qu'il va bien ?

— Evidemment, qu'il va bien, répondit Lavonne, échangeant un regard indéfinissable avec Jackie. Tout ça n'est qu'un malentendu. Allez, va, ne fais pas attendre cette dame. Je suis sûre qu'elle est très occupée.

Carly alla docilement chercher son manteau et suivit Jackie jusqu'à sa voiture.

Celle-ci, en se penchant pour lui ouvrir la portière, fut saisie par l'expression de son visage ; c'était celle d'une femme brisée.

5.

Carly s'arrêta devant le van et hésita, avant de tourner la tête vers Jackie.

— Vous êtes sûre que je peux le prendre ? demanda-t-elle timidement. Vous ne voulez pas vérifier les empreintes, ou quelque chose comme ça ?

Jackie secoua la tête.

— Nous n'en avons pas le droit. Pour examiner le véhicule, il faut qu'il y ait une raison et, à notre connaissance, aucun crime n'a été commis.

Carly sortit les clés de sa poche et déverrouilla la porte. Puis, après un bref coup d'œil à l'intérieur, elle se tourna de nouveau vers Jackie.

— Je sais ce que vous pensez, dit-elle. Vous pensez que John est un autre de ces maris insatisfaits, et qu'il nous a abandonnés pour s'en aller avec une autre. Pas vrai ?

Jackie, gênée, ne savait que répondre.

— Je vous comprends, remarquez, renchérit Carly, le front soucieux. Mais si vous connaissiez John, vous sauriez que c'est impossible. Il est tellement…

Elle s'étrangla et baissa la tête un moment, avant de reprendre :

— Il lui est arrivé quelque chose, et je ne sais pas quoi

faire. Je me sens tellement impuissante. J'ai l'impression de me débattre dans un de ces horribles cauchemars où l'on ne peut ni agir ni penser correctement.

Jackie considéra le visage crispé de la jeune femme, touchée par tant de loyauté.

— Vous ne doutez pas de lui, Carly ? Pas même une seconde ?

— Non.

— En dépit du fait qu'il a quitté son travail et vous a menti pendant tout ce temps ?

Carly cligna des yeux, comme pour retenir des larmes. Son menton tremblait et tressautait.

— Oui, en dépit de cela, je ne doute pas de lui. Parce qu'il avait forcément une raison. Il a dû lui arriver quelque chose de terrible, que Gladys ignore. Il a dû tellement souffrir, et il aura eu peur de m'en parler.

Carly grimpa derrière le volant, et Jackie regarda le véhicule s'éloigner, stupéfaite devant le refus de la jeune femme d'accepter l'évidence.

« Elle doit réagir de cette manière parce que c'est trop insupportable pour elle, songea-t-elle avec compassion. On a tous tendance à éviter ce qu'on ne peut pas admettre. »

Le van sortit du parking et Jackie retourna vers sa voiture, avant de se diriger vers le quartier résidentiel installé au bord de la rivière Spokane, où vivait la famille de Jason Burkett.

Le manoir blanc du politicien ne se serait sans doute pas distingué des demeures voisines, s'il n'y avait eu toutes les voitures de presse et de police garées dehors, et les rubans jaunes flottant à travers le jardin recouvert de neige. La maison présentait une haute façade grecque, avec des colonnes ornées de moulures, et elle était nichée à l'écart de la route, derrière des massifs d'arbres et d'arbustes. Un garage pouvant contenir trois voitures se dressait sur un côté, au bout d'une longue allée sinueuse barricadée par des mètres de ruban jaune.

Jackie se gara et descendit de voiture, ignorant la meute bruyante des journalistes. Elle enjamba le ruban et marcha dans la neige, en direction d'un groupe de techniciens de la police qui travaillaient près de la palissade, sous une branche de sapin dépassant du jardin voisin. Elle les salua et s'arrêta un moment pour les observer.

Ils avaient installé un petit réchaud à gaz et un liquide jaunâtre bouillonnait joyeusement dans une casserole.

— C'est mignon, commenta-t-elle. Vous piquez-niquez ?

— Tu parles d'un pique-nique, grommela le sergent Welsh en levant les yeux du carré de neige qu'elle était en train d'explorer. Je ne te conseille pas d'avaler cette mixture, Jackie.

Femme blonde et mince d'une quarantaine d'années, Claire Welsh était une des techniciennes principales de la brigade de l'Identification. Elle portait une combinaison blanche par-dessus ses vêtements, et une paire de chaussures de marche.

Jackie se pencha pour renifler le liquide.

— Berk ! s'exclama-t-elle en plissant le nez. Ça pue. Qu'est-ce que c'est ?

— Du soufre.

Le sergent Welsh s'approcha d'un de ses assistants qui, avec précaution, empilait de la neige autour d'une trace de pneus, près de la palissade.

— On fait chauffer le soufre jusqu'à ce qu'il se liquéfie et on le verse sur la trace, expliqua-t-elle. Le soufre se durcit si vite qu'il retient l'empreinte avant que la neige n'ait fondu.

— Mais vous avez déjà des photos de ces traces, n'est-ce pas ? demanda Jackie.

— Evidemment. Des tas de photos, prises sous tous les angles.

Au signe que lui fit Claire, un autre de ses assistants versa le liquide brûlant. Fascinée, Jackie regarda la mixture jaune couler sur la neige et se figer instantanément.

Claire prit alors le moule entre ses mains gantées, le retournant et le dégageant de la neige qui y était restée collée. Tous les techniciens se penchèrent pour étudier l'empreinte.

— Elle est belle, les gars, déclara-t-elle. Très belle.

— Comme une empreinte digitale, s'exclama Jackie en contemplant l'empreinte très nette des bandes de roulement sur le moule en soufre.

— Pas tout à fait, rectifia Claire. Nous recherchons surtout des caractéristiques accidentelles. Tu vois, là, il manque un morceau de la bande de roulement du pneu. On sait qu'il s'agit de l'avant droit, car la voiture a bifurqué brusquement, ici, afin d'éviter la palissade, et elle a heurté la petite fille à moins d'un mètre. Une fois qu'on aura retrouvé la voiture, on pourra faire une empreinte du pneu avant droit et la comparer avec celle-ci.

— On peut s'en servir au tribunal ? demanda Jackie.

— Absolument. En fait, le procédé est tellement sûr que la plupart du temps, il n'est même pas nécessaire d'aller au tribunal. Mais, bien sûr, l'empreinte ne sert à rien si nous n'avons pas le pneu pour faire la comparaison. Alors, à vous de retrouver la voiture. Nous, on s'occupe du reste.

Jackie se redressa et regarda autour d'elle.

— Je m'étonne que vous ayez pu trouver des traces, avec toute la neige qui est tombée, la nuit dernière.

— Nous n'avons que celle-ci, répondit Claire. C'est grâce à la palissade et à cette grosse branche de sapin qui a bloqué la neige. Les gars sont passés, hier soir, quelques minutes après l'ambulance, et ils ont réussi à couvrir une partie des lieux, pour moi.

Jackie remarqua un autre technicien qui actionnait un petit soufflet sur la neige, envoyant des bouffées blanches dans l'air.

— Nous essayons encore de trouver une autre bande de roulement, là-dessous, expliqua Claire. Cela nous permettrait de déterminer la largeur du véhicule, ce qui nous faciliterait la tâche pour retrouver la taille et la marque. Les indices dont nous disposons, pour l'instant, sont largement insuffisants.

Jackie considéra la bande, à ses pieds, là où la trace de pneu avait été effacée par le soufre liquide, puis elle regarda autour d'elle.

Un seau en plastique bleu était posé près de la palissade. Il contenait une carotte ridée, des boutons noirs et un vieux chapeau de toile.

— Elle était en train de faire un bonhomme de neige,

reprit Claire, qui avait suivi le regard de sa collègue. Il a dû être écrasé, quand la voiture l'a heurtée.

Jackie hocha la tête.

— Mais dis donc, comment se fait-il que tu travailles sur cette affaire ? demanda Claire. Je croyais qu'elle avait été confiée à la circulation.

— Je m'occupe d'un problème qui est lié. C'est un peu compliqué.

— Oh, ça l'est toujours, commenta la technicienne de l'identification, avec un petit sourire triste.

Jackie se dirigea vers une toile plastifiée fixée au sol par des piquets.

— Je peux ? demanda-t-elle à Claire.

— Oui, vas-y, répondit cette dernière. Nous avons pratiquement terminé, ici.

Jackie souleva la toile et contempla l'empreinte laissée dans la neige. Il y avait une tache rosâtre, saupoudrée par la neige tombée entre le moment où on avait emporté le corps de l'enfant et celui où les techniciens étaient arrivés pour protéger les lieux.

Jackie essaya d'imaginer une petite fille jouant tranquillement dans son jardin, en train de construire un bonhomme de neige dans l'obscurité constellée de lumières de Noël. Et elle essaya d'imaginer le genre de personne qui était capable de détruire cette enfant et de s'enfuir dans la nuit, sans s'arrêter…

Claire la rejoignit, avec une mallette en aluminium et deux appareils photo. Ensemble, elles contemplèrent la tache de sang, dans la neige.

— Il faut retrouver ce salopard, Jackie, déclara Claire,

tout à coup, avec ferveur. Il faut le retrouver et le faire payer.

Jackie releva la tête, un peu surprise par cet éclat. La technicienne de l'identification était toujours si calme, si pondérée ; jamais elle n'exprimait la moindre émotion, dans le travail.

— On le retrouvera, Claire, répondit-elle.

Jackie regarda ses collègues charger leurs équipements dans une camionnette, puis elle se dirigea vers l'entrée de la maison de Jason Burkett et sonna à la porte.

Une femme mince et noueuse, d'âge indéterminé, vêtue d'un jean et un sweat-shirt, la taille sanglée d'un tablier à carreaux, lui ouvrit la porte. Elle considéra le badge de Jackie et poussa un soupir.

— Vous ne pouvez pas remettre ça à demain ? Ils ont eu une terrible journée, vous savez.

— Malheureusement non, répondit Jackie, entrant dans le vestibule. Si vous permettez, j'aimerais que vous me disiez votre nom, reprit-elle, tandis qu'elle ôtait ses bottes et les laissait sur un tapis prévu à cet effet, près de la porte. Et aussi votre rôle, dans la maison.

— Sadie Frank, dit la femme. Je suis l'intendante.

Ses yeux étaient cernés de rouge et elle ne cessait de se tordre les mains dans son tablier.

— C'est horrible, chuchota-t-elle. C'est vraiment horrible.

— Oui, admit Jackie. C'est une terrible tragédie.

Elle marqua une pause, avant de reprendre :

— Je voudrais parler un moment avec M. Burkett.

Pensez-vous que ce soit possible ? C'est inutile de déranger sa femme, mais j'aimerais vraiment m'entretenir avec lui.

— Je vais voir. Vous voulez bien attendre ici, une seconde, s'il vous plaît ?

L'intendante lui indiqua un siège à deux places de style colonial, et Jackie s'assit, ôta son manteau et prit son calepin dans son sac. Puis, elle s'adossa au siège et regarda autour d'elle.

Comme souvent, lorsqu'elle enquêtait sur un crime chez les riches et les puissants, la jeune femme devait lutter contre un sentiment de malaise qui frisait la panique. Elle avait beau arborer un air professionnel, elle avait encore du mal à surmonter des années de conditionnement.

Une voix perfide ne cessait de lui murmurer que Jackie Kaminski n'avait rien à faire dans un endroit pareil ; elle n'avait rien en commun avec les personnes qui vivaient là ; c'est à peine si elle parlait la même langue ; cette voix lui disait encore qu'en dépit de l'autorité que lui conféraient son badge et sa position, ces gens voyaient clair en elle, ils voyaient très bien la petite fille sale et pauvre qu'elle avait été, cette enfant en colère contre tous ceux qui avaient tant, alors qu'elle n'avait rien.

Des années plus tôt, Jackie avait fini par reconnaître cette voix comme étant celle de sa grand-mère. D'aussi loin qu'elle se souvienne, la vieille femme n'avait cessé de lui répéter, en parole, par action, ou par implication, qu'elle ne valait rien et n'arriverait jamais à rien.

Durant la plus grande partie de son enfance et de son adolescence, et bien qu'elle fût engagée dans une bataille farouche contre son propre destin, Jackie avait intégré ce message sans même songer à le remettre en question. Mais, dernièrement, elle avait commencé à se demander pourquoi Irène Kaminski avait ressenti à ce point le besoin de se montrer aussi dure, aussi négative. D'un point de vue adulte, cela ressemblait fort au comportement d'une personne qui a terriblement peur ; pourtant, en grandissant, Jackie avait toujours cru que sa grand-mère ne craignait rien ni personne au monde, excepté peut-être de se trouver à court d'alcool.

Revenant dans le présent, la jeune femme poussa un soupir, secoua la tête, comme pour mieux chasser ces souvenirs, et examina les lieux.

A l'instar de la plupart des demeures luxueuses dans lesquelles elle était entrée, celle-ci avait une sorte de beauté austère qui lui plaisait instinctivement. Pas de falbala ou de fanfreluche. Pas de couleurs vives. Le sol était un parquet de bois étincelant couvert de tapis anciens. Les murs étaient en plâtre lisse et les tissus d'ameublement dans des teintes pastel. Des arrangements floraux reposaient sur des tables basses et la plus petite œuvre d'art devait coûter une fortune.

Ces gens étaient entourés de tant de beauté… Cela paraissait presque excessif.

De nouveau, Jackie fit un bond dans le passé, et elle se revit, à huit ans, découpant des photos dans des magazines et les serrant derrière la plinthe cassée d'un placard, afin que ses cousins ne les découvrent pas. C'était toujours des images de cascades et de champs verts couverts de fleurs sauvages, des morceaux de paradis qui l'aidaient à endurer la vie quotidienne dans la grisaille de son quartier sordide.

Une enfant du même âge avait vécu dans cette maison, et sans doute considérait-elle tout ce luxe et cette beauté comme allant de soi.

Mais cette enfant était morte, maintenant. Et la personne qui l'avait tuée continuait d'aller et venir tranquillement, sans être inquiétée…

Soudain, Jackie éprouva une sensation de profonde fatigue ; elle avait chaud et sentait poindre une migraine. L'espace d'un moment, elle appuya sa tête contre le dossier du siège à deux places et ferma les yeux. Lorsqu'elle les rouvrit, Sadie Frank se tenait devant elle.

— Ils vont vous recevoir ensemble, dit-elle. Ils sont dans le salon du matin.

Jackie se leva, força un sourire sur ses lèvres et agrippa son calepin.

— Merci, Sadie.

— Suivez-moi, inspecteur, répondit l'intendante.

Elles longèrent un large couloir menant à l'arrière de la maison et qu'éclairaient des rangées de fenêtres à claire-voie.

Puis, la domestique la fit entrer dans une pièce qui s'ouvrait sur une serre remplie de plantes. Bon nombre d'entre elles étaient en fleurs, emplissant l'air d'un délicieux parfum humide. Le salon était meublé de canapés, de fauteuils et de causeuses en rotin, garnis de coussins recouverts de lin dans des tons de roux.

« Si j'avais un endroit comme celui-ci, je ne voudrais jamais sortir, songea Jackie. J'y passerais toutes mes journées. »

Puis, à haute voix :

— Je suis l'inspecteur Kaminski. Cette pièce est vraiment magnifique.

Une petite femme aux cheveux blond argent, coupés au carré, était installée sur un des canapés, les pieds repliés sous elle, un coussin sur ses genoux. Elle portait un pantalon de jogging en Nylon rose et un T-shirt blanc. Norine Burkett, sans aucun doute.

Jason Burkett était affalé dans un fauteuil, en face d'elle. Il arborait un jean et un sweat-shirt gris, et ses jambes étaient étendues devant lui. Il tenait un verre, dans sa main, qui avait l'air d'être surtout rempli de glaçons en train de fondre.

— Sadie ? fit-il, levant le verre et implorant l'intendante du regard.

Celle-ci parut hésiter, avant de demander :

— La même chose ?

Il hocha la tête.

— Et vous, madame ? demanda encore Sadie, s'adressant à Norine.

Celle-ci secoua simplement la tête et regarda par la fenêtre. De l'autre côté de la vitre, le jardin enseveli sous la neige formait une vision incongrue, comparé à la végétation luxuriante, à l'intérieur de la pièce.

Jackie s'installa dans un fauteuil en osier et regarda le couple. Sa première réaction fut de se dire que jamais encore, au cours de toutes ses années dans la police, elle ne s'était trouvée en présence d'un chagrin aussi puissamment contrôlé.

Jason Burkett avait un regard hagard, hanté, et il fixait Jackie avec des yeux caves, bien que la jeune femme le soupçonnât de ne même pas la voir. Le candidat au congrès était un bel homme à la carrure athlétique, avec d'épais cheveux bruns, et il paraissait beaucoup plus jeune que ses presque cinquante ans.

— Je suis vraiment désolée au sujet de votre petite fille, dit Jackie, finalement. Je ne peux qu'imaginer ce que vous ressentez.

Jason secoua la tête d'un côté vers l'autre, comme un gros animal qui souffre.

— Elle était dehors, murmura-t-il d'une voix rauque. Elle construisait un bonhomme de neige et ne voulait pas rentrer avant d'avoir fini. Je lui ai dit qu'elle pouvait rester encore quelques minutes. Quand j'ai vu qu'elle ne revenait pas, je suis sorti sur le seuil et je l'ai appelée. Comme elle ne répondait pas, je... Je l'ai trouvée dans la...

Il s'interrompit brusquement et avala une gorgée de la boisson qu'il tenait dans sa main, avant de faire cliqueter les glaçons et de les regarder d'un air confus.

— Vous n'avez donc rien remarqué d'inhabituel, à l'extérieur de la maison ?

— Je n'ai rien vu, marmonna-t-il. Rien du tout. Juste mon petit ange qui gisait dans...

Il s'étrangla.

— Jason, intervint sa femme, parlant pour la première fois.

Sa voix était basse et claire, et elle claqua comme un coup de fouet, produisant un effet immédiat sur son mari. Il se redressa dans son fauteuil, posa le verre sur la table basse à côté de lui et se recomposa un visage.

Jackie glissa un regard du côté de Norine Burkett.

Elle était menue, avec une ossature très fine et une peau si pâle qu'elle en devenait translucide. Elle avait de grands yeux bleus ourlés de gros cernes et paraissait avoir une quinzaine d'années de moins que son mari.

Jackie se rappela la remarque de Gladys Wahl ; c'était le deuxième mariage de Jason Burkett. Et quelqu'un… qui donc ?… avait également suggéré que le couple avait des problèmes.

Elle hésita, se demandant quelles questions poser. Le délit de fuite n'était pas son affaire ; tous les détails concernant l'accident avaient dû être couverts par les enquêteurs de la brigade de la circulation.

— En fait, reprit-elle, s'éclaircissant la voix, en proie à un vague malaise, je suis là pour une affaire parallèle.

L'homme la regarda d'un air indifférent, mais sa femme se raidit et redressa le dos. Ni l'un ni l'autre ne parlèrent.

— J'aimerais que vous me donniez des informations sur votre comptable, John Stevenson.

— Stevenson ? demanda Jason. Quel rapport ?

— Il semble qu'il a disparu, répondit Jackie. D'après sa femme, il est sorti, hier soir, pour aller chercher du lait en poudre et il n'est jamais revenu.

Norine Burkett ne dit rien, mais ses mains se crispèrent sur le coussin, si fort que ses jointures en blanchirent. Jackie la considéra un instant avec intérêt, avant de reporter son attention sur le mari.

— Que pouvez-vous me dire au sujet de John Stevenson, monsieur Burkett ? Quel genre d'homme était-il ? Son travail était-il satisfaisant ?

Jason reprit son verre et en contempla le contenu.

— C'était un excellent comptable. Je n'ai jamais eu à me plaindre de lui.

— Et vous n'avez pas la moindre idée de ce qui a pu l'amener à démissionner ?

Le seul fait de se concentrer pour suivre une conversation paraissait représenter un effort majeur pour Jason Burkett, et Jackie se demanda s'il n'était pas sous sédatif ; l'effet combiné des médicaments et de l'alcool expliquerait son état quasi second.

Norine Burkett, immobile sur le canapé, le regardait fixement. De temps en temps, ses yeux bleus, insondables, venaient se poser sur Jackie.

La pièce était comme chargée d'émotions et traversée par d'étranges courants sous-jacents. C'était extrêmement inconfortable. Quelque part, dans la maison, un téléphone sonna et fut vite réduit au silence. Jackie dut lutter contre une terrible envie de se dandiner dans son fauteuil.

— Monsieur Burkett ? reprit-elle.

— Quoi ?

— Vous avez une idée de la raison pour laquelle John Stevenson a démissionné aussi brusquement ?

— Non, répondit l'homme, en jetant un regard misérable du côté de sa femme. Nous avons tous été pris de court. Un jour, il a rassemblé ses affaires, vidé son bureau et il est parti sans dire un mot, sans expliquer pourquoi il partait. Cela ne lui ressemble pas du tout.

— Vous dites qu'il a disparu ? s'enquit Norine.

Sa voix était douce, presque une voix d'enfant, mais l'expression de son visage demeurait prudente, attentive.

— Hier soir. Sa femme est venue nous voir au poste de

police, ce matin, mais nous ne pouvons pas lancer une enquête officielle avant trois jours. Pour l'instant, je ne peux que poser quelques questions.

— Est-ce que Carly va bien ? demanda Jason. Elle a besoin d'aide ?

— Je crois qu'elle se débrouille, mais elle est bouleversée. Elle m'a demandé de vous transmettre toutes ses condoléances, pour votre petite fille ; elle ne voulait pas vous appeler aujourd'hui, au milieu de tout ça.

— Les gens n'arrêtent pas de téléphoner, remarqua Jason, d'un air vague. Je suppose qu'ils essaient d'être gentils.

— J'en suis sûre.

Jackie se leva et mit la main dans sa poche.

— Monsieur Burkett, reprit-elle en lui tendant une de ses cartes de visite, si vous vous rappelez le moindre détail étrange au sujet du comportement de John Stevenson, n'importe quoi qu'il ait pu dire et qui nous donnerait une petite idée de la raison pour laquelle il a quitté son travail, je vous serais reconnaissante de m'appeler.

— Bien sûr.

Il prit la carte de la jeune femme et la posa sur la table basse, à côté de son verre. Jackie se demanda s'il l'avait même vue.

La dernière impression qu'elle emporta, en quittant la pièce, était celle de la souffrance de cet homme — une souffrance si lourde, si noire et si vivante qu'elle en devenait presque palpable.

6.

Carly Stevenson se retourna dans son lit pour essayer de trouver une position confortable. Se soulevant sur un coude, elle jeta un coup d'œil au réveil numérique posé sur la table de chevet. Il était 1 heure du matin, passée de quelques minutes. Moins d'un quart d'heure s'était écoulé depuis qu'elle l'avait regardé la dernière fois.

Elle poussa un soupir et changea d'oreiller, enfouissant son visage dans la fraîcheur du linge et enroulant les bras autour du coussin.

Elle ne supportait pas de dormir seule. Excepté les quelques jours qu'elle avait passés à l'hôpital pour la naissance des enfants, c'est à peine si elle et John s'étaient séparés une seule nuit, depuis qu'ils étaient mariés. Et même quand elle venait d'accoucher, il restait toujours jusqu'au dernier moment, s'attardant à son chevet, malheureux de devoir la quitter et rentrer seul chez lui.

La jeune femme sourit tristement, dans l'obscurité.

Parfois, il s'installait même sur le lit d'hôpital, afin de la tenir dans ses bras. Un soir, après la naissance de Caitlin, l'infirmière les avait surpris ainsi. Alors, sans rien dire, elle avait souri et refermé la porte tout doucement.

Cette nuit était la seconde depuis la disparition de John.

Carly pressa son visage contre l'oreiller et se mit à réfléchir. Plus que tout, une question la tourmentait : une femme pouvait-elle connaître si peu les hommes, les comprendre si mal, qu'elle en vienne à se tromper totalement sur le compte de son propre époux ?

C'est ce que tout le monde avait l'air de penser. Lavonne disait toujours qu'on ne pouvait pas leur faire confiance, qu'ils étaient tous des salauds. Et elle avait largement assez d'expérience en la matière.

Il y avait aussi cette femme inspecteur de police, si belle, avec son air d'autorité tranquille. De toute évidence, elle jugeait que Carly était bien sotte d'avoir à ce point confiance en son mari. Or l'inspecteur Kaminski devait, elle aussi, avoir une grande expérience de la vie et de ce dont les hommes sont capables.

Carly n'avait pour ainsi dire jamais connu que John. Son père avait été tué au Viêt Nam, alors qu'elle avait trois ans, et sa mère ne s'était jamais remariée. Elle était encore vierge quand elle avait commencé à sortir avec John, au lycée. C'était comme un rêve qui se réalisait, un jeune homme solide et beau qui la trouvait merveilleuse.

Ils avaient fait l'amour ensemble pour la première fois lorsque Carly était en terminale. John prenait des cours de comptabilité dans une université, à Cheyenne. Il avait été si doux, si tendre, que cette première expérience demeurait un des plus beaux souvenirs de Carly, ce qui n'était pas le cas de beaucoup de jeunes filles.

Carly n'avait jamais couché avec un autre homme. Elle ne

savait pas comment se comportaient les autres sur le plan physique. Mais elle comprenait John ; elle le comprenait profondément. Après tant d'années, il n'y avait rien, au sujet de son mari, qu'elle ne sût pas.

Sauf, songea la jeune femme douloureusement, où il se trouvait en cet instant…

Après s'être retournée encore dans le lit, elle regarda du côté de la fenêtre. Il neigeait de nouveau à gros flocons.

Elle se leva et alla poser son front brûlant contre la vitre. La plupart des voisins laissaient leurs lumières de Noël clignoter toute la nuit. Les ampoules multicolores scintillaient à travers la neige, créant un tableau magique qui évoquait l'émerveillement de l'enfance.

Un sanglot lui monta dans la gorge et elle lutta pour ravaler ses larmes. Elle n'avait pratiquement pas cessé de pleurer, depuis que John avait disparu. Elle devait absolument se ressaisir ; les enfants avaient besoin qu'elle garde son calme. Ils avaient besoin qu'elle soit forte.

Caitlin, surtout, errait la mine inquiète à travers la maison, essayant de faire taire les jumelles et jetant des regards effrayés vers sa mère, quand elle croyait que celle-ci ne la regardait pas.

Carly poussa un soupir et contempla les guirlandes de Noël, se demandant à quel genre de fête ses enfants allaient avoir droit, cette année.

— Oh, John, chuchota-t-elle. Où es-tu ? Que se passe-t-il ?

Un bruit soudain attira son attention. Elle agrippa le rideau, aux aguets.

Et de nouveau, elle l'entendit. Cela provenait de l'autre

extrémité de la maison, près de la porte de derrière. Un petit bruit furtif, comme une série de grattements sourds.

Carly jeta un coup d'œil nerveux autour d'elle, et sa première réaction, instinctive, fut d'aller s'assurer que les enfants allaient bien.

Rachel et Emily partageaient une petite chambre, près de celle de leurs parents, et toutes deux dormaient à poings fermés, leurs têtes ébouriffées dépassant du duvet qui recouvrait chacune d'elles.

Carly passa aussitôt dans la troisième chambre, de l'autre côté du couloir — celle de Caitlin et du bébé.

Elle trouva sa fille aînée étalée en travers du lit, son corps élancé presque entièrement découvert. Caitlin grandissait vite ; elle était en train de perdre l'aspect potelé de la petite enfance.

« Mon athlète », l'appelait John, fier des prouesses de sa fille à la course de vitesse, à l'école.

Lorsque des compétitions sportives avaient lieu, John prenait toujours un jour de congé pour offrir son aide. Carly préparait un grand panier de pique-nique et ils passaient la journée tous ensemble, en famille, à profiter du soleil et de la bonne humeur ambiante.

La jeune femme remonta la couette sur le corps de Caitlin et lui effleura le front, avant de s'approcher du berceau où dormait Patrick.

Vêtu d'un pyjama en tissu-éponge, le bébé était sur le ventre, son derrière rebondi enveloppé d'une couche. Il avait une main pressée contre sa joue et l'autre tendue vers la tête du berceau.

John avait été si heureux d'avoir enfin un garçon.

Tant que Carly avait été enceinte, il n'avait cessé de lui répéter qu'il adorait toutes ses filles et ne les échangerait pour rien au monde.

Mais dans la salle d'accouchement, lorsque le médecin leur avait annoncé que c'était un garçon, John avait éclaté en sanglots — de gros sanglots de bonheur.

A ce souvenir, Carly sentit les yeux lui piquer de nouveau. Elle les frotta du revers de la main, contempla son fils un instant encore, puis ressortit dans le couloir et s'immobilisa, l'oreille tendue.

De nouveau, elle entendit un bruit, prudent, délibéré — pas un bruit fortuit, comme celui d'une branche d'arbre frôlant une vitre.

Elle longea le corridor jusqu'à la cuisine, dont une porte donnait sur le jardin. La pièce baignait dans une semi-pénombre fantomatique. John avait installé des petites lumières partout dans la maison, pour des raisons de sécurité, et aussi pour le cas où une des filles se lèverait la nuit.

Le carrelage était glacé sous les pieds nus de Carly. Elle recroquevilla ses orteils et, comme elle regardait vers la porte, ses yeux s'écarquillèrent d'horreur.

La poignée bougeait.

Elle porta les mains à sa bouche pour étouffer un hurlement, et jeta un coup d'œil vers le téléphone, prête à bondir pour appeler police secours. Mais elle se ravisa et regarda de nouveau du côté de la porte.

Et si c'était John ? S'il avait perdu sa clé et cherchait à entrer sans que personne le sache ?

Elle essaya de se calmer, de reprendre son souffle, et s'approcha du battant.

— Qui est là ? demanda-t-elle doucement. Il y a quelqu'un dehors ?

La poignée s'immobilisa brusquement.

Le silence qui suivit devint si profond que Carly pouvait entendre les battements affolés de son propre cœur.

— John ? reprit-elle d'une voix un peu plus assurée. C'est toi ?

Des bruits de pas résonnèrent sur les marches de bois, à l'extérieur.

Carly déverrouilla la porte de ses mains tremblantes et sortit sur la terrasse. Elle eut juste le temps de voir une ombre contourner le garage et s'évanouir dans l'allée.

Ses pieds nus brûlés par le froid, elle s'empressa de rentrer en refermant soigneusement la porte. Puis elle s'arrêta un instant devant le téléphone, hésitant de nouveau à appeler la police, avant de se raviser et d'aller enfiler son manteau et ses bottes. Elle prit une torche électrique sur une étagère, et ressortit pour examiner la neige fraîche. Il y avait des traces de pas qui montaient les marches de bois menant à la terrasse, et d'autres qui les redescendaient — des empreintes de chaussures d'homme —, et ces traces se perdaient du côté où l'ombre avait disparu.

Carly revint sur ses pas, suivant les empreintes que la neige recouvrait déjà ; celles-ci s'arrêtaient sous la fenêtre de la chambre dans laquelle dormaient Caitlin et Patrick.

Elle pointa le faisceau de sa torche électrique sur le sol poudreux, prise d'un terrible effroi. A cet endroit, il y avait une deuxième série d'empreintes — des empreintes assez larges pour appartenir à un deuxième homme chaussé de grosses bottes. Apparemment, ils avaient passé un certain temps sous la fenêtre.

Carly leva la tête. La maison, du fait qu'elle était construite sur un terrain en pente, avait deux niveaux ; c'est ainsi qu'à l'arrière, le rez-de-chaussée était presque entièrement au-dessus du niveau du sol, et la fenêtre de la chambre, à au moins trois mètres au-dessus de la rampe.

Qui donc était venu rôder par ici ? Et pourquoi ces hommes avaient-ils concentré leur attention sur la fenêtre de la pièce où dormait le bébé ?

Carly se tourna et fixa l'obscurité au-delà des arbres.

— John ? appela-t-elle d'une toute petite voix. Tu es là ?

Il n'y eut pas de réponse. La neige tombait toujours, s'accrochant à ses cheveux, ses cils, tandis que les lumières de Noël clignotaient à travers ce voile trouble et blanc.

Finalement, elle rentra dans la maison et passa un long moment à vérifier toutes les issues, s'assurant notamment que les fenêtres étaient bien verrouillées.

La peur lui broyait le ventre.

Pourtant, elle n'appela pas la police. Elle savait déjà qu'elle ne parlerait pas de ses visiteurs nocturnes à l'inspecteur Kaminski.

Le mercredi matin, Jackie retourna au centre commercial afin d'enquêter sur l'affaire des faux chèques. Ensuite, elle se rendit aux entreprises White Wolf pour s'entretenir avec Chantal Biggins, l'assistante de John Stevenson.

Celle-ci, une jeune femme au visage rond marqué par l'acné, paraissait totalement dépassée par les événements.

Elle parla de John en termes élogieux, l'évoquant comme

un homme exemplaire, un manager formidable, un comptable responsable et digne de confiance et, pour finir, un chef de famille chaleureux et attentionné. Elle ne comprenait pas ce qui avait pu le pousser à quitter son travail, et n'avait pas la moindre idée de l'endroit où il se trouvait.

Jackie quitta le bâtiment en fin de matinée, pour se rendre au commissariat central.

En chemin, elle continuait de réfléchir à l'affaire, les sourcils froncés.

John Stevenson lui paraissait trop beau pour être vrai. L'expérience lui avait prouvé qu'une telle somme de qualités était généralement suspecte. Dans la réalité, la plupart des gens trahissent au moins quelques signes de faiblesse, admettent avoir des problèmes, un ou deux défauts. Aussi, lorsque rien de tout cela ne perçait, lorsque le tableau était trop lisse ou semblait idéal, Jackie avait tendance à penser qu'il y avait anguille sous roche.

Si on lui avait annoncé, à cet instant, que le mari de Carly Stevenson avait une vie secrète, dont ni sa femme ni ses collègues ne se doutaient, elle n'aurait guère été surprise.

Cependant, cette théorie péchait par un petit détail, non négligeable : quand diable l'homme aurait-il trouvé le temps de mener cette seconde vie ? Si Jackie en croyait les témoignages qu'elle avait recueillis, Stevenson passait toute sa vie au travail ou avec sa famille — en tout cas jusqu'à sa disparition. Dans quel genre d'ennuis pouvait-on se fourrer, quand on faisait des heures supplémentaires et qu'on participait bénévolement à toutes les compétitions d'athlétisme de sa gosse de huit ans ?

Jackie se gara à l'arrière du commissariat central et se

rendit à la brigade de la circulation, où elle trouva Steve Baumgartner sur le point de sortir pour aller déjeuner. Il était horriblement stressé — un vrai paquet de nerfs.

— Saloperie de médias, grommela-t-il en enfilant son manteau. Ils sont en train de nous pomper toute notre énergie. Vous avez vu ce cirque, à l'entrée ?

— Non, je me suis garée derrière.

— Ils sont impitoyables. Ils veulent ce chauffard, et ils le veulent tout de suite.

Jackie hocha la tête.

— Vous permettez que je jette un coup d'œil au dossier, Steve ? J'aimerais lire la déclaration des Burkett.

— Aucun problème.

Baumgartner déverrouilla un classeur métallique et en sortit une épaisse chemise en carton.

— Tenez, installez-vous à mon bureau et remettez ça dans le tiroir du haut, quand vous aurez terminé. Je serai de retour dans une heure environ.

Jackie le remercia et se plongea dans la lecture des différents rapports : ceux établis par les officiers de patrouille qui avaient répondu à l'appel initial, ceux des inspecteurs qui s'étaient rendus chez les Burkett le lendemain, et enfin, les déclarations individuelles de Norine et Jason Burkett.

Elle n'apprit rien qu'elle ne sût déjà. La presse, avide de connaître tous les détails possibles et imaginables au sujet de l'accident, avait déjà publié la plupart des informations contenues dans le dossier, ainsi que la photo bouleversante de la petite victime.

Jackie contempla son visage. Angela Burkett était vraiment adorable, avec son sourire malicieux, ses grands yeux bleus pétillants et sa petite coupe au carré. Elle avait hérité la blondeur et la délicatesse de sa mère, ainsi que le charme malicieux de son père — ce charme qui lui valait les votes des électeurs.

Une bien belle enfant, songea Jackie en reposant la photo.

Les Burkett avaient fait leur déposition séparément, la veille à 8 heures du matin, soit deux heures après que les médecins avaient débranché le respirateur artificiel qui retenait leur fille en vie. Jason Burkett se trouvait alors à l'hôpital, tandis que sa femme était chez eux, dans la cuisine, avec l'intendante de maison.

Jackie jugea un peu étrange que les deux époux ne se soient pas tenu la main dans un moment pareil ; mais elle savait aussi combien, en temps de crise, les événements se succèdent dans un désordre tel qu'il ne reste plus par la suite dans l'esprit des gens qu'une sorte de brouillard. Bien souvent, ils ne se rappellent même pas où ils ont été à tel ou tel moment, ni comment ils se sont rendus d'un endroit à un autre.

Jason Burkett ne se sentant pas capable d'écrire, sa déclaration avait été enregistrée sur cassette, puis retranscrite. Il y affirmait qu'il se trouvait chez lui avec l'intendante de maison ; sa femme était à son club de gym. Il avait lu le journal et regardé la télévision. Comme Larry King était en train d'interviewer un groupe de sénateurs mêlés au débat sur le tabac, il n'avait pas voulu manquer cette émission. Il avait autorisé Angela à jouer dans le jardin, à condition qu'elle rentre se coucher à 20 heures.

Il allait la voir régulièrement, à chaque page de publicité

et, dix minutes avant le drame, il l'avait prévenue qu'il faudrait bientôt rentrer. Elle l'avait supplié de la laisser jouer encore un petit moment, et il avait accepté.

« Elle était tout près de la maison et le jardin est bien éclairé. Je ne voyais pas ce qui pouvait lui arriver de fâcheux. »

Quelques minutes après la fin de l'émission, il s'était rendu sur le seuil et l'avait appelée. Comme il n'obtenait aucune réponse, il avait appelé de nouveau, pensant qu'elle jouait à se cacher, pour le taquiner — elle le faisait souvent. Finalement, il avait enfilé ses bottes, son blouson, et il était sorti dans le jardin. C'est alors qu'il avait trouvé le corps de sa fille dans la neige ; elle saignait de la bouche, du nez et des oreilles.

Il était rentré en courant dans la maison et il avait demandé à l'intendante d'appeler une ambulance. Puis il était ressorti avec un plaid dont il avait couvert l'enfant, veillant bien à ne pas la déplacer avant l'arrivée des médecins.

Angela était inconsciente. Elle n'avait plus jamais parlé.

« Après l'arrivée de l'ambulance, concluait-il, tout devient flou. »

Jackie repensa à l'homme étourdi et terrassé de chagrin qu'elle avait vu dans sa belle maison, et songea que c'était une chance pour lui que ses souvenirs fussent restés flous.

Elle posa le papier et prit la déclaration de Norine Burkett ; celle-ci était rédigée à la main, sur un formulaire standard de la police. L'écriture, nette et précise au début, devenait de plus en plus difficile à déchiffrer, au fur et à mesure que le texte avançait, avec des lettres plus larges et tremblées. C'était courant dans les déclarations écrites à la main, surtout quand leur auteur était en proie à un grand stress.

Norine avait écrit :

« J'étais sortie quelques heures pour prendre le café avec des amies. Nous voulions discuter des derniers détails concernant une fête de charité qui devait nous permettre d'acheter des paniers garnis aux enfants défavorisés, pour Noël. Quand je suis rentrée, à 21 heures, la maison était sens dessus dessous. Il y avait des voitures de police partout. Sadie m'a expliqué ce qui s'était passé et je me suis rendue directement à l'hôpital. Angela était au service de réanimation. On la préparait pour l'opération et le médecin nous a dit qu'il faudrait un miracle pour la sauver. Nous avons attendu toute la nuit, dans l'espoir de ce miracle, mais il ne s'est pas produit. »

Jackie fronça les sourcils et posa la feuille de papier, avant de reprendre les rapports des inspecteurs.

Les deux époux Burkett avaient fait leur déclaration volontairement mais, tout de suite après, ils étaient devenus évasifs. Ils avaient commencé par refuser de répondre séparément aux questions qu'on leur posait ; surtout, ils n'avaient donné aucune explication concernant leurs versions divergentes au sujet des activités de Norine, ce lundi soir. Jason avait déclaré que sa femme était à son club de gym, alors qu'elle disait être allée prendre le café avec des amies…

Jackie étudia ensuite les rapports des deux témoins qui avaient vu une voiture de sport zigzaguer à grande vitesse sur la route, approximativement à l'heure où la petite fille avait été renversée.

Dans l'état actuel des choses, Jackie n'avait pas le droit de se mêler de l'enquête sur le délit de fuite. Ce n'était pas son affaire, et le protocole était très strict à ce sujet. Pourtant, si John Stevenson était déclaré officiellement disparu, si l'enquête révélait qu'il était victime de quelque action louche, cela changeait tout. Elle pouvait retourner voir les Burkett et demander à s'entretenir avec Jason, puisqu'il était l'ancien employeur de John, et aussi avec Norine, qui les avait connus, lui et sa famille.

Mais les Burkett étaient une famille puissante. Ils avaient beaucoup à perdre, et il était clair qu'ils avaient déjà commencé à serrer les rangs. Chaque heure qui passait augmentait le risque de les voir se murer de plus en plus dans leur silence et, bientôt, il deviendrait impossible de leur soutirer la moindre information.

Jackie éprouva un sentiment d'urgence.

Si seulement elle pouvait convaincre Michelson de lancer un avis de recherche sur la personne de John Stevenson, plutôt que d'attendre jusqu'à vendredi, comme l'exigeait le règlement.

La jeune femme rangea soigneusement le dossier dans le tiroir supérieur du bureau de Baumgartner. Puis elle se leva, attrapa son manteau et sortit.

En arrivant devant sa voiture, elle vit le journaliste qui l'avait abordée, la veille. Il était encore assis sur le capot et il avait l'air de l'attendre.

Jackie fouilla sa mémoire, essayant de se rappeler son nom. Karl Widmer…

— Ah, voilà la déesse des inspecteurs, déclara-t-il avec un sourire en coin. Figurez-vous que vous avez été sélectionnée parmi des milliers de candidates pour déjeuner avec moi, ce midi. Vous vous rendez compte de votre chance ?

— Les bras m'en tombent, répliqua Jackie.

Elle déverrouilla la portière de sa voiture et jeta son sac sur le siège du passager.

— Ne partez pas si vite, reprit le journaliste. J'ai quelque chose qui pourrait vous être utile.

— A propos de quoi ?

— La petite fille de Jason Burkett.

Jackie hésita, une fraction de seconde.

— D'accord. Après tout, il faut bien que je mange. Prenez votre voiture. Je vous suis dans la mienne.

7.

Ils optèrent pour un café décoré dans le style des années cinquante, et s'installèrent à une table près de la fenêtre. Un petit panier contenait des serviettes en papier, une bouteille de ketchup, deux menus plastifiés, une salière et un poivrier.

— Je n'arrive pas à le croire, remarqua Karl Widmer en prenant un des menus. Je ne pensais pas que vous accepteriez de déjeuner avec moi.

— Vous m'avez dit que vous aviez des informations, marmonna Jackie. Sinon, je n'aurais jamais accepté, en effet.

— Vous autres flics êtes toujours intimidés par la presse, remarqua le journaliste avec un sourire railleur. Pourquoi tant d'animosité, Jackie ? Nous ne pourrions pas être amis ?

Il se renversa sur sa chaise et la jeune femme se retint de l'envoyer au diable. Elle le trouvait agaçant, avec son air ironique. Et il avait beau jouer la carte de l'amitié, son regard perçant semblait la surveiller attentivement, comme s'il attendait le moindre faux pas de sa part.

— Amis ? Pour quoi faire ? demanda-t-elle.

— Eh bien, nous avons beaucoup de choses en commun,

vous savez. Nous avons grandi au même endroit, nous sommes dévoués à la même noble cause, à savoir la lutte pour la vérité et la justice…

— Nous avons grandi au même endroit ?

— Vous êtes originaire de Los Angeles, n'est-ce pas ?

— Comment le savez-vous ?

— Allons, Jackie, je suis reporter. Je peux découvrir ce que je veux sur n'importe qui. Alors vous pensez, quelqu'un comme vous, qui a un rôle public… c'est encore plus facile.

— Ecoutez, fit-elle avec impatience, cessez de tourner autour du pot. Je me moque de vos flatteries. Dites-moi ce que vous voulez savoir, et je déciderai si j'ai envie, ou non, de vous répondre.

Leur serveuse s'approcha de la table, arborant un petit tablier à carreaux vichy et une coiffe assortie.

— Je voudrais un sandwich grillé au bacon, avec du pain complet, sans mayonnaise, et de la salade à la place des frites, lui dit Karl Widmer. Et un café.

— Même chose pour moi, dit Jackie.

La serveuse griffonna sur son calepin.

— Exactement la même chose ?

— Sauf le café. Je prendrai un verre de lait à la place.

Widmer considéra Jackie avec intérêt.

— Eh bien, encore un point commun : nous avons des goûts culinaires semblables. Vous ne trouvez pas ça intéressant ?

Jackie poussa un soupir.

— Je crois qu'il va falloir que je mette les points sur les i, déclara-t-elle, acceptant le verre de lait que la serveuse lui apportait déjà. Je n'ai plus l'habitude qu'on me fasse du gringue, vous comprenez. Mais puisque vous avez l'air de le faire, sachez que j'ai une relation.

— Sérieuse ?

— Nous allons nous marier.

Elle crut surprendre une pointe de déception sur le visage de son interlocuteur — très vite masquée.

— A quand la noce ?

Jackie se dandina sur sa chaise.

— Nous n'avons pas encore fixé la date. Sans doute au printemps.

— Au printemps, répéta-t-il. C'est bien.

Jackie lui jeta un regard soupçonneux, puis remercia la serveuse qui revenait avec leurs salades.

Widmer prit sa fourchette et piqua un morceau de concombre.

— Et que fait l'heureux élu, dans la vie ?

— Il a un ranch, du côté de Reardan. Il l'a acheté au printemps dernier.

Widmer fit un geste avec sa fourchette et lui adressa un sourire moqueur.

— Alors comme ça, la fille des beaux quartiers s'en va vivre à la campagne avec les coyotes et les putois. C'est beau, l'amour !

— Je ne suis pas vraiment une fille des beaux quartiers.

— Vous avez grandi de quel côté de Los Angeles ?

— South Long Beach, répondit-elle sur un ton bref.

Il arqua les sourcils.

— C'est la zone, par là-bas.

Jackie mâcha sa laitue tout en pensant à l'appartement d'Irène Kaminski.

— Vous avez remarqué ?

— Vous habitiez où, exactement ?

— Au sud de Anaheim Street. Ma grand-mère avait un deux pièces dans un vieil immeuble. Elle m'a élevée en même temps qu'une ribambelle de cousins. La plupart de nos parents étaient en prison, ou alors ils se moquaient bien de nous. Remarquez, on ne peut pas dire que ma grand-mère se souciait particulièrement de nous, elle non plus.

— Le quartier était-il aussi dur, à l'époque, qu'il l'est aujourd'hui ?

Jackie secoua la tête.

— Pas vraiment. La criminalité n'était pas à ce point généralisée. La dernière fois que je me suis rendue là-bas, j'avais l'impression d'être au centre de Beyrouth en guerre, ajouta-t-elle avec un frisson. Des poubelles partout, des vieux matelas qui pourrissent dans les allées et des tags de gangs sur les murs.

Widmer l'écoutait en silence, tout en mangeant sa salade.

— Quand j'étais gosse, poursuivit Jackie, je trouvais le quartier un peu trop tiède à mon goût. Quand je voulais me faire des copains, j'allais à Compton.

— Sans blague.

Elle secoua la tête, se demandant pourquoi diable elle lui racontait tout ça.

— J'étais dure, adolescente. Je me suis retrouvée mêlée à de sales histoires.

— Des histoires de gangs ?

Jackie ne répondit pas.

— Forcément, renchérit Widmer. Il n'y a rien d'autre, du côté de Watts-Compton.

Il la considéra d'un air pensif. Il avait des yeux gris tachetés de brun, profondément enfoncés dans leurs orbites, et un regard pénétrant, sous l'arc épais des sourcils.

— Quand j'étudiais le journalisme, il y a une vingtaine d'années, à l'université de Californie, on avait l'habitude de se lancer des défis entre copains, reprit-il après quelques instants. L'un d'eux consistait à aller traîner dans les rues de Watts-Compton, la nuit. C'était une sorte d'épreuve de virilité, un peu comme un rite de passage. Je me rappelle les jeunes gosses qu'on voyait traîner par là-bas. Je me demandais toujours comment ils faisaient pour survivre.

— Quelle coïncidence ! Il y a vingt ans, j'étais une de ces gosses.

La serveuse leur apporta leurs sandwichs.

— Je suis prête à parier que nous n'avons pas eu le même genre d'enfance, en dépit du fait que nous vivions tous les deux à Los Angeles, reprit Jackie.

— En effet, admit Widmer sur un ton enjoué. J'habitais Fullerton. Mon père était technicien chez Disney. Il a pris sa retraite il y a deux ans, mais ils continuent de le laisser travailler comme consultant. Il se sent utile, de cette façon. Ils traitent bien leurs employés.

— Vous avez fait du sport au lycée, pris des cours de piano…

— Violon, rectifia-t-il en souriant. C'étaient mes grands-parents qui payaient. Je vous trouve l'air dédaigneux, inspecteur.

— Vraiment ? Je vous demande pardon. Ce n'était pas mon intention. J'ai toujours trouvé ridicule l'espèce de snobisme à l'envers qu'on cultive dans les mauvais quartiers ; vous savez : « Si tu n'es pas aussi pauvre et aussi mal loti que moi, tu ne vaux pas la peine que je perde mon temps. »

— Oui, je vois très bien. Vous savez, Jackie, plus je vous écoute parler, et plus vous me plaisez. Comment diable êtes-vous arrivée où vous êtes, en partant de là-bas ?

Jackie haussa les épaules et prit un air évasif.

— Peu importe. J'ai eu de gros ennuis à seize ans, et j'ai pensé que j'avais intérêt à me racheter une conduite, si je voulais rester en vie.

— Alors vous êtes devenue flic ?

— Qu'est-ce que je pouvais faire d'autre ? Je n'avais pas les moyens de me payer des études. En revanche, comme j'étais une fille et que je représentais deux ethnies minoritaires, j'étais doublement favorisée par le système d'embauche de la police de Los Angeles. Et je me suis dit…

Elle s'interrompit brusquement et baissa les yeux sur son sandwich. Elle n'avait plus d'appétit, tout d'un coup.

— Vous vous êtes dit que ce serait une façon d'aider les gens, compléta Widmer. Que vous pourriez aider d'autres gosses à ne pas suivre le même chemin.

— Un truc dans le genre, murmura Jackie.

— Vous savez, vous êtes une sacrée femme, remarqua le journaliste.

Jackie rougit jusqu'à la racine des cheveux. Elle leva les yeux pour voir s'il se moquait d'elle, mais il avait l'air sincère.

— Bon, si on parlait d'autre chose, fit-elle brusquement.

Je ne sais pas pourquoi je vous ai raconté tout ça. Vous êtes doué pour faire causer vos sujets, monsieur Widmer. Vous devez être un bon journaliste. Mais il me semble que vous aviez des informations pour moi.

— D'abord, j'aimerais savoir sur quoi vous travaillez. C'est quoi cette histoire qui est liée à la mort de la petite Burkett ?

Jackie hésita, le considérant d'un air pensif.

— Si je vous réponds, que recevrai-je en échange ?

— Un bout d'information intéressant qui semble avoir échappé, jusqu'à maintenant, à tous les génies de notre police locale.

Jackie repoussa son assiette et se leva, prenant un billet de dix dollars dans son sac et le jetant sur la table.

— Cela devrait couvrir ma part et le pourboire, déclara-t-elle.

Widmer lui attrapa le poignet.

— Asseyez-vous, pour l'amour du ciel ! Pas la peine d'être aussi susceptible.

Elle le fusilla du regard.

— Je n'apprécie pas du tout qu'un type qui passe sa vie à gratter du papier ou à remuer de la boue, se croie autorisé à dire du mal de la police.

Widmer s'esclaffa, l'air franchement amusé.

— Ben voyons ! Comme si la police ne passait pas quatre-vingt-dix pour cent de son temps à gratter du papier, comme vous dites. Ecoutez, je plaisantais. Asseyez-vous, Kaminski. Vous êtes en train de vous donner en spectacle.

Jackie jeta un regard autour d'elle, surprenant les mines

intéressées des autres clients. Elle se rassit sur sa chaise, se pencha vers son interlocuteur et baissa la voix.

— Savez-vous seulement le genre de couleuvres que nous devons avaler par la faute de la presse, Widmer ? Vous savez ce que c'est que de voir vos petits amis marcher sur nos talons à longueur de temps, intervenir sur les lieux des crimes, jouer aux flics, interviewer les témoins et contaminer les preuves avant que nous ayons le temps d'y accéder ?

— Vous devriez peut-être apprendre à bouger un peu plus vite, commenta Widmer calmement.

— Mais ce n'est pas tout, riposta Jackie, sentant monter sa colère. Le pire, c'est de devoir lire le genre de cochonneries que vous publiez. Chaque fois que vous ou un de vos copains décidez d'augmenter vos tirages, vous sortez une énormité sur la police et le public se jette dessus. Taper sur les flics fait vendre de la copie. Vous croyez que c'est facile de travailler dans ce genre de climat ?

— Notre journal a une attitude positive vis-à-vis de la police, dit Widmer. Il faut vraiment que vous merdiez royalement pour qu'on vous critique, et encore, plutôt mollement.

Jackie se tut. Il avait raison. Parmi tous les journaux locaux, le *Sentinel* était le plus juste envers la police. Malheureusement, cela ne voulait pas dire grand-chose ; au royaume des aveugles, les borgnes sont rois.

— Alors, votre petite colère est passée ? reprit-il. Parce que je suis toujours prêt pour cet échange d'informations.

Jackie s'adossa à sa chaise et regarda son sandwich à peine entamé.

— Finissez votre déjeuner, renchérit le journaliste. J'ai remarqué que vous aviez un emploi du temps chargé. Vous avez besoin de manger.

— Je n'ai pas faim, répliqua Jackie.

Elle termina son verre de lait tout en réfléchissant à l'offre de Widmer. Après tout, Michelson allait lancer un avis de recherche sur la personne de John Stevenson d'ici à demain. Ils seraient en avance sur le délai réglementaire, mais compte tenu des circonstances et de la pression que Jackie comptait exercer sur le commissaire, elle était pratiquement sûre que ce dernier accepterait de devancer l'appel.

Si elle en parlait à Widmer, elle ne ferait que lui donner une petite longueur d'avance sur ses confrères. Et si John Stevenson — ou toute personne qui aurait pu s'en prendre à lui — se tenait au courant des nouvelles, il n'était pas forcément mauvais de lui faire savoir que sa disparition avait été remarquée, et pas seulement par les membres de sa famille.

— Ceci est entre vous et moi, déclara-t-elle sur un ton d'avertissement. Je n'ai pas envie de me retrouver avec une bande de vautours en train de me suivre partout où je vais.

— Croyez-moi, Jackie, vous serez mon secret le mieux gardé, répondit Widmer avec ferveur.

— Très bien.

Jackie prit une profonde inspiration.

— Je suis en train d'enquêter sur la disparition d'un homme, reprit-elle finalement. John Stevenson, le comptable des entreprises White Wolf. Il s'est volatilisé lundi soir.

Nous devrions lancer une procédure de recherche demain matin.

Widmer arqua les sourcils d'un air intéressé. Il sortit un carnet de sa poche et chercha une page vierge. Jackie le regarda prendre des notes, tandis qu'elle lui donnait des informations plus précises sur John, sa position au sein de la société de Jason Burkett, et sa disparition, le soir de la mort d'Angela.

— Alors, que pensez-vous de tout ça ? demanda-t-il, quand elle se tut.

— Je ne sais pas. D'après ce que j'ai appris sur le bonhomme, il semblerait que tout cela ne soit qu'une coïncidence. Et nous n'avons pas éliminé l'hypothèse selon laquelle il serait victime d'un coup louche, ou même d'un meurtre. Demain, nous demanderons officiellement l'aide du public pour essayer de le retrouver ou en tout cas apprendre ce qui lui est arrivé.

Widmer hocha la tête.

— C'est intéressant. Très, très intéressant.

— Et vous, qu'avez-vous pour moi ? demanda Jackie, comme à contrecœur.

Il pouffa de rire.

— Vous n'aimez pas beaucoup collaborer avec la presse, hein, inspecteur ?

— Ce n'est pas ce que je préfère, en effet.

— Dans ce cas, je vais arrêter de vous taquiner.

Il reprit son sérieux et rangea son carnet dans sa poche.

— Vous vous êtes rendue chez les Burkett ?

— Oui. Hier. Pourquoi ?

— Vous avez vu leur garage à trois voitures ?

— Evidemment.

— Eh bien, autant que je sache, personne n'a cherché à découvrir le genre de véhicules qu'ils conduisent.

Jackie sentit son intérêt s'aiguiser.

— Vous si ?

— Oui. Jason conduit une Lincoln bleu nuit. Ils ont un nouveau break. Et la ravissante lady Norine…

Il se renversa sur sa chaise et enveloppa Jackie d'un long regard intense.

— Elle a une belle petite BMW modèle sport. Rouge.

Jackie le fixa un instant, bouche bée.

— Vous ne croyez pas…

— Je ne crois rien du tout. Je ne fais que vous communiquer un élément intéressant qui a visiblement échappé aux enquêteurs, sans doute attentifs à se montrer aussi gentils que possible avec le couple endeuillé.

Jackie hocha la tête et se leva, prenant son manteau.

— Il faut que j'y aille.

Widmer la considéra d'un air étrange, comme s'il hésitait à dire quelque chose.

— Je sais que cela ne me regarde pas, dit-il tout d'un coup, mais franchement, je ne pense pas que vous soyez taillée pour devenir l'épouse d'un fermier.

— Vous avez raison, riposta Jackie. Cela ne vous regarde pas.

Sur ce, elle saisit son sac et sortit du restaurant, sans un regard en arrière.

8.

Les jours passant, l'atmosphère de Noël envahissait de plus en plus le commissariat. Des cadeaux jonchaient les bureaux et il y avait de la nourriture partout : des gâteaux, des boîtes de chocolat entamées, des plateaux de fruits secs.

Quelqu'un avait installé un petit arbre artificiel sur un classeur métallique et l'avait orné de guirlandes d'ampoules minuscules et de boules de toutes les couleurs. Un groupe de jeunes officiers de patrouille avaient ajouté leur touche personnelle en suspendant des sachets de préservatifs sur la plupart des branches ; les rectangles plastifiés scintillaient sous les lumières et tournoyaient sur eux-mêmes au souffle du ventilateur installé au plafond.

Jackie trouva l'ensemble étonnamment joli.

— Hé, Kaminski, tu as fait un arbre de Noël chez toi ? lui demanda Wardlow, qui tapotait sur son clavier d'ordinateur.

La jeune femme secoua la tête.

— Non. Ce n'est pas mon truc.

— A moi non plus. Et puis Gordie a voulu qu'on en ait un vrai, et j'ai dû traverser la ville au beau milieu de la tempête, le week-end dernier, avec la moitié d'une forêt de pins fixée sur la galerie de ma voiture. Depuis, je crois bien que j'ai attrapé le virus.

— Ça ne m'étonne pas, lui répondit Jackie en accrochant son manteau. Dans le fond, tu es fait pour la vie de famille.

— Kaminski, tu crois que je devrais me remarier ?

Jackie le considéra d'un air stupéfait.

— Tu es sérieux ?

Wardlow hocha la tête, sans quitter son écran d'ordinateur des yeux.

— Je me demande si je ne devrais pas lui acheter une bague, pour Noël. Qu'en penses-tu ?

— Je ne sais pas, Brian. C'est une sacrée décision. Depuis quand es-tu avec Chris ? Environ huit mois, n'est-ce pas ?

— Oui. Ça te paraît trop court ? Mais alors, au bout de combien de temps peut-on s'engager avec confiance ?

Jackie eut un rire sans joie.

— Ce n'est pas à moi qu'il faut poser la question. Je crois que je pourrais être mariée depuis quarante ans et continuer à me poser des questions. Cette histoire de s'engager pour la vie, moi, ça me fiche une peur bleue.

— Mais je pense vraiment qu'elle est la femme que je cherche depuis toujours, Jackie. Je ne peux pas imaginer de vivre sans elle. Je ne sais même plus comment je faisais, avant de la rencontrer.

— Dans ce cas, vas-y, achète-lui la bague, répondit Jackie sur un ton bref.

Elle prit un dossier sur sa table, avant d'enchaîner :

— Le commissaire est dans le coin ?

— Il vient de rentrer de déjeuner. Il avait une réunion budgétaire au poste central, ce matin.

— Oh. Il avait l'air de mauvaise humeur ?

Wardlow s'esclaffa.

— Tu le connais. En plus, avec tous les efforts de volonté qu'il doit fournir pour respecter son régime, pendant cette période de Noël… En tout cas, il n'a flanqué de coups de pied à personne, en arrivant.

Jackie poussa un soupir et reposa son dossier sur le bureau. Puis elle s'assit, décrocha le téléphone et composa un numéro de mémoire.

— Salut, Adrienne, dit-elle en entendant la voix de son amie à l'autre bout de fil. J'ai besoin que tu m'aides.

— Jackie ! Mon Dieu, je suis tellement contente que tu m'appelles ! s'exclama Adrienne. Il faut que je te parle. Je veux te voir tout de suite. Il est arrivé une chose merveilleuse.

— Oh là ! railla Jackie en s'adossant à sa chaise. Qui êtes-vous et qu'avez-vous fait d'Adrienne Calder, la mondaine blasée ?

Adrienne éclata de rire.

— Désolée, mais j'ai un peu la tête à l'envers. Je suis tellement impatiente de t'annoncer la nouvelle.

— Eh bien, vas-y.

— Pas au téléphone. C'est trop important. Quand est-ce que tu peux venir ?

Jackie réfléchit un instant.

— Je pourrai passer un moment, ce soir, juste après dîner.

— Viens plutôt manger avec nous. Je préparerai mes lasagnes aux fruits de mer que tu aimes tant. Allez…

Jackie hésita, puis secoua la tête.

— Non, vraiment, je ne peux pas. J'ai encore un million de choses à faire et le temps me file entre les doigts. J'essaierai de passer aux alentours de 20 heures, d'accord ?

— Bon.

— Mais d'abord, j'ai besoin d'une ou deux informations.

— Je t'écoute, ma grande. Je suis toujours heureuse de rendre service à la police.

— C'est au sujet de Norine Burkett.

— Mon Dieu, les pauvres gens ! s'exclama Adrienne, retrouvant immédiatement son sérieux. Nous leur avons envoyé des fleurs, bien sûr, mais je n'ai encore parlé ni avec elle, ni avec Jason. Comment vont-ils ?

— Comme tu peux l'imaginer.

— Ils adoraient cette gosse. Tous les deux. Ils en étaient fous. Et elle était tellement mignonne. Pas du tout gâtée. Un vrai petit amour. Mais que veux-tu savoir ?

— Eh bien, c'est au sujet de cette fête de charité sur laquelle Norine travaillait. Je crois que c'était pour acheter des paniers garnis pour les enfants pauvres.

— Oh, Norine ne fait plus partie de ce comité, déclara Adrienne.

— Comment ça ? Tu es sûre ?

— Evidemment, j'étais là quand c'est arrivé. Buffy Grange a dit à Norine, devant tout le monde, qu'elle n'avait aucun goût en matière de musique. Il y a eu un de ces silences ! Tu imagines le frisson d'excitation qui a parcouru notre petite assemblée. C'est le genre de crise dont rêvent toutes ces dames. Leur vie est tellement ennuyeuse. En tout cas, Norine s'est levée et elle est partie. Elle a envoyé un petit mot au comité, par la suite, en déclarant qu'elle serait ravie de participer financièrement au projet, mais qu'elle ferait meilleur usage de son temps ailleurs. Ces dames en parlent encore. Il y a celles qui prennent parti pour l'une, celles qui se rangent du côté de l'autre. Si tu savais comme c'est drôle.

— Ça a l'air impayable, en effet, commenta Jackie. Et à quand remonte ce petit épisode ?

— Début novembre. Norine a tenu parole. Nous ne l'avons pas revue à une seule de nos réunions.

— Quand ont-elles lieu ?

— Chaque lundi soir. Nous faisons toutes preuve d'une grande assiduité. C'est assez remarquable, quand on sait à quel point nous sommes dilettantes…

— Mais, lundi soir, j'étais chez toi, fit Jackie.

— En effet, admit Adrienne sur un ton contrit. Je ne me sentais pas très bien dans l'après-midi, alors j'avais annulé. D'ailleurs, il a fait tellement mauvais, cette nuit-là, que seules Buffy, Carrie et Alison sont venues. Elles n'ont pas beaucoup avancé, paraît-il. Ecoute, Jackie, enchaîna la jeune femme sans transition, il faut que je te laisse, j'ai un gâteau au four. On se voit ce soir ?

— D'accord, répondit Jackie. A plus tard.

— Tu ne peux pas savoir comme je suis impatiente de t'annoncer ma nouvelle. Dépêche-toi d'arriver, d'accord ? C'est tellement merveilleux !

Adrienne raccrocha et Jackie considéra le combiné d'un

air un peu perplexe, avant de le poser sur son réceptacle. Le comportement de son amie ne lui ressemblait pas ; Jackie n'aurait pas été plus étonnée si Lew Michelson s'était mis à faire des claquettes au beau milieu d'une réunion de la brigade.

Elle secoua la tête, et passa un deuxième coup de téléphone. Cette fois, la voix qui lui répondit reflétait un état d'esprit entièrement différent.

— Allô ?

— Carly, c'est l'inspecteur Kaminski à l'appareil. Vous avez des nouvelles ?

— Non, répondit celle-ci avec nervosité. Aucune. Mais je…

— Qu'y a-t-il ? Il s'est passé quelque chose ?

— Je… j'ai peur, chuchota Carly. J'ai peur pour les enfants.

Jackie sentit son intérêt s'aiguiser. Elle s'exprima avec douceur, sur un ton posé, naturel, sachant que c'était le meilleur moyen de faire parler la jeune femme.

— Je comprends que vous ayez peur, dit-elle. Après tout, ce doit être particulièrement effrayant et éprouvant, pour eux, de ne pas savoir où se trouve leur papa. Mais…

— Ce n'est pas ça ! coupa Carly. J'ai peur parce que…

Elle s'interrompit brusquement et Jackie attendit, le souffle suspendu.

— C'est à cause… à cause de l'argent, dit la jeune femme, finalement.

— L'argent, répéta Jackie, attendant que son interlocutrice s'explique.

— J'avais encore besoin de lait en poudre pour Patrick. C'est ce que John était parti chercher quand… quand…

Elle toussa plusieurs fois, essayant manifestement de garder son sang-froid. Jackie patienta, les yeux fixés sur les sachets plastifiés accrochés à l'arbre de Noël.

— Alors, hier, je suis allée en acheter. Mais quand j'ai sorti mon porte-monnaie, à la caisse… mes cartes de crédit avaient disparu.

Jackie écarquilla les yeux.

— Vous en aviez combien ?

— Deux. Une carte Sears et une MasterCard. Nous les utilisons pour tout. J'ai dû faire un chèque à la place, et ce matin, la banque m'a appelée pour me dire que…

Jackie sentit son cœur chavirer, et une bouffée de colère l'envahit brusquement. Mais elle continua de s'exprimer sur un ton parfaitement neutre.

— C'est un compte joint ?

— Tout ce que nous avons est à nos deux noms, répondit Carly d'une voix étranglée. La maison, les voitures, le compte en banque et notre compte d'épargne. Il… Lundi, John est allé…

Elle éclata en sanglots.

— Allons, allons, Carly, dit Jackie, qui réfléchissait à toute vitesse.

De plus en plus, la disparition de John Stevenson paraissait organisée. Dans quelle mesure cela influait-il sur la procédure qu'on allait lancer pour le rechercher ? Jackie craignait fort que Lew Michelson refuse d'engager un membre de leur maigre effectif, dans ces conditions.

— Carly, il a vidé votre compte en banque ? demanda-t-elle.

— Les deux, répondit la jeune femme dans un souffle. Il a tout pris sur le compte courant et n'a laissé que sept cents dollars sur le compte épargne, qu'il n'aurait pas pu retirer, de toute façon, puisque cette somme est prélevée automatiquement, le deuxième jour de chaque mois.

— Pour payer le crédit sur la maison ?

— Oui.

— Carly, combien d'argent a-t-il pris en tout ?

— Environ… neuf mille dollars. Tout ce que nous avions réussi à économiser, ces dernières années.

— Et combien vous reste-t-il pour vivre ?

— J'ai… j'ai à peu près cinquante dollars et puis le contenu des tirelires des enfants et peut-être cent dollars sur chacun de leurs comptes, mais il s'agit de cadeaux de leur grand-mère que nous gardons pour payer l'université plus tard.

Jackie se retint de faire remarquer qu'en la circonstance, l'université était un souci plus que secondaire. Carly Stevenson en avait de plus pressants, comme celui de perdre leur maison et de se retrouver à la rue, en plein hiver, avec le reste de la population sans-abri de la ville.

La jeune femme pleurait doucement au bout du fil et Jackie éprouva un profond sentiment de compassion pour elle.

— Je ne comprends pas comment il a pu nous faire une chose pareille, reprit Carly. John a toujours été un mari merveilleux, attentif, et protecteur.

« Ouais, tu parles », songea Jackie avec amertume. Puis, à voix haute :

— Ecoutez, Carly, je vais voir comment je peux vous aider. Je vais commencer par aller voir le commissaire et lui demander si nous pouvons lancer un avis de recherche un peu plus tôt que prévu. D'accord ?

— D'accord, chuchota Carly. Merci. Est-ce que… je peux être utile de mon côté ?

— Trouvez-moi une bonne photo de votre mari. Aussi récente que possible. Elle va passer dans les journaux et à la télé.

— Vous voulez que je vous l'apporte au commissariat ?

Jackie pensa au travail qu'elle avait à assurer, au temps qu'elle avait déjà consacré à l'affaire Stevenson, qui n'était même pas officiellement à son ordre du jour, puis elle imagina Carly Stevenson habillant les quatre enfants, leur enfilant leur blouson et leurs bottes et les installant dans les petits sièges de la voiture.

— Non, répondit-elle finalement. Je ne suis pas très loin de chez vous. Je ferai un crochet en rentrant, ce soir.

— Merci, Jackie, chuchota Carly.

Jackie raccrocha et réfléchit quelques instants. Puis elle se rendit dans le bureau de Michelson.

Ce dernier était assis à sa table et piochait dans un récipient Tupperware rempli de bâtons de carotte, de tomates cerises, de céleri en branche et de champignons crus.

— Mm, fit la jeune femme, d'un air un peu moqueur.

— C'est une idée de ma femme, expliqua le commissaire. Elle essaie de combattre toute la graisse et les cochonneries sucrées qui abondent un peu partout, à cette époque de l'année.

— Et ça marche ? demanda Jackie en s'installant sur une chaise.

Michelson choisit une tomate et la fourra dans sa bouche.

— On finit par s'habituer à ce genre de trucs, Jackie. Vraiment. Au bout d'un moment, votre corps réclame des légumes et de la verdure.

— Eh bien, mon corps ne réclame rien du tout, en ce moment. Je n'ai aucun appétit.

— Quand est-ce que vous voyez Paul ? demanda Michelson, en prenant un morceau de céleri.

— Ecoutez, ne me mettez pas en colère, d'accord ?

— Pourquoi ma question vous mettrait-elle en colère ?

— Parce que vous semblez insinuer que je ne suis pas une personne stable et efficace si je ne vois pas mon petit ami de manière régulière. Vous savez à quel point je trouve cela insultant.

Michelson se renversa dans son fauteuil et agita son morceau de céleri en l'air.

— Je ne voudrais surtout pas vous insulter, inspecteur. En fait, je me dis souvent que vous étiez plus facile à vivre quand vous n'aviez pas de petit ami du tout.

— Vraiment ? s'exclama Jackie, stupéfaite.

Le commissaire plaça un couvercle sur le récipient en plastique.

— Vous êtes venue me parler de votre vie amoureuse ?

— Non, de l'affaire Stevenson.

— Demain soir, il y aura soixante-douze heures qu'il

s'est volatilisé. S'il n'a toujours pas reparu, nous lancerons l'avis de recherche vendredi matin.

— Je voudrais qu'on le lance demain matin, commissaire. Autrement dit, avec douze heures d'avance, plutôt que douze heures de retard.

— Pourquoi ? Vous avez de nouvelles preuves renversantes ?

Jackie lui rapporta sa conversation avec Carly.

Le commissaire l'écouta attentivement, avant de secouer sa grosse tête chauve.

— Allons, cela ne tient pas la route, Jackie. Ce que vous me dites là tend de plus en plus à prouver que ce type a pris la clé des champs. C'est un problème domestique, pas une affaire de police.

— Mais il y a tellement de détails bizarres au sujet des Burkett et de la mort de leur petite fille, et d'une manière ou d'une autre, tout ça est lié à John Stevenson, insista Jackie. J'en suis sûre.

— Parlez-moi de ces détails bizarres.

Jackie ouvrit son calepin et lui fit un compte rendu de sa visite aux Burkett ; elle mentionna le fait qu'ils avaient refusé de répondre à ses questions concernant les allées et venues de Norine, ce soir-là. Elle ajouta que celle-ci semblait avoir menti à tout le monde sur son emploi du temps.

La seule chose qu'elle garda pour elle fut la révélation de Karl Widmer au sujet de la petite voiture de sport rouge de Norine.

Michelson secoua encore la tête.

— Ce n'est pas notre affaire, Jackie. Vous devriez confier

tout ce que vous savez à la brigade de la circulation et laisser Steve se débrouiller avec.

— Steve est déjà plongé jusqu'au cou dans la mare aux crocodiles. La presse ne lui laisse pas une seconde de répit et il ne peut pas faire un seul mouvement sans trébucher sur un journaliste. Moi, en revanche, je n'en ai qu'un seul sur le dos, et je pense vraiment que la disparition de John Stevenson est liée à la mort de la petite fille. J'ai le pressentiment que si nous retrouvons ce type, nous résoudrons cette histoire de délit de fuite.

— Mmm, commenta Michelson, en jouant avec un stylo. Evidemment, cette disparition est notre affaire. Du moins en théorie.

— Absolument, acquiesça Jackie, se penchant en avant. Je n'ai aucune raison de poursuivre les Burkett, tant qu'il n'y a pas de lien avéré entre la mort de leur fille et le délit de fuite. En revanche, je peux parfaitement lancer un avis de recherche sur John Stevenson et nous verrons bien ce qui en ressort.

Michelson réfléchit un moment.

— D'accord, dit-il finalement. Demain matin. Mais si on le retrouve sur une plage d'Acapulco en train de siroter des Margaritas avec sa petite amie, ce sera pour vos fesses.

— Si on le trouve sur une plage, où que ce soit, j'irai moi-même le chercher par la peau du cou et je veillerai personnellement à ce qu'on l'inculpe pour abandon de domicile et famille à charge.

Michelson secoua la tête.

— Ce que les femmes peuvent être effrayantes, quand elles sont en colère.

— Cela vous ennuie, commissaire ? demanda Jackie, avec un sourire doucereux.

— Mais pas du tout ! J'aime ce genre de passion. Vous voulez un bâtonnet de carotte, Jackie ?

Elle accepta l'offre et quitta le bureau de son supérieur en grignotant le légume d'un air pensif.

Carly sortit dans le jardin avec les jumelles, et regarda anxieusement autour d'elle. La propriété était délimitée par une palissade et le portillon était fermé.

— Restez bien à l'intérieur du jardin. Je vous interdis d'aller au-delà, ordonna-t-elle à ses filles, d'une voix un peu trop perçante.

Les jumelles se serrèrent l'une contre l'autre et la fixèrent de leur regard noisette en tout point identique.

Aussitôt, Carly força un sourire sur ses lèvres.

— Captain va veiller sur vous, ajouta-t-elle, avec un geste du menton en direction du jardin voisin.

Captain était un croisé de rottweiler et de chien de berger, doté de lourdes pattes et d'une mâchoire menaçante qui semblait capable d'arracher le bras d'un homme. Il appartenait à l'ancien petit ami de Lavonne, parti depuis peu, et qui l'avait laissé là, semblait-il, en manière de règlement de ses dettes.

Carly en avait peur, mais elle admettait volontiers que l'animal était capable de protéger les enfants. Il aboyait dès que le moindre passant approchait de l'allée, même s'il s'agissait de vieilles dames ou de mamans qui poussaient des landaus. Quand on ne s'y attendait pas, ses aboiements puissants avaient le pouvoir de faire se dresser les cheveux sur la tête.

Pourtant, songea encore Carly, il n'avait pas bronché, la nuit dernière. Elle fronça les sourcils. Maintenant qu'elle y repensait, le chien avait l'air malade et un peu assommé, ce matin. Enfin… il semblait aller bien, à présent, et elle repoussa cette pensée de son esprit.

— Nous n'avons pas besoin de Captain, déclara Emily d'un air dédaigneux. Nous avons Beanie.

Beanie était le plus petit des deux chiens de Lavonne, un labrador noir qui n'était encore qu'un bébé planté maladroitement sur ses pattes, avec de grandes oreilles et la langue pendante. Il adorait jouer avec les enfants, se rouler dans la neige avec eux, et courir comme un fou autour du jardin.

Contrairement à Beanie, Captain n'était jamais autorisé à sortir. Il passait ses journées à aller et venir au bout d'une longue chaîne, toujours aux aguets, surveillant les environs de ses yeux jaunes, et grognant à la moindre provocation.

— Est-ce que Jamie et Kyle peuvent venir jouer avec nous ? demanda Rachel.

— Non. Ils sont en ville, avec leur maman.

— Qu'est-ce qu'ils font ? demanda Emily.

— Je ne sais pas, chérie. Peut-être des courses.

Carly enfonça le chapeau de laine sur les oreilles de la petite fille.

En fait, Lavonne s'était rendue au bureau d'aide sociale, pour demander une assistance financière, et Carly ne put s'empêcher de penser que, bientôt, elle en serait peut-être réduite à de telles extrémités, elle aussi.

Elle était en train de vivre un vrai cauchemar.

— Je vais voir Patrick, reprit-elle. Jouez gentiment, sans faire de mal à Beanie. Et surtout, ne sortez pas du jardin, d'accord ?

Elle essayait d'adopter un ton léger, mais les deux petites filles arboraient encore une frimousse inquiète, tandis qu'elles la regardaient rentrer dans la maison.

Carly alla voir le bébé dans son berceau. Il dormait à poings fermés et une odeur de lait et de talc flottait autour de lui. Elle caressa sa tête si fragile et le retourna sur le dos, arrangeant la couverture autour de lui. Puis elle le contempla, un moment, le cœur débordant d'amour.

Finalement, elle quitta la chambre et se rendit dans la petite pièce, au bout du couloir, qui servait à la fois de bureau et d'espace de rangement. La pièce contenait une table de travail, une machine à coudre et un canapé-lit.

Carly tira une large boîte de dessous le canapé et souleva le couvercle. Elle prit plusieurs petits récipients en plastique, à l'intérieur, et entreprit de trier et de ranger ses boutons.

C'était sa manière de se détendre quand elle était troublée ou bouleversée. Comme les enfants aimaient jouer avec ces boîtes et leur contenu, elles étaient souvent en désordre. Le tri des boutons l'aidait à se calmer et à voir plus clair dans son esprit.

Et puis, chacun de ces boutons était lié à un souvenir précis.

Il y avait les petits ananas de la drôle de chemise

hawaiienne que John s'était achetée, pendant leur lune de miel. Les minuscules canards du pull de bébé de Caitlin. Des boutons dorés avec des faux diamants provenant de la robe que Carly portait au bal de terminale.

Elle les renversa tous sur le tapis, avant de les classer par groupes, tout en pensant à John.

Il était inconcevable qu'il soit parti, comme ça — qu'il l'ait abandonnée sans lui laisser le moindre moyen de prendre soin d'elle-même et des enfants. Il avait dû lui arriver quelque chose de terrible.

Carly ravala un sanglot et essuya ses yeux d'un revers de main.

Evidemment, elle ne pouvait nier que les retraits de leurs comptes en banque aient été effectués avant qu'il quitte la maison, lundi soir. La preuve était là, écrite noir sur blanc.

Mais comment une femme pouvait-elle se tromper à ce point sur un homme ? Après quinze années, parmi lesquelles dix années de mariage, était-il possible qu'elle se fût totalement leurrée sur le compte de John Stevenson ?

Elle revit le visage de son mari, son regard tranquille et sûr, la manière dont sa fossette se creusait, au coin de sa bouche, quand il prononçait certains mots.

Il n'y avait rien que Carly ne sût, au sujet de John. Il avait peur des araignées, adorait la tarte à la citrouille, et il avait rêvé, autrefois, de jouer au base-ball en professionnel. Et il était tellement généreux. Petit garçon, John avait terriblement souffert de l'avarice de son père ; ce dernier refusait de lui acheter des vêtements neufs ou des jouets, comme en avaient ses camarades, et John avait juré que ses enfants ne connaîtraient jamais de telles humiliations.

C'était un amant tendre et attentionné, même s'il manifestait plus d'ardeur que Carly, ces derniers temps — la libido de cette dernière ayant un peu souffert de ses trois accouchements en moins de quatre ans. Malgré tout, il faisait toujours preuve de patience et de la plus grande douceur.

Carly poussa un gémissement et enfouit ses mains dans la masse des boutons.

Comment allait-elle s'en sortir, financièrement ? Elle avait à peine assez d'argent pour nourrir sa petite famille. Et jamais elle ne pourrait honorer le remboursement du mois de janvier sur le crédit de la maison. Elle ne pouvait même pas s'adresser aux parents de John : ceux-ci avaient dû se saigner aux quatre veines pour payer l'opération à cœur ouvert d'Ethel. D'autant qu'il faudrait leur raconter toute l'histoire ; et Ted Stevenson, qui était aussi radin qu'autrefois, ne manquerait pas d'avoir une opinion sur l'affaire et de l'exprimer à haute voix, devant les enfants ou tout autre témoin susceptible de l'entendre.

Hélas, il allait bien falloir qu'elle trouve cet argent quelque part, sinon…

Soudain, des cris venant du jardin déchirèrent le silence.

Carly bondit sur ses pieds et se rua dehors, le cœur battant.

9.

Rachel était au bout du jardin, près du portillon. Elle hurlait à pleins poumons. Beanie, le petit chiot, était étalé dans la neige, le corps agité de mouvements convulsifs, et des flots de sang s'échappaient de sa gueule ouverte. Dans le jardin voisin, Captain allait et venait le long de la palissade, grognant et laissant échapper, à intervalles réguliers, un hurlement qui se mêlait à ceux de Rachel.

Carly courut vers l'enfant.

— Où est ta sœur ? cria-t-elle, s'agenouillant et prenant la petite par les épaules.

Rachel sanglotait et luttait pour reprendre son souffle, le visage baigné de larmes.

Carly se releva et courut vers le portillon.

Un homme s'enfuyait le long de l'allée, silhouette noire qui disparut presque aussitôt qu'elle l'aperçut. L'instant d'après, une voiture démarra et s'éloigna en trombe.

— Mon Dieu ! chuchota Carly, une main pressée contre sa bouche. Emily ! hurla-t-elle.

L'allée était déserte, le silence interrompu par les seuls aboiements furieux de Captain. Carly regardait fixement devant elle, pétrifiée de terreur.

Soudain, une petite combinaison rouge apparut de derrière les poubelles des voisins, et tituba vers elle.

— Maman ! cria Emily.

Carly crut mourir de soulagement. Elle courut vers l'enfant, la souleva dans ses bras, et toucha sa tête, ses bras, ses jambes, son visage congestionné… Un des après-ski avait disparu, ainsi que le chapeau de laine.

— Ma chérie, chuchota Carly, enfouissant son visage dans le cou de l'enfant. Ma petite chérie.

Rachel, qui criait toujours, courut vers elles et tira sa mère par la manche.

— Maman, Beanie a mal. Il saigne. Le monsieur lui a donné un coup de pied. Maman, viens voir Beanie.

— Je veux mon après-ski, fit Emily, gigotant dans les bras de sa mère. Où est mon après-ski ?

— Pas tout de suite, ma chérie, dit Carly, jetant des regards effrayés vers l'allée. D'abord, nous devons…

— Je le vois ! cria Rachel. Je vois l'après-ski d'Emily !

Elle courut vers les poubelles et Carly, à son tour, aperçut la botte rouge qui gisait dans la neige. Soudain, elle fut prise de nausée.

— Mon Dieu, marmonna-t-elle encore, craignant de vomir sur place et de bouleverser davantage les enfants.

Elle s'appuya contre la palissade, sans cesser de serrer Emily contre elle, si fort que l'enfant s'agita de plus belle.

Rachel revint en tenant l'après-ski de sa sœur dans une main.

— Il faut aider Beanie, insista-t-elle.

Le chiot s'était assis sur ses deux pattes de derrière, et

il tremblait, et gémissait. Du sang continuait de couler de sa gueule.

— Nous allons nous occuper de Beanie dans une minute, dit Carly. Mais d'abord, allons voir Patrick. Venez avec moi, toutes les deux.

Elle courut jusqu'à la maison, en dépit des protestations des jumelles, et trouva le bébé dormant paisiblement dans son berceau. Il s'était encore retourné sur le ventre et sa joue était écrasée contre le matelas.

Quand Carly revint dans la cuisine, Beanie avait réussi à se traîner jusqu'à la porte et Rachel et Emily étaient penchées sur lui, la mine inquiète.

La jeune femme prit le chiot dans ses bras et l'examina.

— Ce n'est pas grave, dit-elle à ses filles, au bout de quelques instants. Il s'est juste mordu. Vous voyez ? Il ne saigne presque plus.

Elle déposa un baiser sur la tête soyeuse de l'animal et le reposa par terre. Il essaya de s'asseoir et secoua la tête, l'air tout étourdi.

— Le monsieur lui a donné un coup de pied, dit Rachel d'une voix indignée. Il lui a donné un coup de pied comme si c'était un ballon de football.

— Beanie aboyait et il sautait, renchérit Emily. Il a essayé de mordre le monsieur. Même que le monsieur a dit un gros mot, maman. Je l'ai entendu.

Carly s'efforça de respirer profondément et elle ferma les yeux, une fraction de seconde.

— Ce monsieur, il est entré dans notre jardin ? demanda-t-elle avec un calme qu'elle était loin de ressentir.

Les jumelles hochèrent la tête.

— On n'était pas dehors, maman, déclara Rachel. On était là où tu nous as dit de rester. On jouait au dragon avec Beanie.

— Que s'est-il passé, quand l'homme est entré dans le jardin ? Est-ce qu'il vous a parlé ?

Cette fois, les jumelles secouèrent la tête, toujours à l'unisson.

— Il m'a attrapée et il s'est mis à courir, dit Emily, avant d'éclater en sanglots.

Carly la prit dans ses bras.

— Beanie nous a suivis en aboyant et le monsieur lui a donné un coup de pied, ajouta Rachel en tapotant la tête du chiot.

Celui-ci lui lécha la main et laissa une trace de sang sur la moufle en Nylon.

— Et puis, dans l'allée, le monsieur a failli tomber. Il m'a lâchée et il a continué à courir, poursuivit Emily, entre deux hoquets. Je suis tombée sur la tête, maman. Et j'ai perdu mon chapeau.

— Nous allons retrouver ton chapeau, ma chérie, dit Carly en l'embrassant. Est-ce que vous avez vu à quoi ressemblait cet homme ?

Les filles secouèrent encore la tête.

— Il portait une chose bleue sur la figure avec des drôles de trous devant les yeux et la bouche, déclara Rachel. On aurait dit un monstre.

— Il était grand, poursuivit Emily, après un instant de réflexion. Grand comme papa.

Carly hésita, puis elle regarda droit dans les yeux noisette de sa fille.

— Emily, je veux que tu réfléchisses bien fort. Est-ce que c'était papa ?

Les deux enfants la dévisagèrent d'un air incrédule.

— Pourquoi papa nous ferait peur comme ça ? demanda Rachel.

— Peut-être… C'était peut-être un jeu, répondit Carly maladroitement.

Elle hésita, à l'agonie. Si John était subitement devenu fou et qu'il représentait une menace pour les enfants, ne devait-elle pas les prévenir ? Hélas, elle ne supportait pas l'idée de faire naître, chez ses enfants, la peur de leur propre père.

Emily secoua la tête de nouveau, faisant valser ses cheveux.

— Papa ne donnerait jamais, jamais, un coup de pied à Beanie, déclara-t-elle avec force.

Carly les attira toutes deux contre elle. Puis elle se redressa.

— Allons, les enfants, dépêchons-nous, dit-elle sur un ton faussement enjoué.

— Qu'est-ce qu'on va faire ?

— Pour commencer, un brin de toilette. Et puis, nous donnerons de quoi manger à Beanie, qui l'a bien mérité. Ensuite…

— Je veux mon chapeau, l'interrompit Emily.

— Nous allons retrouver ton chapeau, lui promit Carly, avant d'enchaîner : ensuite, nous habillerons Patrick. Nous allons tous sortir nous promener.

— Où ça ? demandèrent les jumelles en chœur.

Carly déglutit péniblement et força un sourire sur ses lèvres.

— Nous allons chercher Caitlin à l'école. Comme ça, nous rentrerons ensemble. C'est une bonne idée, n'est-ce pas ?

Elle s'empressa de débarbouiller les filles et de réveiller le bébé, qui se montra grognon, fâché qu'on ait interrompu son sommeil. Puis, la petite troupe sortit dans la neige.

Jackie travailla tard, ce soir-là, essayant de régler les affaires courantes et de se débarrasser un peu de la paperasserie qui encombrait son bureau. Quand elle eut terminé, le poste de police était vide.

Elle enfila ses bottes et son manteau, boucla toutes les portes et marcha jusqu'à sa voiture. Un moment plus tard, elle s'arrêtait devant la petite maison des Stevenson.

Quand elle frappa à la porte d'entrée, Jackie entendit comme une brusque poussée d'activités, à l'intérieur, et des voix étouffées. Finalement, Carly apparut sur le seuil, le visage blême, l'air très effrayé.

— Je vous en prie, entrez, inspecteur, dit-elle en s'effaçant.

Mais Jackie secoua la tête.

— Je ne veux pas vous déranger. Je suis juste passée prendre la photo de votre mari, comme prévu.

Carly jeta un coup d'œil par-dessus son épaule et baissa le ton.

— J'aimerais vous parler un instant. C'est vraiment important.

— Oh, bien sûr. Je rentrais chez moi, de toute façon.

Jackie ne précisa pas qu'elle n'avait rien avalé depuis le déjeuner. Elle n'avait pas si faim, d'ailleurs. Elle s'essuya les pieds sur le seuil, pour débarrasser ses bottes de la neige qui s'y était accrochée, entra dans la maison et déboutonna son manteau.

Une petite fille d'environ huit ans était étalée sur le ventre, devant la télévision ; un stylo à la main, elle écrivait soigneusement dans un cahier d'école. Elle ressemblait beaucoup à sa mère, avec ses grands yeux bleus, ses taches de rousseur et ses cheveux brun roux qu'elle portait attachés en deux couettes.

— Voici Caitlin, murmura Carly. Cait, c'est l'inspecteur Kaminski.

— Je m'appelle Jackie, renchérit celle-ci. Comment vas-tu, Caitlin ?

L'enfant se redressa et, la mine sérieuse, serra la main que Jackie lui tendait. Le bébé était lui aussi allongé par terre, sur une couverture ; il tenait un jeu de clés en plastique et gazouillait d'un air content.

— Bonsoir, Patrick, dit Jackie, s'accroupissant sur le tapis pour lui caresser le ventre.

Aussitôt, il lança ses jambes en l'air et Jackie, à sa grande surprise, ressentit une brusque envie de le prendre dans ses bras.

— Vous avez un revolver ? demanda Caitlin, les yeux écarquillés.

Jackie avait l'habitude d'entendre cette question — souvent la première que lui posaient les enfants. Elle écarta le pan de sa veste pour montrer le holster de cuir dans lequel était glissée son arme.

— Ouah, fit Caitlin.

Quelque part à l'autre bout de la maison, Jackie entendit des cris et des éclaboussements, puis un brusque silence.

— Cait, tu ne veux pas aller voir ce qu'elles font ? demanda Carly à sa fille. Les jumelles prennent leur bain, ajouta-t-elle à l'adresse de Jackie.

— Elles ont l'air de s'amuser, commenta celle-ci avec un sourire, avant de s'asseoir sur le canapé.

Carly avait l'air anxieux et elle semblait avoir maigri, depuis deux jours.

— Cait, reprit-elle, comme sa fille s'engageait dans le couloir, tu ne voudrais pas les sécher et les aider à enfiler leur pyjama, s'il te plaît ? Et puis leur lire une histoire, pendant que je parle avec l'inspecteur ?

— D'accord, répondit l'enfant.

Carly se tourna de nouveau vers Jackie et lui tendit une enveloppe. Ses mains tremblaient.

— Voilà des photos de… de John, murmura-t-elle. Nous les avons prises à Noël dernier. Elles sont donc assez récentes…

— Hé, fit Jackie avec douceur, en posant l'enveloppe près de son sac, que se passe-t-il ?

Les yeux de Carly s'emplirent de larmes.

— J'ai tellement peur, chuchota-t-elle. Je ne sais pas quoi faire.

— Pourquoi avez-vous si peur ?

Carly secoua la tête et baissa les yeux, triturant les franges d'un coussin.

— Il s'est passé quelque chose ? insista Jackie.

Pas de réponse.

— Il faut me parler, Carly, si la sécurité de vos enfants est en jeu.

Cet argument parut porter, car la jeune mère frissonna longuement, avant de rejeter les épaules en arrière et de relever les yeux.

— Quelqu'un est venu… ici, murmura-t-elle d'une voix blanche.

— Ici ? Dans la maison ? Votre mari ?

— Je ne crois pas que c'était John. Mais je ne suis pas…

Carly poussa un gémissement et se plia en deux, enfouissant son visage entre ses mains.

Jackie alla aussitôt s'asseoir auprès d'elle et glissa un bras autour de ses épaules.

— La nuit dernière, tard, il y avait quelqu'un dehors, reprit la jeune femme. Il s'est enfui quand je suis sortie.

Jackie écouta attentivement, tandis que Carly relatait les faits survenus la veille : le bruit qui l'avait d'abord alertée, puis la manière dont la poignée de la porte avait tourné, et enfin, comment elle était sortie et avait trouvé des empreintes de pas, sous la fenêtre de la chambre du bébé.

— Vous êtes sûre qu'il y avait plus d'une personne ? demanda Jackie.

Carly hocha la tête.

— Les empreintes étaient différentes. Ils ont dû passer un moment à rôder dans le jardin.

Jackie réprima une moue d'impatience, songeant que si Carly méritait des remontrances, ce n'était pas le moment de l'accabler plus qu'elle ne l'était déjà.

— Pourquoi ne m'avez-vous pas appelée immédiatement ? s'enquit-elle avec douceur.

— Parce que je me suis dit que…

— Que c'était peut-être John qui essayait d'entrer en contact avec vous, compléta Jackie. Vous avez peur qu'il ait des ennuis et vous vouliez le protéger. C'est bien ça ?

Carly hocha la tête d'un air misérable, et détourna les yeux. Jackie la considéra attentivement.

— Qu'est-ce qui vous fait penser qu'il a peut-être des ennuis ?

— Je ne sais pas. La manière dont il a quitté son travail… sans m'en parler. Et puis… et puis il y a la petite Burkett…

Jackie retourna s'asseoir sur le canapé. Elle aurait voulu sortir son calepin, mais elle craignait d'interrompre le flux des confidences de Carly. Elle décida de tout enregistrer, dès qu'elle serait rentrée chez elle.

— Vous pensez que John pourrait être mêlé à la mort d'Angela Burkett ?

— Je n'en sais rien ! s'exclama Carly, levant ses yeux pleins de larmes. C'est un tel cauchemar, murmura-t-elle encore, avant de baisser de nouveau la tête. Et puis, aujourd'hui…

— Oui ? Que s'est-il passé aujourd'hui ?

Carly éclata en sanglots et Jackie attendit qu'elle se calme, prenne un mouchoir dans la poche de son cardigan et s'essuie le visage.

— Cet après-midi, j'avais couché Patrick pour la sieste. J'ai laissé les jumelles jouer dans le jardin. Beanie était avec elles.

— Qui est Beanie ?

— Un des chiens de Lavonne. C'est juste un chiot.

— Où était Lavonne ? demanda Jackie, prenant son calepin dans son sac.

Jamais elle ne retiendrait tout cela, d'autant que Carly était lancée, maintenant.

— Lavonne était en ville avec ses enfants. Beanie est venu jouer avec les filles et Captain était attaché à sa longue laisse, dans le jardin de Lavonne.

— Captain ?

— C'est le gros chien de Lavonne. Un chien de garde.

Jackie hocha la tête et continua de prendre des notes, tandis que Carly lui racontait l'incident de l'après-midi.

Quand elle se tut, Jackie se leva et prit son manteau.

— Vous avez une torche électrique ? demanda-t-elle.

— Oui. John en garde une près de la porte de derrière. Attendez-moi, je reviens tout de suite.

Elle prit Patrick dans ses bras, l'enveloppa dans sa couverture et le tendit à Jackie, avant d'aller enfiler ses bottes, son manteau, et de prévenir Caitlin qu'elle sortait un moment dans le jardin. Puis elle vint reprendre Patrick.

Une fois dehors, Jackie balaya le faisceau lumineux de la torche électrique tout autour du jardinet. Il y avait deux luges de bois posées contre la porte du garage, et une balançoire, recouverte d'une bâche soigneusement attachée aux quatre pieds.

— Où se trouvaient les filles ? demanda-t-elle.

— Là-bas, là où la neige est plus profonde. Il y a encore des traces de sang de Beanie…

Jackie s'approcha du tas blanc que Carly lui indiquait, et pour la deuxième fois, en quelques jours, elle s'agenouilla pour examiner des taches de sang sur la neige fraîche.

Finalement, elle se redressa et dirigea encore le faisceau lumineux autour d'elle.

— Vous pouvez reconnaître les empreintes de cet homme ? demanda-t-elle.

Carly secoua la tête.

— Les enfants ont couru partout. J'ai dû les laisser jouer dehors, quand nous sommes rentrés de l'école, avec Caitlin ; les jumelles étaient très agitées et je ne voulais pas qu'elles aient peur de leur propre jardin. Alors je me suis assise sur une marche, avec Patrick, et je les ai regardées.

Jackie étudia les traces brouillées dans la neige. Puis elle ouvrit le portillon et sortit dans l'allée, mais c'était encore pire. Des enfants qui rentraient de l'école avaient apparemment longé le chemin, effaçant tout sur leur passage.

— Je vais tout de même envoyer deux officiers de patrouille, demain, pour interroger les voisins, dit-elle. On ne sait jamais. L'un d'eux a peut-être remarqué quelque chose.

Elle retourna vers le seuil de la cuisine, où Carly l'attendait. Mais avant de rentrer, elle regarda encore autour d'elle, dirigeant le faisceau de la torche électrique vers le jardin voisin, où deux niches étaient installées côte à côte, une grande, et l'autre beaucoup plus petite.

Jackie vit briller une paire d'yeux jaunes, à l'intérieur de la grande niche et, aussitôt, un grognement rauque résonna dans le silence de la nuit.

— C'est Captain, chuchota Carly. Essayez de ne pas l'énerver. Il est vraiment effrayant. Il fonce sur tout ce qui bouge et aboie comme un fou, chaque fois qu'un inconnu approche. C'est un monstre.

Jackie considéra la niche d'un air pensif.

— Mais il n'a pas aboyé quand l'homme est entré dans le jardin, n'est-ce pas ? Vous avez entendu les gosses et le chiot, c'est bien ça ?

Carly écarquilla les yeux.

— Vous avez raison. Captain n'a pas aboyé du tout. C'est bizarre. La nuit dernière non plus, d'ailleurs. Mais j'ai trouvé qu'il avait l'air sonné, ce matin. Vous croyez que quelqu'un l'empoisonne ?

— C'est une possibilité. Ou alors, il connaît l'intrus.

Carly regarda fixement la niche, avant de secouer la tête.

— Rentrons. Je vais vous préparer un café.

Jackie sentit son estomac vide se soulever à la seule pensée d'avaler un café.

Elle commençait à se demander si elle ne couvait pas quelque chose. Wardlow semblait avoir attrapé la grippe et il avait parlé de rester chez lui, demain, s'il ne se sentait pas mieux. Michelson, connu pour être un bourreau de travail, s'était également plaint, plusieurs fois, de ne pas être au mieux de sa forme, et Brenda Howe et Dave Pringle étaient tous les deux en congé maladie depuis la veille.

Ces épidémies de grippe représentaient un des risques afférents au travail de la police ; d'abord, les gens sont sollicités de longues heures, souvent sans se nourrir ou se reposer correctement ; et puis, ils sont en contact permanent avec le public, entassés dans des voitures, quand ils ne passent pas leur temps à entrer dans des bâtiments surchauffés pour en sortir aussitôt.

— Je vous remercie, mais il faut encore que je rentre

chez moi et que je trouve de quoi manger, dit-elle à voix haute.

— Oh, je suis désolée ! s'exclama Carly. Je ne devrais pas vous retenir comme ça. Vous voulez que je vous prépare un sandwich, ou une soupe ?

— Non, merci. C'est vraiment gentil, mais je vais rentrer.

Jackie prit le bébé dans ses bras, pendant que Carly se débarrassait de son manteau et de ses bottes. Le nourrisson la regarda d'un air solennel et tendit la main vers ses cheveux, attrapant une mèche sur laquelle il tira avec une force surprenante.

Jackie lui sourit et il répondit aussitôt, une petite fossette creusant chacune de ses joues. Prise d'une joie absurde, Jackie laissa échapper un petit rire et le serra contre elle. Puis, elle s'assit à la table de la cuisine, Patrick toujours dans ses bras.

— Carly, dit-elle, en reprenant son sérieux, vous ne savez pas du tout qui a pu essayer d'enlever Emily, aujourd'hui ?

Carly avait ouvert la porte du réfrigérateur pour y prendre un biberon. Elle tressaillit.

— Carly ? insista Jackie.

— J'ai pensé à John, murmura-t-elle, d'une voix presque inaudible. Les enfants m'ont dit que l'homme portait une cagoule de ski.

— Votre mari en possède une ?

Carly hocha la tête.

— Est-ce qu'il a pris des vêtements ?

Le dos tourné, la jeune femme remplit une casserole d'eau chaude et la posa sur le feu, avant d'y mettre le biberon.

— Quelques-uns, répondit-elle enfin, faisant visiblement un effort sur elle-même. De vieilles fringues qu'il ne portait plus et qu'on avait rangées au sous-sol. Il pensait sans doute que je ne le remarquerais pas.

Et merde, se dit Jackie, songeant à la réaction du commissaire, quand il apprendrait cela.

— Il ne s'agit donc pas d'un accident, reprit-elle. Il avait tout prévu. Le fait qu'il ait retiré tout cet argent à la banque le prouve.

Carly se retourna et hocha la tête, essuyant ses yeux.

— Mais il doit y avoir une explication. Je sais qu'il a des ennuis. De graves ennuis. John n'est pas le genre d'homme à abandonner sa famille.

— Est-il possible que le stress au travail soit devenu trop fort, et qu'il ait craqué ?

— Mais John est toujours si stable, dit Carly. C'est moi qui ai tendance à me noyer dans un verre d'eau, et lui qui sait toujours trouver les mots pour me calmer et me faire voir les choses objectivement. C'est un roc.

Elle prit le biberon dans la casserole, versa quelques gouttes de lait sur son poignet pour s'assurer que le liquide n'était pas trop chaud, et vint le donner à Jackie, d'un geste automatique, avant d'aller fouiller dans un placard plein de boîtes de céréales.

Surprise, Jackie considéra le biberon, puis Patrick qui agitait ses petits bras et s'efforçait de s'asseoir en émettant des gargouillements impatients. Jackie lui glissa la tétine dans la bouche et il se mit à sucer vigoureusement.

Il posa une main potelée sur un côté du biberon et l'autre vint caresser la joue de Jackie. Celle-ci serra doucement le bébé contre elle, prenant plaisir à ce moment impromptu.

— Carly ? reprit-elle au bout de quelques instants.

— Oui ?

— Pensez-vous que John puisse représenter une menace pour vos enfants ?

Cette fois, la jeune femme hésita à peine.

— Non. A moins qu'il ne soit plus du tout l'homme que je connais.

— Et s'il constituait une menace pour eux, quels seraient vos sentiments vis-à-vis de lui ?

— Je l'aimerais toujours, répondit Carly. Je ne pourrai jamais cesser d'aimer John, quoi qu'il fasse.

— Quoi qu'il fasse ? répéta Jackie.

Carly hocha la tête avec force.

— Comment allez-vous vous débrouiller financièrement, avec Noël qui arrive, et presque plus d'argent ? demanda encore Jackie, au bout d'un moment. Vous avez de la famille qui puisse vous aider ?

— Il y a les parents de John, et puis sa sœur, mais je ne peux guère m'adresser à eux. Non, vraiment, je ne peux pas. J'ignore ce que je vais faire. Je n'ai pas à me préoccuper du crédit sur la maison avant le mois prochain et j'ai de quoi acheter à manger. Pour ce qui est de Noël…

Jackie lui rendit le bébé, bien à contrecœur, et elle se rendit dans la pièce voisine pour y prendre son sac. Elle tira son chéquier.

— Voilà cinq cents dollars, dit-elle en griffonnant rapidement. C'est tout ce que je peux vous donner, pour le moment, mais cela devrait vous aider à passer Noël.

Carly la fixa, les yeux écarquillés. Elle pâlit brusquement, puis rougit.

— Je ne peux pas… Je…

Jackie posa le chèque sur la table.

— Considérez cela comme un prêt.

Elle saisit l'enveloppe contenant les photos de John Stevenson et enchaîna :

— Demain, nous lancerons un avis de recherche. Nous allons retrouver votre mari. Après, nous verrons. D'accord ?

— D'accord, acquiesça Carly d'une voix d'automate. Merci, Jackie.

Celle-ci enfila ses bottes et s'arrêta sur le seuil.

— Carly ?

— Oui ?

— Vous avez un endroit où vous rendre avec les enfants pendant quelques jours, le temps que la situation se dénoue un peu ?

La jeune femme réfléchit un instant, puis secoua la tête.

— Non. Seulement chez Lavonne, et cela ne changerait pas grand-chose, n'est-ce pas ?

— Non, en effet.

Jackie marqua une pause. Elle pensait à Harlan et Adrienne, chez qui elle devait passer ce soir.

— Ecoutez, reprit-elle, j'ai des amis qui ont une grande maison, et je sais qu'ils seraient ravis de…

— Non, l'interrompit Carly, je ne veux pas m'en aller.

Je veux rester ici avec mes enfants, là où se trouvent toutes leurs affaires. S'il vous plaît.

— D'accord, fit Jackie. Je vais consigner ce qui s'est passé. Pour l'instant, il s'agit toujours d'un problème privé ; nous ne pouvons pas vous faire bénéficier d'une protection. Mais il faut me promettre que vous appellerez, si vous avez le plus petit motif d'inquiétude.

— C'est promis, dit Carly.

En sortant, Jackie se retourna et eut le temps d'apercevoir le visage de la jeune femme avant qu'elle referme la porte ; Carly était si pâle que les taches de rousseur se détachaient sur l'arête de son nez.

Pourquoi s'obstinait-elle à rester dans la maison, après ce qui s'était passé cet après-midi ?

La seule explication plausible était qu'elle continuait de croire que ce visiteur mystérieux était son mari, le père de ses enfants, et que ces derniers ne risquaient rien.

« Pourvu qu'elle ne se trompe pas », pria Jackie avec ferveur.

10.

Jackie rentra chez elle, posa ses affaires, et se rendit directement dans la cuisine, où elle contempla le contenu de son réfrigérateur d'un air dubitatif. Elle n'avait pas vraiment faim, mais il fallait bien qu'elle mange quelque chose. Du pop-corn, peut-être ? Après tout, il s'agissait d'un légume.

Elle fronça les sourcils, essayant de prendre une décision.

La sonnerie du téléphone interrompit ses hésitations. Elle tendit aussitôt le bras pour décrocher.

— Bonsoir, chérie, dit la voix de Paul.

— Bonsoir, Paul. Est-ce que le pop-corn est un légume ?

— Non, répondit ce dernier. C'est le genre de nourriture qu'on avale sur le pouce, et qui n'a aucune valeur nutritive. Tu n'as pas l'intention de manger ça pour ton dîner, j'espère ?

Jackie fit la grimace et songea qu'elle n'avait pas envie de discuter avec lui.

— Bon, je vais me préparer des macaronis et quelques légumes. Comment vas-tu ?

— Je suis lessivé. J'ai passé la journée à travailler sur

le chauffe-citerne. Je n'arrive toujours pas à le mettre en marche, alors j'ai dû faire des trous dans la glace avec une hache.

— C'est quoi, un chauffe-citerne ?

— Un petit truc qui va au fond de l'abreuvoir et qui empêche l'eau de geler. Comme il est toujours submergé, l'opération est assez délicate. Et toi, comment s'est passée ta journée ? enchaîna-t-il.

Jackie pensa à Karl Widmer et à ses allusions au sujet de Norine Burkett ; elle pensa aussi à l'épidémie de grippe qui s'était abattue sur le commissariat et à la montagne de travail qui allait fatalement lui retomber dessus ; enfin, elle pensa à la disparition de John Stevenson et au mystérieux visiteur qui avait essayé d'enlever un des enfants de Carly.

— Allô, Jackie ? fit la voix de Paul, à l'autre bout du fil.

— C'était une journée de dingue, comme d'habitude, répondit la jeune femme. En plus, je crois que j'ai attrapé un virus. Tout le monde est malade, au poste.

— Mais tu viens quand même, ce week-end, n'est-ce pas ?

Jackie poussa un soupir. Si Michelson était toujours d'accord pour lancer un avis de recherche sur John Stevenson dès le lendemain matin, les tuyaux commenceraient sans doute d'arriver dans l'après-midi ou en début de soirée, et ils ne cesseraient de s'accumuler toute la journée de vendredi et durant le week-end. Autant dire qu'aux yeux de Jackie, la perspective de devoir s'éloigner de Spokane, à un moment pareil, n'était pas des plus agréables.

— Jackie ? insista Paul.

— Oui, bien sûr que je vais venir, répondit-elle. Mais je ne veux pas que tu te fâches si je dois repartir plus tôt.

— Est-ce que tout va bien ? Quelque chose t'embête ?

Jackie l'imagina dans la vieille maison, isolé au milieu de la prairie, sous le ciel noir constellé d'étoiles, et elle eut l'impression subite qu'il se trouvait à des milliers de kilomètres, totalement hors d'atteinte. Elle ravala les larmes qui lui montaient aux yeux.

— Non, Paul, ça va. Je suis juste fatiguée. Il faut encore que je grignote quelque chose et que je passe chez Adrienne.

— Tu n'étais pas déjà chez elle, l'autre jour ?

— Si, lundi soir. Elle m'avait demandé de venir voir l'arbre de Noël. Mais je lui ai parlé, aujourd'hui, et elle veut me confier un grand secret. J'ai promis de faire un saut.

— Fais attention en conduisant.

— Allons, Paul, s'esclaffa-t-elle, je passe ma vie au volant d'une voiture de police.

— Je t'aime, dit-il brusquement, d'une voix intense.

— Je sais, mon chéri. Moi aussi, je t'aime, répondit-elle, de plus en plus triste.

— Alors je t'attends vendredi soir ?

— Je vais essayer. Mais il est possible que je ne puisse pas venir avant samedi matin. D'accord ?

— Jackie, tu avais promis…

— Oh, zut ! s'exclama la jeune femme, les macaronis sont en train de bouillir. Il faut que je te laisse. A plus tard.

Elle raccrocha et passa un moment à contempler le téléphone. Finalement, elle ouvrit un placard et sortit la machine à faire du pop-corn.

*
* *

Adrienne accueillit son amie sur le seuil de sa maison, vêtue d'un caleçon noir et d'une longue tunique en lamé or. Ses cheveux étaient tirés en arrière et son regard brillait d'excitation.

— Tu es magnifique ! s'exclama Jackie, qui se sentait fatiguée et mal fagotée dans son jean et son sweat-shirt. Que se passe-t-il ? Quelle est cette grande nouvelle ?

— Pas tout de suite, répondit Adrienne d'une voix presque timide. Donne-moi un peu de temps.

— Adrienne, tu vas me rendre folle.

— Parlons d'autre chose pendant un moment, d'accord ? Sois patiente, pour une fois.

Jackie la considéra avec curiosité.

— Mais tu vas bien, non ? Tu es vraiment superbe.

Adrienne haussa modestement les épaules.

— Je suis allée chez le coiffeur, c'est tout. Toi, en revanche, tu n'as pas bonne mine. Tu es pâle et tu as des valises sous les yeux.

— Je travaille trop. Ce n'est pas vraiment un scoop.

Jackie entra dans le living-room. Un plateau trônait sur la table basse, avec des petits-fours salés, du fromage, des crackers et une bouteille de vin.

— Miam ! fit-elle, brusquement affamée.

— Sers-toi. J'ai préparé ça pour toi. Jackie s'installa sur le canapé, prit un petit-four et l'avala d'un air glouton.

Adrienne s'assit dans un fauteuil, en face d'elle, et secoua la tête d'un air désapprobateur.

— Tu as dîné ?

— Du pop-corn, répondit Jackie, choisissant un autre petit-four. Et ne commence pas à me faire la leçon. Paul a déjà épuisé le sujet.

— Il faut que tu te maries, Jackie.

— Quel rapport ? répliqua celle-ci, avec un geste d'impatience. Tu penses que mon régime alimentaire s'améliorera miraculeusement si je change d'état civil ?

— Tu mènerais une vie plus stable et ordonnée.

— Ça m'étonnerait.

Jackie prit un morceau de fromage et un cracker.

— C'est délicieux, fit-elle, la bouche pleine, avant d'enchaîner : j'exerce un métier fondamentalement désordonné, tu sais. Nous sommes censés bosser de 8 heures à 17 heures, cinq jours par semaine, mais la réalité est tout autre. Si je me marie et que je vais vivre avec Paul sur son ranch, la seule différence consistera pour moi à faire soixante kilomètres en voiture, tous les jours.

Adrienne hocha la tête.

— J'avais raison. Tu as la frousse.

— Je n'ai pas dit ça. Je t'expliquais simplement que ce n'est pas en me mariant que je m'assurerai une vie plus stable.

— Que devrais-tu faire, alors ?

Jackie haussa les épaules.

— Abandonner mon boulot.

— Est-ce que c'est envisageable ? Tu crois que tu supporterais de quitter la police pour aller travailler avec Paul, sur le ranch ?

— Non. J'exerce une profession de fous, mais je l'aime.

— C'est bien ce que je pensais, dit Adrienne, se penchant pour verser du vin dans les deux verres à pied posés sur le plateau. Tu veux connaître mon opinion ?

— Non, répondit Jackie.

— Je crois que tu as peur de t'engager dans le mariage et que tu cherches toutes les excuses possibles pour éviter de sauter le pas, déclara son amie en lui tendant un des verres.

Jackie le prit, but une gorgée, et le reposa.

— Où sont Harlan et Alex ? demanda-t-elle.

— Partis faire du patin à glace, comme tous les jeudis soir.

Jackie sourit.

Mais aussitôt, elle reprit son sérieux.

— Adrienne, si tu me parlais un peu de Norine Burkett ? Que sais-tu d'elle ?

Adrienne arqua les sourcils, tout en sirotant son vin.

— Pas grand-chose, à vrai dire, répondit-elle au bout de quelques instants. C'est étrange, n'est-ce pas ? Nous évoluons dans les mêmes cercles depuis dix ans, nous avons travaillé ensemble dans des tas de comités, nous sommes invitées aux mêmes réceptions, et pourtant, je ne sais pratiquement rien d'elle.

— C'est la deuxième femme de Jason Burkett, n'est-ce pas ?

— Oui. La jolie blonde qu'on exhibe comme un trophée. Jason a laissé tomber cette pauvre Sandra quand elle a eu quarante ans, et puis il a sorti cette jolie nana, et il a bien fallu s'habituer à elle.

— D'où venait-elle ?

Adrienne se pencha et prit un petit-four.

— Personne ne le sait. Les commérages allaient bon train, au début. Plusieurs femmes de notre groupe, celles qui sont un peu plus âgées, répétaient à l'envi que Norine avait un passé louche. Personnellement, j'ai toujours pensé qu'elles étaient jalouses ; Norine était tellement belle et jeune.

— Qu'entendaient-elles par « passé louche » ?

— Je ne sais pas trop, au juste. Moi aussi, j'étais une jeune mariée, à l'époque, et je n'avais pas envie qu'on aille fouiller dans mon propre passé. Après la naissance d'Angela, Norine a adopté le rythme social de notre groupe et les gens l'ont acceptée comme l'épouse de Jason.

— Et sa première femme, qu'est-elle devenue ?

— Sandra ? Elle a disparu de la circulation. J'ai entendu dire qu'elle lui avait soutiré une énorme somme d'argent, et qu'elle avait repris ses études et décroché un diplôme de psychologie. Je crois qu'elle est psychothérapeute à Seattle.

— Et tu ne te rappelles pas précisément les rumeurs qui couraient sur Norine, à l'époque ? Tu ne sais pas d'où elles pouvaient venir ?

— Cela remonte à des années, Jackie. Je me souviens seulement qu'il y a eu des commérages.

— Tu sais où Jason Burkett l'a rencontrée ?

Adrienne eut un sourire.

— Où est-ce que les hommes rencontrent ces jolies minettes blondes ? Sur une piste de ski, ou en faisant de la plongée sous-marine. En tout cas, c'est la version officielle.

— La version officielle ?

— Jason Burkett est avant tout un politicien, expliqua Adrienne. Et Norine aussi. Leur vie tout entière est tendue vers un seul but — Washington. Je ne serais pas surprise si Norine avait de plus hautes aspirations, encore.

— Par exemple ?

— La Maison Blanche.

— Tu crois qu'elle veut être Présidente ? s'exclama Jackie.

— Non, mais Première Dame, oui. J'ai toujours eu le sentiment que Norine cachait une ambition dévorante, sous ses airs de petite blonde mignonne à croquer.

— Qu'est-ce qui te donne cette impression ?

Adrienne eut un petit haussement d'épaules et réfléchit un instant à la question, avant de répondre :

— C'est peut-être toutes ces années passées avec ma mère. J'éprouve une telle haine pour l'ambition politique, en général, que je crois avoir développé une sorte de sixième sens, quand il s'agit de la reconnaître chez les autres.

— Mais alors, s'ils étaient menacés par un scandale politique, par exemple, jusqu'où Norine irait-elle pour le couvrir, à ton avis ?

— Elle tuerait sans hésiter, répondit Adrienne très posément, avant d'enchaîner : Mon Dieu, ce n'est pas une façon de parler d'une pauvre mère qui a perdu son enfant dans un horrible accident, et à qui je vais présenter mes condoléances demain.

— Vous êtes vraiment effrayantes, vous autres dames de la haute, commenta Jackie. Là où j'ai grandi, on tue par passion, pas par ambition.

Adrienne eut un rire.

— C'est la même chose, ma puce. Dans mon monde, l'ambition est la plus grande des passions.

Jackie hocha la tête, repensant à tout ce qu'elle venait d'entendre. Puis, changeant de sujet, elle demanda :

— Que voulais-tu me dire, Adrienne ?

Celle-ci baissa les yeux.

— Mince, je suis toute gênée, murmura-t-elle.

Quand elle redressa la tête, son regard était mouillé de larmes.

— Hé, Adrienne, fit Jackie, se penchant en avant et prenant les mains de son amie entre les siennes. Que se passe-t-il ?

— Rien ! s'exclama cette dernière. C'est tellement... Je ne peux pas m'en empêcher. Excuse-moi.

Elle prit un mouchoir en papier dans une boîte, sur la table, et s'essuya les yeux. Puis elle se moucha.

— Je suis enceinte, déclara-t-elle finalement.

Jackie demeura bouche bée.

— Quoi ?

— C'est vraiment incroyable, hein ? enchaîna Adrienne avec un sourire ému. Après toutes ces années passées à essayer, après avoir abandonné tout espoir, boum, ça arrive, comme ça, quand on ne s'y attendait plus. Jackie, je suis tellement...

Jackie bondit sur ses pieds et la serra dans ses bras, en riant.

— Adrienne, c'est merveilleux ! Depuis quand le sais-tu ?

— Un moment. D'abord, nous ne nous sommes doutés de rien. J'ai toujours eu des règles très irrégulières. Je ne sais jamais ce qui se passe dans mon corps. C'est une des raisons pour lesquelles je n'avais pas encore pu concevoir.

Le médecin pense que je n'ovule pas plus de deux ou trois fois par an.

— Je suis pareil, dit Jackie. Je n'en avais jamais parlé à personne et Dieu sait que ma grand-mère ne m'avait rien expliqué ; alors pendant des années, j'ai cru que c'était normal, et que toutes les femmes étaient comme ça.

Adrienne eut un rire.

— En tout cas, le médecin a découvert que j'étais enceinte lors d'une visite de routine. C'était il y a deux mois. Quand il me l'a annoncé, j'ai failli tomber dans les pommes.

— Deux mois ? s'exclama Jackie. Tu le sais depuis deux mois ?

— Oui. Harlan et moi avions si peur. Cela paraissait trop beau pour être vrai. Nous avons décidé d'attendre la deuxième échographie, avant d'en parler à qui que ce soit. Nous voulions être sûrs que tout allait bien. Et hier…

— Mais alors, tu es enceinte de combien de mois ?

— Quatre mois et demi, répondit Adrienne, presque timidement. Je l'ai senti bouger, cette semaine.

— Il a bougé ? s'exclama encore Jackie, considérant le corps mince de son amie.

— Je commence à avoir une petite bosse, tu sais, dit celle-ci, prenant la main de Jackie et la posant sur son ventre. Tu la sens ?

— Mais oui.

Jackie rit encore et la serra contre elle.

— C'est vraiment incroyable ! Adrienne, tu vas être une mère formidable !

— Tu crois ? J'ai trente-sept ans, Jackie. Et on ne peut pas dire que ma mère m'ait appris l'art d'être maternelle.

— Allons, tu es merveilleuse avec Alex. Toi et Harlan vous lui avez sauvé la vie.

— Mais Alex est presque une adulte, et c'est une gosse exceptionnelle. Ce bébé va être tellement petit, conclut la jeune femme, levant les mains comme pour tenir quelque chose de minuscule et d'infiniment fragile.

— Tu vas être géniale, insista Jackie avec conviction. Alex est au courant ?

— Nous lui avons annoncé la nouvelle aujourd'hui. Elle est tout excitée. Elle a déjà décidé de suivre un cours de puériculture, au lycée, pour apprendre à s'occuper des bébés.

Jackie pouffa de rire et secoua la tête.

— Il y a combien d'années, déjà, que vous êtes mariés, toi et Harlan ?

— Presque dix-sept ans. Oh, Jackie, si tu savais, il est tellement…

Adrienne s'interrompit et baissa les yeux.

— Quoi ? demanda Jackie.

Adrienne releva la tête, les yeux brillants de larmes, le visage rayonnant de douceur. Jackie avait presque du mal à reconnaître la jeune femme un peu cassante et sardonique qu'elle avait rencontrée, deux ans plus tôt.

— Tant de bonheur, ça fait peur, murmura la jeune femme. On se sent si… vulnérable.

— Oui, acquiesça Jackie, prise d'une nouvelle vague de tristesse. La naissance est prévue pour quand ? enchaîna-t-elle aussitôt.

— Fin avril. Ma gynécologue me suit de très près, vu

mon âge et le fait que c'est un premier bébé. Pour l'instant, elle dit que tout se passe bien.

— Ton âge, se moqua Jackie. Tu es en pleine forme, Adrienne. Tu nages, tu fais de la gymnastique. Tu n'auras aucun problème.

— Espérons. Mais on va avoir l'air de grands-parents, Harlan et moi, à la maternité, avec tous ces petits jeunes qui ont leur premier enfant. Il va avoir cinquante-deux ans, tu sais.

— Toi et Harlan serez les meilleurs parents du monde, déclara Jackie. Ce petit a bien de la chance.

Elle hésita.

— Tu sais déjà si c'est un garçon ou une fille ?

Adrienne secoua la tête.

— La gynéco le sait, mais nous lui avons demandé de ne rien nous dire. C'est plus rigolo d'avoir la surprise. Harlan était là, hier, pendant l'échographie. C'est incroyable, Jackie. On peut voir la colonne vertébrale, toutes les minuscules vertèbres, comme un rang de perles, et la tête, les mains, les pieds…

Jackie toucha de nouveau le ventre de son amie.

— Oui, c'est incroyable, murmura-t-elle. Dire qu'il y a un petit être humain, là-dedans. C'est un miracle, Adrienne.

— Oui.

Adrienne s'essuya les yeux.

— Et si je n'arrête pas de pleurer comme un veau, je vais me rendre complètement ridicule. Allons, viens voir les petits vêtements que je lui ai achetés.

Elle précéda Jackie à l'étage et, dans une des chambres,

ouvrit le tiroir d'une commode remplie de brassières et de chemisettes en coton.

— Je n'ai pas voulu aménager une chambre d'enfant avant la deuxième échographie, mais je n'ai pas résisté à l'envie d'acheter quelques petites choses.

Jackie prit une brassière minuscule et la posa contre sa joue, en pensant au bébé de Carly et à la manière dont sa main potelée était venue se poser sur sa joue, pendant qu'elle lui donnait le biberon.

Finalement, elle prit congé et rentra chez elle, traversant les rues immobiles et scintillantes. D'un seul coup, son humeur avait changé et elle se sentit plus heureuse qu'elle ne l'avait été depuis des semaines.

11.

Jeudi matin, Jackie fit les démarches nécessaires pour lancer un avis de recherche sur la personne de John Stevenson. Puis elle consigna sa conversation avec Carly dans le dossier, relatant la visite nocturne des deux inconnus et la tentative d'enlèvement d'une des jumelles. Elle consacra le reste de la journée aux autres affaires courantes.

Brian Wardlow était resté chez lui, terrassé par la grippe, et on entendait beaucoup tousser et éternuer, à travers le poste de police.

Ce soir-là, Jackie rentra tôt et se coucha presque aussitôt, priant pour être épargnée par l'épidémie qui s'était abattue sur le commissariat.

Le lendemain matin, Michelson l'appela dans son bureau, dès son arrivée.

— Vous savez, Jackie, déclara-t-il sans préambule, je continue de ne pas être totalement convaincu par cette affaire Stevenson. J'ai relu le dossier et, vraiment, je me demande si nous ne perdons pas notre temps. Voilà un bonhomme qui vide les comptes en banque de la maison, qui prend des vêtements en douce, et vous persistez à croire que l'affaire relève de la police.

— Parce qu'il y a quelque chose qui cloche, commissaire,

répondit Jackie. Comment expliquez-vous, autrement, la visite de ces deux hommes, en pleine nuit, et la tentative d'enlèvement d'une des jumelles ?

Michelson balaya cet argument d'un revers de main.

— Bill Klementz est allé interroger tous les voisins, hier. Personne n'a rien vu. Vous êtes sûre que cette pauvre femme ne cherche pas tout simplement à attirer l'attention ? Ou à obtenir de l'aide pour récupérer un mari volage, qui sait ?

Jackie revit le visage blême de Carly, ses mains tremblantes, et sa maison si propre et pleine d'enfants.

— Non, elle est sincère, répondit-elle. De la même façon, je n'arrive pas à me débarrasser du sentiment que tout est lié au délit de fuite chez les Burkett. Il faut vraiment qu'on retrouve ce type, commissaire. Nous avons besoin de lui poser quelques questions. Attendons de voir ce que donne l'avis de recherche, conclut-elle de sa voix la plus persuasive.

Michelson leva la main et se mit à énumérer sur ses doigts :

— Wardlow est chez lui, avec la grippe. Brenda est absente depuis mardi. Dave Pringle a une mine de papier mâché, et je ne suis pas au mieux de ma forme. Nous manquons d'effectifs et même quand nous sommes tous là, nous n'avons pas les ressources nécessaires pour nous mêler de problèmes domestiques. Voyons, Jackie…

— Je vous en prie, insista la jeune femme.

Le commissaire poussa un soupir.

— Ecoutez, je tiens seulement à vous prévenir : si une

autre affaire nous tombe dessus, il faudra abandonner celle-ci sur-le-champ. C'est compris ?

— Bien sûr.

Jackie se leva et lui offrit un sourire reconnaissant.

— Merci, commissaire.

— Jackie ?

— Oui ?

— Vous vous sentez comment, vous ?

Elle s'arrêta sur le seuil.

— Bien, commissaire. Tout à fait bien.

Il l'enveloppa d'un long regard pénétrant, puis ouvrit un dossier, sur son bureau.

— Bon, bon, tant mieux, fit-il sur un ton brusque. Allez, débarrassez-moi le plancher, maintenant.

Après cette entrevue, Jackie se rendit au commissariat central pour voir Steve Baumgartner. Ce dernier avait l'air encore plus débordé que la dernière fois qu'elle l'avait vu.

L'épidémie de grippe avait frappé le poste principal, également ; ajoutée au mauvais temps, qui touchait directement la brigade de la circulation, et à la pression exercée tant par les médias que par le public au sujet de la mort d'Angela Burkett, le climat général était pour le moins tendu.

Jackie trouva Baumgartner à son bureau, en train de compulser un dossier, tout en buvant un thé au citron.

— Vous avez du nouveau ? demanda-t-elle en s'installant en face de lui.

— Pas vraiment, répondit-il avec un soupir. Les morceaux de phare sont d'une marque qu'on trouve partout sur le marché ; ils ne nous aideront pas à identifier le véhicule. Les témoins oculaires disent qu'il s'agit d'une petite voiture de sport et la traînée de peinture sur la palissade est rouge. Les spécialistes de l'identification pensent que les traces proviennent de pneus d'été.

— Dans ce cas, il peut s'agir d'un véhicule qui passe la majeure partie de l'hiver dans un garage.

— Exactement, acquiesça Baumgartner, l'air lugubre. Autant dire que cela ne nous rend pas la tâche aisée. Quand on sait qu'un chauffard en fuite est aussi facile à retrouver qu'une aiguille dans une botte de foin ! Il n'y a pas de motivation, aucun lien avec la victime !

Jackie hocha la tête.

— Vous avez trouvé mon message au sujet de la voiture de Norine Burkett ? demanda-t-elle, après quelques instants.

Baumgartner fronça les sourcils.

— Oui. Je n'ai pas encore eu l'occasion de vous demander où vous vouliez en venir. Vous ne croyez tout de même pas qu'elle a écrasé sa propre fille ?

— Je ne crois rien du tout. Je me suis contentée de vous transmettre une information.

— Ouais, eh bien, on ne peut pas voir sa voiture, grommela le sergent. Elle est enfermée dans ce foutu garage et ils refusent de nous laisser entrer sans un mandat.

— Vous avez essayé ? s'exclama Jackie.

— On peut dire qu'on marchait sur des œufs. Je ne sais pas pourquoi, mais ce Burkett est chatouilleux au possible. Nous lui avons expliqué que nous voulions examiner les bandes de roulement des pneus de leurs voitures afin de les distinguer des autres traces, ce qui nous permettrait d'isoler plus facilement le véhicule que nous recherchons.

— Il n'a pas marché ?

— Il nous refuse l'accès à son garage sans un mandat. Point final. Et bien sûr, nous n'avons aucune raison d'en demander un.

— Vous ne trouvez pas bizarre qu'il rejette une requête aussi raisonnable ? murmura Jackie.

— Non. Je crois que c'est un brave type qui suit les mauvais conseils de ses avocats.

— Mais enfin, pourquoi ne pas vous laisser entrer dans ce garage ?

— Comme je viens de vous le dire, il est entouré d'une flopée d'avocats qui lui conseillent de tout refuser en bloc. Burkett ne veut même plus nous parler. Il semblerait en revanche qu'il ait l'intention d'offrir une énorme récompense à toute personne qui fournirait une information susceptible d'entraîner l'arrestation et la condamnation du chauffard.

— Allons bon.

— Comme vous dites. Cela va encore compliquer les choses. Tous les détectives amateurs de la ville vont se mettre à courir dans tous les sens, et de préférence en travers de notre chemin.

— Je suppose que vous avez déjà envoyé un bulletin aux garages de la ville pour attirer leur attention sur une voiture de sport rouge avec un phare avant cassé ?

Baumgartner eut un rire sans joie.

— Allons, Jackie, vous regardez trop la télévision.

— Qu'entendez-vous par là ? Ce n'est pas la procédure habituelle ?

— Ça ne sert strictement à rien. Il y a tellement de

petits garagistes qui travaillent au noir ! Nous ne pourrions jamais les atteindre tous. Et qui serait assez stupide pour emmener sa voiture dans un gros garage, après avoir tué une petite fille, et en sachant que tout le monde recherche le véhicule ?

— Et que pensez-vous de l'hypothèse d'un lien avec la disparition de John Stevenson ?

— Ça, c'est votre rayon. J'ai mis dix personnes sur cette affaire, Jackie. Vous savez ce qu'ils sont en train de faire ?

— J'ai ma petite idée, mais dites toujours.

— Ils sont plantés devant des ordinateurs à essayer de repérer toutes les voitures de sport rouges immatriculées dans l'Etat et de localiser leur propriétaire. Vous imaginez le temps que ça prend ? Croyez-moi, ce n'est pas rigolo, enchaîna-t-il, sans attendre de réponse. Et vous, vous en êtes où ?

— Je cherche John Stevenson. Il faut absolument que je lui parle. Nous avons distribué sa photo aux médias, lancé son signalement et prévenu les autres départements. La routine. On attend encore des réactions.

— Et là, tout de suite ?

Jackie jeta un coup d'œil à sa montre et se leva.

— Tout de suite, je vais me rendre à l'enterrement d'Angela Burkett. Je veux jeter un nouveau coup d'œil à ses parents.

Des files de voitures encombraient les trottoirs de tous côtés, et Jackie dut tourner un moment avant de trouver un endroit pour se garer. Finalement, elle remonta la rue jusqu'à l'église épiscopale, sur Grand Boulevard, notant la foule de journalistes et de cameramen qui se pressaient contre une rangée de limousines et un long corbillard noir, devant les marches du parvis.

Elle garda la tête baissée pour ne pas se faire remarquer et, jouant des coudes, se fraya un chemin jusqu'à l'entrée.

Soudain, elle sentit une main lui agripper le coude et un corps massif se glisser avec elle au milieu de la foule. Une odeur de tabac et de tweed s'insinua jusqu'à ses narines et elle reconnut Karl Widmer.

— Bonjour, inspecteur, murmura-t-il. Restez près de moi.

Jackie essaya de se dégager.

— Laissez-moi tranquille.

— Descendez un peu de vos grands chevaux, Jackie, riposta-t-il sans la lâcher. Je vais vous trouver une bonne place à l'intérieur de l'église.

Ils gravirent les marches du parvis et passèrent devant un placeur qui tendit à Widmer deux prospectus ; l'illustration, en première page, représentait un agneau endormi au milieu d'un champ de fleurs. Widmer les prit et, agrippant toujours Jackie, la guida à travers le sanctuaire déjà envahi de monde.

Des accords d'orgues résonnaient sous les voûtes de l'église et une odeur insistante de fleurs flottait dans l'air. Sans hésiter, Widmer contourna les bancs de bois et marcha vers l'avant de la cathédrale, s'arrêtant quelques rangées derrière une alcôve protégée par des rideaux.

— Par là, chuchota-t-il en désignant un banc de bois poli.

Jackie lui lança un regard dubitatif, et se glissa sur le banc. Il la suivit et s'installa à côté d'elle, avant de se pencher à son oreille.

— La famille Burkett est là-dedans, murmura-t-il avec un geste du menton en direction de l'alcôve. J'ai pensé que vous aimeriez être aussi près d'eux que possible.

Jackie regarda fixement les tentures de toile fine et les contours flous des personnes assises de l'autre côté.

— Merci, répondit-elle, jetant un coup d'œil autour d'elle.

La cathédrale était pleine d'hommes et de femmes élégamment vêtus, et bon nombre d'entre eux se tamponnaient les yeux tout en lisant le prospectus.

Widmer lui en tendit un. Il contenait un résumé de la cérémonie, une photo d'Angela Burkett, et quelques mots au sujet de sa courte et heureuse vie ; suivaient des vers tirés d'un poème de William Wordsworth.

« Une petite fille,
Qui respire doucement
Qui sent la vie à travers tout son être,
Que devrait-elle savoir de la mort ? »

Profondément émue, Jackie abandonna sa lecture et regarda de nouveau autour d'elle. Elle remarqua Adrienne, de l'autre côté du sanctuaire, assise à côté d'Harlan dont elle tenait la main étroitement serrée dans la sienne. Elle avait les yeux fixés devant elle, sur le petit cercueil blanc à demi ouvert et recouvert de fleurs.

La musique se tut et le service commença. Le pasteur parla, avec éloquence et simplicité, de l'innocence et la pureté de l'enfance, du réconfort de la foi et de la douceur de la petite fille dont la vie avait été fauchée si brutalement.

Jackie ferma les yeux, le cœur un peu soulevé par la chaleur et le parfum écrasant des fleurs. Des scènes se succédaient dans son esprit — des images de sa propre enfance, placée sous le signe de la violence, la faim, la peur, la solitude et la rage. Elle revit les rues et les allées immondes de son quartier, avec les piles de poubelles s'entassant devant les portes des maisons, les draps suspendus aux fenêtres.

Soudain, Karl Widmer lui toucha doucement le bras et se rapprocha d'elle, le visage plein de compassion.

Jackie le regarda, stupéfaite, et elle s'aperçut qu'elle pleurait. S'écartant légèrement, elle prit un mouchoir dans sa poche et s'essuya les yeux et les joues, avant de reporter son attention sur la cérémonie.

Lorsque le panégyrique fut terminé, la famille sortit de l'alcôve pour s'approcher du petit cercueil. Jason Burkett venait le premier ; il avançait d'un pas incertain, comme un homme en transe, le visage congestionné, bouffi par les larmes. Il paraissait prêt à s'écrouler d'un instant à l'autre.

Sa femme, vêtue d'une robe-manteau noire qui faisait encore ressortir sa beauté translucide, le rattrapa et marcha près de lui. Elle avançait la tête haute, le visage composé, figé, comme un camée sculpté dans du marbre fin. Elle agrippa le bras de son mari avec une telle force que ses jointures en blanchirent.

Mais Norine Burkett ne s'accrochait pas à Jason. En fait, c'était elle qui le soutenait. Sans elle, il se serait sans doute effondré.

— Elle a un sacré sang-froid, hein ? chuchota Widmer.

Jackie hocha la tête et continua d'observer la scène, fascinée. Les parents de l'enfant passèrent devant le cercueil, en compagnie de personnes qui devaient être des membres de la famille proche. Tous arboraient des vêtements élégants et la plupart pleuraient ouvertement.

Seule Norine Burkett gardait les yeux secs.

Jackie se pencha en avant, tandis que la femme contemplait le visage de sa fille, posé sur l'oreiller de satin blanc. Norine demeura longtemps immobile, les yeux fixés sur le profil de l'enfant. A côté, son mari tremblait de tout son corps. Soudain, il poussa un gémissement de douleur et se détourna, secouant la tête comme un animal blessé.

Finalement, Norine tendit la main. D'un geste gracieux, presque étudié, elle tira une rose rose d'un énorme bouquet au pied du cercueil, et la posa sur les mains jointes de la petite fille, avant de toucher sa joue. Puis elle se tourna, reprit le bras de son mari et le guida de nouveau vers l'alcôve.

Jackie échangea un regard pensif avec son compagnon, avant de se lever pour aller prendre place dans la procession qui défilait devant le cercueil. Près de l'autel, le parfum des fleurs était si fort que l'air en devenait presque irrespirable et Jackie tituba légèrement. Widmer lui prit le coude pour l'aider à recouvrer son équilibre.

Jackie avait vu beaucoup de victimes de mort violente, au cours de sa carrière dans la police, mais aucune aussi ravissante qu'Angela Burkett. L'enfant arborait une robe blanche à volants, avec une ceinture en satin rose. Ses cheveux blonds encadraient son joli visage et ses longs cils caressaient ses joues pâles. Le dessin de sa bouche était détendu, comme retroussé en un demi-sourire, à croire qu'elle faisait un rêve agréable.

Jackie la contempla un instant et, dans le secret de son cœur, elle fit ce vœu de retrouver le coupable.

Karl Widmer se tenait près d'elle, les yeux fixés sur le visage de la petite fille, son profil aquilin ne révélant rien de ce qu'il éprouvait. Au bout d'un moment, il reprit le coude de Jackie et la guida vers une des allées latérales qui conduisaient à l'arrière de la cathédrale.

Ils franchirent les larges portes et sortirent dans la lumière pâle de l'hiver. Aussitôt, Jackie avala de grands bols d'air froid.

— J'ai cru m'évanouir, là-dedans, avec cette odeur de fleurs, dit-elle finalement.

Elle jeta un coup d'œil du côté des photographes et des journalistes, et secoua la tête d'un air dégoûté.

— Seigneur ! Vous êtes vraiment des vautours, murmura-t-elle.

Nullement offusqué par ce commentaire, Widmer l'entraîna au bas des marches, puis au travers des voitures qui attendaient devant l'église épiscopale, dépassant la foule des reporters.

— Vous avez pris un gros risque en venant ici, déclara-t-il, comme ils s'éloignaient en courant. Si certains d'entre eux vous avaient reconnue, ils vous auraient suivie jusqu'au poste pour essayer de découvrir ce que vous êtes venue faire.

— Je ne pensais pas qu'ils viendraient en masse, comme ça, répondit Jackie, alors qu'ils tournaient au coin de la rue. Mais vous avez raison. J'aurais dû m'en douter. Je suis garée par là, ajouta-t-elle avec un geste de la main.

Ils ralentirent l'allure et passèrent devant des jardins couverts de neige.

— Cette affaire suscite un énorme intérêt, dit Widmer. Les gens veulent savoir qui a fait ça et aussi comment la police s'y prend pour retrouver le coupable.

Ils venaient d'arriver devant la voiture banalisée de Jackie, et la jeune femme hésita un instant, avant de se pencher pour déverrouiller les portières. Widmer grimpa sur le siège du passager et étendit ses longues jambes.

Il y eut un bref silence, gêné.

— Merci, dit Jackie, finalement.

— Pourquoi ?

— Pour m'avoir aidée à entrer dans l'église et à me rapprocher de la famille.

Il rit, l'air amusé.

— Ça ne vous vient pas facilement, hein ?

— Quoi donc ?

— Dire merci.

Jackie médita un instant cette réflexion, vaguement sur la défensive.

— Vous avez raison, admit-elle. Je suppose que je n'ai pas eu beaucoup de raisons de montrer de la gratitude, dans ma vie.

— Cette remarque ne vous ressemble pas, déclara Widmer avec naturel. Je l'imagine plutôt dans la bouche de quelqu'un qui a tendance à s'apitoyer sur son sort.

Cette fois, Jackie se sentit rougir.

— Vous avez encore raison, dit-elle. Désolée. Ma seule

excuse est que je ne me sens pas très bien, ces temps-ci. Le fait d'assister à cette messe d'enterrement n'a rien arrangé.

Il hocha la tête, lui tapota l'épaule, puis regarda par la vitre de sa portière.

— Vous êtes formée à observer les gens, reprit-il après quelques instants. Franchement, quelle est votre opinion au sujet de Norine Burkett ?

Jackie fronça les sourcils.

— Je ne sais pas trop quoi penser. J'ai eu l'occasion de remarquer que les gens qui offrent un visage posé, en situation de crise, ont en réalité des sentiments aussi profonds que les autres. Ils gardent leur calme, jusqu'au jour où ils craquent. Après tout le monde.

Widmer lui jeta un regard sceptique.

— Vous croyez vraiment que cette femme va craquer ?

Jackie ouvrit la bouche, prête à répondre, puis elle se ravisa, songeant qu'elle se sentait dangereusement à l'aise avec cet homme.

— Je ne sais jamais jusqu'à quel point je peux me laisser aller à parler, quand je suis avec vous, déclara-t-elle. Cette conversation est-elle confidentielle ou pas ?

Il parut sincèrement blessé.

— Je pensais que nous étions amis, Jackie.

— Nous ne sommes pas amis. On se connaît à peine. Comment puis-je être sûre que vous n'allez pas citer mes propos, si cela vous arrange ?

— Je promets de ne pas vous citer, répondit-il. Et je serais bien bête de rompre cette promesse, compte tenu de l'intérêt que j'ai à ce que nous restions en bons termes. Vous pouvez me fournir des informations d'une valeur inestimable, vous savez. Alors, chaque fois que notre conversation deviendra officielle, je vous préviendrai à temps. D'accord ?

— Cela paraît raisonnable.

— Alors, dites-moi ce que vous pensez de Mme Burkett.

— Je ne sais pas quoi penser, répondit Jackie. J'aimerais m'entretenir avec elle encore une fois, avant de me forger une opinion. Malheureusement, d'après ce que j'ai compris, ce ne sera pas facile. Ni elle ni son mari ne parlent plus à la police.

— Ou aux journalistes, renchérit Widmer.

Il pencha la tête de côté et laissa son regard balayer la silhouette de Jackie.

— Vous avez l'air en forme, déclara-t-il. Vous faites de l'exercice ?

— Quel rapport avec notre conversation ?

Il éclata de rire.

— Allons, je n'en veux pas à votre joli corps, inspecteur. Même si cette perspective ne manque pas d'attrait.

Il reprit son sérieux.

— Norine Burkett est une véritable mordue d'aérobic. Elle prend des cours au gymnase Lakewood trois fois par semaine : le lundi, le mercredi et le vendredi après-midi. Elle n'y est pas allée aujourd'hui à cause de l'enterrement, mais son professeur est certain qu'elle sera là lundi.

— Elle a suivi son cours, mercredi ? demanda Jackie, incrédule.

— Du début à la fin, répondit-il. Le lendemain de la mort de sa gosse, et deux jours avant les funérailles. Elle n'a parlé à personne, a balayé toutes les offres de condoléances, et transpiré pendant une heure, avant de prendre sa douche et de quitter le bâtiment.

— C'est peut-être sa façon à elle de gérer le stress, dit Jackie, après un bref silence. L'exercice produit cet effet sur moi.

— Peut-être, commenta Widmer en haussant les épaules.

— Et lundi, le jour de l'accident, elle était au club aussi ?

— Absolument. J'ai posé la question. La prof a répondu que Norine ne manque jamais une séance. Son cours a lieu à 14 heures, à l'étage, dans la salle d'aérobic.

— 14 heures, répéta Jackie, pensive. Pourtant, elle a dit…

— Quoi ? demanda Widmer.

— Rien.

— Hé.

Il lui toucha le bras, l'air blessé.

— Je suis en train de faire tout mon possible pour vous aider. C'est censé être réciproque.

Jackie garda le silence, mal à l'aise.

En dépit de leur rivalité officielle, bon nombre d'inspecteurs de police entretenaient une relation de travail régulière avec certains membres de la presse, et l'échange mutuel d'informations permettait aux policiers d'éviter bien des démarches ennuyeuses. Mais Jackie s'était toujours tenue à l'écart de ces procédés.

— Je vous dirai ce que je peux, dès que je me sentirai suffisamment à l'aise, promit-elle. J'en suis encore à apprendre comment gérer ce type de relation. C'est complètement nouveau pour moi.

Widmer crispa les mâchoires avec impatience, puis il hocha la tête.

— D'accord. Mais ne me faites pas attendre trop longtemps, Jackie. Je peux vous être immensément utile, et de bien des façons, croyez-moi.

Elle lui jeta un regard bref.

— Où se trouve le club de gym de Norine Burkett ? demanda-t-elle finalement.

— Lakewood, sur la Sixième Avenue. Le cours est à 14 heures, et n'importe qui peut s'y rendre. Il suffit d'acheter un ticket à la réception ; ça coûte cinq dollars. Et je préfère vous prévenir, c'est du top niveau.

Jackie eut un petit sourire.

— Pas de problème. Du moment qu'il me reste assez de souffle pour avoir une petite conversation avec elle dans les vestiaires…

— Je vous fais confiance, inspecteur, railla le journaliste.

— Nous avons lancé un avis de recherche pour retrouver John Stevenson, hier matin, annonça Jackie, après un bref silence. Nous allons sans doute recevoir des tonnes de tuyaux. Apparemment, Jason Burkett a l'intention d'offrir une grosse récompense contre des informations sur la mort d'Angela, mais il n'a encore rien fait officiellement, Dieu merci. Nous donnons un peu d'argent nous aussi quand on nous transmet un bon tuyau, mais ce sera forcément dérisoire par rapport aux moyens de Burkett.

— Bon. Je vais garder l'œil ouvert, moi aussi, et si j'apprends quoi que ce soit, je vous préviendrai aussitôt.

— Merci.

— Alors, où est-ce que je peux vous joindre, ce week-end ? demanda-t-il avec naturel.

— Nulle part, répondit Jackie. Je serai au ranch de mon petit ami où il n'y a pas le téléphone. Laissez un message pour moi au standard, et je le prendrai dès que je pourrai.

Widmer la considéra un instant, puis il hocha la tête, sortit de la voiture et s'éloigna tranquillement, les mains dans les poches.

12.

Samedi matin, Jackie se rendit au ranch, l'esprit si occupé par ses pensées qu'elle remarqua à peine le paysage qui défilait sous ses yeux.

Avant de partir, elle avait fait un crochet par le poste de police, pour vérifier les tuyaux qui commençaient à déferler au sujet de John Stevenson. Répondant aux photos et à l'appel lancé au public, des gens téléphonaient pour déclarer qu'ils avaient vu le disparu, qui aux courses de lévriers à Cœur D'Alene, qui dans un bar d'homosexuels à San Francisco…

La plupart de ces informations ne valaient rien, comme d'habitude, mais elles étaient toutes consignées dans l'ordinateur, puis étudiées et comparées, pour le cas où il s'en dégagerait une piste, un schéma répétitif.

Ce genre de travail avait longtemps représenté une véritable corvée, que les forces de police appréhendaient non sans raison. Mais l'avènement de l'informatique avait révolutionné tout cela, en permettant notamment la création de logiciels capables d'opérer ce tri fastidieux ; désormais, une journée suffisait au spécialiste talentueux, au lieu des centaines d'heures de travail autrefois nécessaires.

Jackie fronça les sourcils et serra les mains sur le volant, mécontente de devoir quitter la ville au moment où les choses commençaient à bouger.

Paul n'avait pas encore le téléphone, au ranch, et sans doute ne pourrait-il pas le faire installer avant le printemps. La propriété était isolée et nichée au creux d'une vallée — ce qui rendait inutile le cellulaire le plus pointu. La radio portable de Jackie fonctionnait généralement mais, à cette distance, elle dépendait des caprices du temps, et perdait de sa fiabilité.

En outre, elle ne devait être utilisée que pour les appels urgents, et non pour permettre à des inspecteurs en congé de suivre le déroulement de leur enquête.

Jackie poussa un soupir et contempla un aigle qui décrivait des cercles, au-dessus de la prairie enneigée.

Elle devrait se réjouir d'aller passer deux jours dans ce décor paisible, loin des exigences et des difficultés de sa vie quotidienne, à l'abri dans une jolie maison, en compagnie de l'homme qu'elle aimait.

Pourtant, de plus en plus, Jackie se rebellait contre cet isolement et ce calme.

Elle quitta la grande route et bifurqua sur le chemin de graviers menant aux terres de Paul. La prairie s'étalait partout autour d'elle, couverte d'un manteau de neige, scintillante dans la lumière vive du jour, comme un océan baigné de soleil. L'univers paraissait étouffé par tout ce blanc, silencieux, immobile, et on aurait dit que le temps s'était arrêté, attendant le souffle doux du printemps pour se réveiller.

Jackie frissonna et plissa les yeux, pour essayer de distinguer les bâtiments qui se découpaient sur l'horizon, et dont la plupart attendaient d'être peints.

Quelques minutes plus tard, elle se garait devant la maison. Elle sortit son sac de voyage et le carton de provisions qu'elle avait apportés, et longea le chemin menant à la porte de derrière. Elle poussa le battant et s'arrêta sur le seuil, tapant des pieds pour chasser la neige de ses bottes, avant de les délacer.

— Coucou ! fit-elle en poussant la porte. Paul ? Tu es là ?

Pas de réponse.

Elle entra dans la cuisine et, tandis qu'elle rangeait les provisions dans les placards et le réfrigérateur, elle regarda autour d'elle, notant les transformations effectuées depuis sa dernière visite.

Paul avait accompli un travail de titan en l'espace de quelques mois. Et, bien que la majeure partie de son temps et de son énergie fût consacrée à restaurer les bâtiments à l'extérieur, réparer des clôtures et s'occuper du bétail, il trouvait encore le moyen de bricoler dans la maison.

Il avait installé de nouveaux placards en vieux chêne poli, avec des portes de verre, dans la cuisine ; il avait également posé tout le parquet, et remis à neuf la plupart des moulures et des lambrissages anciens.

Malgré cela, plusieurs pièces présentaient encore des murs en plâtre couverts de trous, et des fenêtres accrochées de guingois dans leurs cadres. Jackie était prise de faiblesse, chaque fois qu'elle pensait à l'ampleur de la tâche qui restait à accomplir ; mais Paul demeurait serein et confiant.

— J'aime travailler dur, lui avait-il expliqué récemment.

Je ne suis jamais plus heureux que lorsque je me consacre à un gros projet, ou lorsque je me retrouve devant une nouvelle pile de bois de charpente à utiliser. Enfin, presque jamais, avait-il ajouté en la prenant dans ses bras pour l'embrasser passionnément.

Jackie sourit à ce souvenir et remarqua un morceau de papier sur la table.

« Chérie, disait le message, tracé d'une main sûre et ferme, je suis dehors, en train d'accomplir quelques travaux. Installe-toi. Je rentre dès que possible. »

Jackie reposa le papier et le caressa tendrement. Puis, soulevant son sac de voyage, elle le porta dans la chambre.

Cette pièce aussi avait été totalement rénovée, tapissée de papier peint et décorée avec des meubles en chêne faits à la main. Le grand lit de cuivre était couvert d'une courtepointe magnifique qu'Adrienne avait offerte à Paul, en cadeau pour la pendaison de crémaillère.

Jackie considéra le lit, avec ses draps propres, et elle sentit son cœur battre par anticipation.

Une chose était sûre : si elle se posait des tas de questions au sujet du mariage, rien, en revanche, ne lui permettait de douter du désir que lui inspirait le corps de son amant. Aucun homme, avant Paul Arnussen, n'avait éveillé en elle une telle lascivité.

Jackie retourna vers la cuisine et mit de l'eau à bouillir. Puis elle fouilla dans les placards, à la recherche d'un sachet de soupe instantanée, et se prépara un toast. Elle prit ce frugal repas en regardant par la fenêtre, pensive.

Paul aimait les grands espaces. Il avait d'ailleurs grandi

dans le Montana, au cœur d'un paysage semblable. Jackie, elle, était perturbée par tant d'immensité ; elle n'avait pas l'habitude de se sentir aussi minuscule et insignifiante dans un environnement vaste, sans limite. Elle avait grandi au sein d'un univers où la nature a peu de place, exception faite de certains cataclysmes comme les tremblements de terre.

Elle en était là de ses réflexions lorsque la porte s'ouvrit. Paul apparut sur le seuil, le visage fendu d'un large sourire. Il portait une parka en jean fourrée, une casquette de laine, des gants, et des bottes lacées pratiquement jusqu'aux genoux. Il secoua la casquette, passa une main dans ses cheveux blonds et tendit les bras.

Jackie courut s'y jeter et enfouit son visage contre sa poitrine, savourant la sensation de fraîcheur et l'odeur mêlée de foin et d'animal qui se dégageait de lui.

Il se pencha et s'empara de ses lèvres, l'enveloppant dans une étreinte puissante. Son baiser fut long et profond, et lorsqu'il se dégagea, Jackie murmura, à voix basse :

— Je t'aime.

Il l'embrassa de nouveau, puis releva la tête pour la regarder, ses yeux pétillant de malice.

Le visage de Paul — comme celui de Jackie — était le produit d'un héritage complexe, mais dans le cas de ce dernier, les origines prédominantes étaient scandinaves et amérindiennes. Cela se voyait surtout dans le contraste entre sa chevelure très blonde, ses pommettes hautes et marquées, et ses yeux noirs.

Jackie ne se lassait jamais de le regarder. Contempler la courbe de sa joue pouvait suffire à la faire fondre de désir.

— Tu m'aimes vraiment ? demanda-t-il.

— Passionnément, répondit-elle.

— Suffisamment pour me donner un petit coup de main ?

— Pour quoi faire ? demanda Jackie, aussitôt sur ses gardes.

— Juste un petit boulot dans l'étable. Enfile ton manteau et tes bottes.

Jackie fit ce qu'il lui disait et le suivit à l'extérieur.

— J'ai tendance à détester les boulots qu'on accomplit à l'intérieur d'une étable, remarqua-t-elle.

Paul pouffa de rire en lui prenant la main.

— Allons, s'exclama-t-il, madame l'inspecteur de police aurait peur d'une petite génisse ?

— Que lui arrive-t-il, à ta petite génisse ?

— Elle a été imprudente, et elle est en train de le payer, la malheureuse.

Il ouvrit la porte de l'étable et laissa passer Jackie, avant de presser l'interrupteur. Le bâtiment venait d'être restauré et il était bien propre ; des balles de foin et des sacs de nourriture pour animaux étaient empilés le long d'un mur, et des équipements pour monter à cheval, rangés dans un coin.

Paul guida sa compagne jusqu'à une des stalles où une petite vache Hereford gisait sur un tas de foin, soufflant et haletant, la langue pendante, une expression de panique dans ses yeux liquides.

— Elle est malade ? demanda Jackie. Oh, mon Dieu, ajouta-t-elle quand la génisse bougea sur son lit de foin et révéla une paire de minuscules sabots jaunes dépassant de son ouverture vaginale.

— Elle a un petit problème, fit Paul, calmement, en décrochant une corde suspendue à un clou, sur le mur. Nous allons l'aider.

Jackie le contempla, en proie à une fascination mêlée d'horreur, tandis qu'il enroulait la corde autour des sabots et tirait sur le nœud coulant. Il lui tendit l'autre extrémité et la jeune femme secoua la tête, visiblement interloquée.

— Paul, je n'ai pas la moindre idée de ce que je dois faire !

— Tiens ça, pour l'instant, pendant que je me prépare, répondit-il.

Il ôta sa parka, puis sa chemise, et les accrocha à un clou. Torse nu, il s'agenouilla près de la génisse, en murmurant doucement. L'animal roula les yeux vers lui et poussa un long meuglement guttural, frissonnant et agitant faiblement ses pattes sur le foin.

Paul glissa ses bras à l'intérieur d'elle et les enroula autour du corps du petit veau, le front plissé par la concentration. Jackie observait la scène, les yeux écarquillés.

Soudain, la génisse eut une contraction.

— Aïe ! hurla Paul, comme les parois du vagin de l'animal lui broyaient les bras.

Il ferma les yeux, en proie à une vive douleur, et les rouvrit au bout de quelques secondes, tournant la tête vers Jackie et lui offrant un pauvre sourire.

— Nom d'un chien, ça fait mal, dit-il. La prochaine fois, on a intérêt à être prêts pour elle. Quand je te le dirai, tu tireras sur la corde de toutes tes forces.

Jackie hocha la tête, priant silencieusement le ciel de n'être pas prise de nausée. La seule vision des bras de

Paul enfoncés dans cette ouverture sanglante suffisait à lui retourner l'estomac.

— Maintenant ! cria-t-il tout à coup.

Elle se pencha vers l'arrière et tira sur la corde avec tout son poids.

— C'est bon, arrête, reprit Paul.

Il manipula encore le corps du veau et une paire de pattes apparut, suivie d'une queue humide.

— Il est à l'envers, n'est-ce pas ? demanda Jackie.

— C'est là tout le problème. Tire encore, aussi fort que tu peux.

Elle jeta de nouveau tout son poids sur la corde. Paul banda ses muscles. La génisse meugla de douleur. Et ils continuèrent ainsi de travailler, en répétant la procédure, encore et encore, jusqu'à ce que Jackie se sente sur le point de défaillir.

Elle s'apprêtait à demander un répit, lorsque le corps du veau sortit brusquement et tomba sur le foin, dans une mare de sang.

La génisse se tourna doucement et frotta son museau contre son bébé. Puis elle se leva, péniblement, et se mit à lécher le corps humide du veau. Paul se redressa à son tour, étira ses bras, et s'agenouilla derechef pour examiner le petit animal.

— Un joli taureau, déclara-t-il d'un air triomphant. Et il ne semble pas avoir trop souffert.

Le veau essayait déjà de se lever. Il trébucha sur ses longues pattes tremblantes et fit le tour de la stalle, sous le regard stupéfait de Jackie.

Paul alla plonger ses bras dans un seau d'eau. Il les

frotta longuement avec un savon, avant de les rincer et de se sécher.

— Comment se fait-il qu'elle ait eu un veau à cette époque de l'année ? demanda Jackie. Je croyais que ce genre de chose arrivait au printemps.

— Idéalement, oui. Mais plusieurs génisses sont prêtes à vêler. Les clôtures étaient en mauvais état quand j'ai acheté la propriété, au printemps dernier. Un des taureaux a dû sortir de son enclos et venir s'occuper de ces dames.

— Ça prend combien de temps ?

— De s'occuper de ces dames ? fit Paul, penchant la tête de côté, le visage fendu d'un sourire coquin. Ça dépend de la dame.

— Mais non, idiot. La gestation.

Paul enfila sa chemise et la boutonna rapidement.

— Neuf mois, répondit-il. Comme pour les humains.

Jackie considéra la vache et son petit. Celui-ci essayait manifestement de trouver les mamelles de sa mère, qui le poussait doucement, patiemment, pour essayer de l'aider. Finalement, il se mit à téter goulûment.

— Tu sais quoi ? dit Jackie tout à coup. Adrienne est enceinte.

Paul était en train d'enfiler sa parka, et il suspendit son geste, la regardant fixement.

— Adrienne ?

Jackie hocha la tête.

— Si tu la voyais : elle est tellement heureuse ! Elle a l'air de flotter sur un nuage. Ils ont essayé pendant des années, tu sais. Ils avaient fini par abandonner. Le bébé doit naître en avril.

Paul boutonna sa veste d'un air pensif.

— Depuis quand le sais-tu ?

— Trois jours. Tu te souviens, l'autre soir, au téléphone, je t'ai annoncé que j'allais la voir. C'était ça, sa grande nouvelle.

Il sourit.

— C'est vraiment génial. Tu lui diras, et à Harlan aussi, que je suis très heureux pour eux.

— Pourquoi ne vas-tu pas le leur dire toi-même ? Tu ne viens presque plus en ville.

— C'est vrai, admit-il. Mais je n'aime pas beaucoup quitter le ranch, en ce moment. J'ai peur de me retrouver bloqué par la neige et de ne pas pouvoir revenir assez vite, alors que ces génisses sont sur le point de vêler.

Jackie croisa les bras et s'appuya contre la porte de la stalle, sans cesser de regarder le veau. Il était presque sec, maintenant, et sa robe était d'une belle couleur cuivrée. Sa queue frétillait, tandis qu'il tétait sa mère.

— Tu aimerais avoir des enfants, toi ? demanda-t-elle brusquement. Je ne crois pas que nous ayons abordé ce sujet.

Paul lui jeta un coup d'œil, prit le seau plein d'eau rougie par le sang, et s'en fut le vider dans la neige. Un chat gris sortit brusquement de derrière une pile de foin et vint se frotter en ronronnant contre les jambes de Jackie.

— Evidemment que je veux des gosses, répondit Paul, qui revenait. Pas toi ?

Jackie se pencha pour caresser le chat, subitement mal à l'aise.

— Je ne me suis jamais vraiment posé la question,

répondit-elle. A priori, il y a peu de chances qu'un bébé fasse un jour partie de ma vie.

— Pourquoi ? demanda Paul, passant un bras autour de ses épaules et lui embrassant les cheveux.

— Je ne sais pas. Peut-être à cause de mon enfance, qui était tellement horrible, ou parce que je n'ai jamais vraiment eu de père ou de mère. J'ignore ce que ça signifie, d'être un parent. Je ne saurais vraiment pas comment m'y prendre.

— On ne peut pas dire que j'aie beaucoup de références en la matière, moi non plus, mais je crois que nous saurions bien nous débrouiller. Je me fais même une joie à l'idée d'avoir des enfants.

Jackie éprouva un brusque et profond sentiment de panique.

— Il y aurait un petit détail à gérer, cependant, poursuivit Paul, qui la tenait toujours serrée contre lui. Tu ne pourrais pas garder ton travail, si tu tombais enceinte.

— Pourquoi ? s'exclama-t-elle en le regardant d'un air stupéfait. Des tas de femmes le font. Nous avons plein d'inspecteurs qui prennent leur congé de maternité.

Paul crispa la mâchoire et arbora cet air déterminé qui signifiait généralement qu'il n'y avait pas là matière à discuter.

— Des tas de femmes le font peut-être ; cela ne veut pas dire pour autant que c'est bien.

— Tu ne crois pas que ton attitude est un peu vieux jeu ? remarqua Jackie, essayant de s'exprimer de la manière la plus naturelle possible. Sans parler de l'arrogance.

— Je ne suis pas du tout arrogant. J'estime simplement

qu'une femme sur le point d'accoucher ne devrait pas continuer à exercer un métier où elle risque de se faire tirer dessus.

Jackie ouvrit la bouche, prête à protester, mais elle se ravisa brusquement. Paul avait glissé les mains sous ses vêtements et posé les doigts sur la cicatrice qu'elle avait sur le ventre, là où elle avait été blessée, l'été précédent. Pour Paul, ces cicatrices représentaient un rappel constant des dangers qu'elle courait chaque jour.

— Bon, nous n'allons pas passer notre week-end à nous disputer au sujet d'une situation qui ne se produira peut-être jamais, déclara-t-elle brusquement, en se dégageant.

— Comme tu voudras. Tu as apporté des bonnes choses à manger ?

— Plein. Viens voir.

Ils sortirent dans le décor blanc et bleu, immobile, de cette matinée d'hiver, et marchèrent vers la maison, bras dessus, bras dessous, en bavardant gaiement.

Mais un poids pesait sur le cœur et l'esprit de Jackie, voilant son bonheur. Et elle sentait confusément que, tôt ou tard, il leur faudrait en parler.

La crise éclata plus vite qu'elle ne l'avait imaginé, à un moment où elle n'y pensait guère, bouleversant d'un seul coup toutes les données de leur relation.

C'était juste avant minuit. Ils étaient étendus tous deux dans le grand lit de cuivre, bras et jambes emmêlés, épuisés, et contents.

Jackie fit rouler sa tête sur l'oreiller et contempla le profil de son amant. Elle tendit la main et fit glisser son index sur l'arête de son nez, puis sur ses lèvres, avant d'enfouir ses doigts dans la toison brillante de sueur qui couvrait son torse.

— Délicieux, murmura-t-elle contre son épaule. Tu es un homme délicieux.

Il sourit et caressa la hanche nue de la jeune femme.

— Tu n'as pas mauvais goût non plus, répondit-il d'une voix rauque.

Elle poussa un soupir et s'étira voluptueusement sur le lit, avant de se presser contre le corps de Paul, de tout son long.

Il la souleva et la renversa sur lui, et Jackie enfouit son visage dans son cou, heureuse de sentir la solidité de ce corps ferme sous elle.

Paul continuait de la caresser, faisait courir ses mains sur le dos de la jeune femme, touchait sa taille et suivait les courbes des fesses et des cuisses.

— Paul, chuchota Jackie, glissant une main entre eux pour le toucher à son tour.

— Mm ?

Elle sourit de le sentir durcir entre ses doigts.

— Quel homme ! Tu es déjà prêt à recommencer.

— Pas tout à fait. Mais si tu continues, ni toi ni moi n'allons dormir, cette nuit.

— J'arrête tout de suite, promit-elle en caressant le membre engorgé.

— C'est ça ! s'esclaffa-t-il.

Il rit et la serra contre lui, puis il la fit glisser sur le lit et se pencha pour lécher la pointe de son sein. Jackie poussa un soupir et l'attira plus fort contre elle.

— J'adore être avec toi, dit-elle. Si seulement nous pouvions dormir ensemble toutes les nuits.

Paul prit le sein de la jeune femme dans sa main et la regarda droit dans les yeux.

— Moi aussi, j'aimerais ça. Qu'est-ce qui nous en empêche ?

— Eh bien…

— Oui ?

— J'ai oublié la question, fit Jackie, se soulevant sur un coude pour poser un baiser sur le torse de son compagnon.

Mais il la prit par les épaules et l'attira de nouveau dans ses bras, doucement, mais fermement.

— Pas maintenant, dit-il. Je veux que nous parlions.

— Oh, Paul, ce n'est pas le moment de discuter, protesta Jackie.

— Si, je crois que c'est le moment, répondit ce dernier, sur un ton qui alerta Jackie.

Elle lui jeta un coup d'œil nerveux. Paul la serra contre lui et elle se nicha au creux de ses bras, afin de ne pas avoir à regarder son visage.

— Je veux t'épouser, Jackie.

— Je sais, murmura-t-elle. Nous sommes tombés d'accord sur le fait que nous allions nous marier bientôt, dès que ce serait possible.

— Et c'est prévu pour quand, ce possible ? Qu'est-ce qui nous empêche de le faire demain, puisque nous le voulons tous les deux ?

— Allons, ce n'est pas si simple. Il faut d'abord régler un certain nombre de questions.

— Lesquelles ?

— Des questions d'ordre pratique, répliqua Jackie avec impatience. Comment je m'organiserai dans mon travail, ou comment je ferai pour aller et venir quand le temps sera mauvais, ou encore, comment fera-t-on pour me joindre en cas de besoin, alors qu'il n'y a pas le téléphone, ici…

— Et comment comptes-tu résoudre ces problèmes ? l'interrompit Paul. Tu veux qu'on transporte le ranch vingt kilomètres plus près de la ville ?

— Tu auras le téléphone, au printemps, répondit Jackie, se jetant sur cette idée avec soulagement. Nous pourrions peut-être nous marier à ce moment-là.

— Pardon, fit-il sur un ton très posé. Je n'attendrai pas jusqu'au printemps.

Jackie se dégagea et le considéra d'un air incrédule.

— Tu… Comment ça ? « Tu n'attendras pas jusqu'au printemps. » C'est à prendre ou à laisser ? C'est ça ?

— Absolument. Tu veux savoir pourquoi ?

— Pourquoi ? demanda-t-elle avec raideur.

— Parce que, une fois le printemps venu et le téléphone installé, tu trouveras une nouvelle excuse. Tout ça n'a rien à voir avec le téléphone ou le fait que le ranch est perdu au milieu de nulle part. Tu le sais très bien, et je le sais aussi.

Jackie eut un frisson de froid, d'un seul coup, et elle sortit du lit pour aller enfiler sa chemise de nuit. Puis elle s'installa dans le rocking-chair et remonta ses genoux contre elle, y posant son menton.

— Nous savons très bien ce qui se passe, reprit Paul en la regardant.

— Non, répondit la jeune femme avec un soupir de lassitude. Je ne sais pas ce qui se passe. Si tu me le disais, puisque tu as l'air tellement averti ?

Paul se leva à son tour pour enfiler un T-shirt et un caleçon. Puis il s'assit au bord du lit et la considéra attentivement. Jackie croisa son regard, un moment, et détourna les yeux.

— La vérité, c'est que tu ne veux pas te marier, reprit-il finalement. Tu te contenterais très bien de la relation telle qu'elle est aujourd'hui ; on se voit, de temps en temps, on couche ensemble, et ça s'arrête là. Tu as peur de t'engager pour la vie, Jackie. Tu préférerais que les choses continuent comme elles sont ; chacun chez soi pendant la semaine — tu as ton univers, j'ai le mien —, et on se retrouve le week-end.

— Je n'ai peur de rien du tout, répondit Jackie, le regard tourné vers la fenêtre. Simplement, ce n'est pas pratique, en ce moment.

— Pas pratique, répéta-t-il. Je vois. Tu te préoccupes davantage de ce qui est pratique que de définir notre relation et de décider du reste de nos vies. C'est bien ça ?

Jackie se tourna de nouveau vers lui, piquée au vif par son sarcasme.

— Ecoute, ce n'est pas la peine de me parler sur ce ton. Je ne vois pas ce qu'il y a de mal à se montrer réaliste et raisonnable. Je n'ai aucune intention de quitter mon travail, pas plus que tu ne vas vendre ce ranch et retourner en ville. En d'autres termes, nous avons des problèmes à régler.

— Ils pourraient être réglés en dix minutes, si tu voulais bien faire un effort.

— Et je n'en fais pas, à ton avis ?

— Non, pas vraiment, répliqua-t-il en la regardant droit dans les yeux. Je pense que tu as peur.

— Foutaises !

Elle pressa son visage contre ses genoux.

— Jackie, voyons.

Il se leva et alla s'agenouiller devant le rocking-chair.

— Ne nous disputons pas, ma chérie. Je t'aime. Marions-nous et nous réglerons les problèmes au fur et à mesure qu'ils se présentent.

Mais Jackie, le visage toujours enfoui, secoua la tête. Elle était incapable de prononcer un seul mot.

— Très bien, fit-il au bout d'un moment en retournant sur le lit. Viens ici, tu commences à trembler. Je veux encore te dire quelque chose, et ensuite, on abandonnera le sujet.

Jackie hésita, puis s'avisa qu'en effet, il commençait à faire très froid dans la pièce. Elle se leva, à contrecœur, et le rejoignit dans le lit, mais en gardant bien ses distances.

— Je veux te proposer un marché, reprit Paul.

— Quel genre de marché ? demanda-t-elle, après un bref et lourd silence.

— Je te donne jusqu'à Noël, répondit-il en la regardant. Soit un peu moins de trois semaines.

— Pour quoi faire ?

— Prendre une décision en ce qui concerne notre mariage. En attendant, nous n'en parlerons plus. Tu peux rentrer chez toi et réfléchir. A Noël, tu me donneras ta réponse.

— Et puis ? demanda Jackie.

— Si tu veux bien m'épouser, nous le ferons aussitôt et nous nous occuperons des problèmes ensuite.

— Et si je ne veux pas me marier ?

— Alors, ce sera fini entre nous. Je ne veux pas continuer comme ça jusqu'à la fin de mes jours. C'est trop douloureux et trop désorganisé.

Jackie était tellement scandalisée qu'elle se redressa brusquement.

— Un ultimatum ? cria-t-elle. Tu me donnes un ultimatum ?

— Oui, Jackie, c'est ce que je fais. Nous sommes ensemble depuis presque deux ans. Je suis plus près des quarante ans que des trente, et bientôt, tu le seras aussi. Si nous voulons construire une vie et une famille ensemble, il faut nous y mettre.

— Je n'arrive pas à croire que tu es prêt à rompre notre relation pour une chose pareille, dit la jeune femme d'une voix tremblante. Tu vas tout foutre en l'air, simplement parce que tu n'arrives pas à obtenir ce que tu veux, quand et comme tu l'as décidé.

— Ce n'est pas ce que tu es en train de faire, toi ?

— Je ne ramène pas sans arrêt le sujet sur le tapis.

— Forcément. Tu es bien trop occupée à l'éviter.

— Oh, Paul, murmura-t-elle. Pour l'amour du ciel.

Il tendit les bras et l'attira contre lui. Jackie se laissa faire, mais de mauvaise grâce, le corps raide.

— Dormons, murmura Paul. Il ne sert à rien de discuter plus longtemps.

— Tu es vraiment sérieux ? demanda-t-elle. Au sujet de cet ultimatum ?

— Oui, Jackie, je suis sérieux. Il va falloir que tu prennes certaines décisions.

13.

Paul ne fit aucune allusion à leur dispute, le lendemain matin, et Jackie non plus. Ils prirent leur petit déjeuner et sortirent pour achever certains travaux commencés la veille, après quoi ils revinrent déjeuner et passèrent l'après-midi à tapisser la salle à manger.

Ils réussirent même à parler et à rire presque normalement. Mais l'ultimatum de Paul planait entre eux, comme un vautour dans un ciel nuageux. Et lorsque Jackie annonça, aussitôt après le dîner, qu'elle allait rentrer en ville, Paul n'essaya pas de la faire changer d'avis.

Il alla se planter devant la fenêtre et regarda dehors.

— Ce n'est pas une mauvaise idée, déclara-t-il simplement. On dirait qu'une tempête se prépare.

Jackie se rendit dans la chambre et fit son sac. Puis, prenant son gros blouson fourré, elle rejoignit Paul devant la porte de la cuisine. Ce dernier s'appuya contre la voûte menant à la salle à manger.

— Tu vas pouvoir te débrouiller tout seul pour finir ? demanda Jackie.

Paul eut un sourire sans joie.

— Je peux toujours me débrouiller, Jackie. Je suis comme toi, ne l'oublie pas. J'ai passé ma vie à tout faire seul.

La jeune femme baissa les yeux vers ses bottes qu'elle avait laissées là et se pencha brusquement pour les enfiler, bien consciente qu'ils ne parlaient pas seulement de coller du papier peint. La gorge serrée, elle ravala farouchement les larmes qui menaçaient, déterminée à ne pas pleurer devant lui.

— J'irais bien t'embrasser, mais j'ai déjà enfilé mes bottes, déclara-t-elle sur un ton qu'elle voulait le plus naturel possible.

Aussitôt, il traversa la cuisine et la prit dans ses bras, la serrant très fort contre lui. Elle poussa un soupir et s'abandonna à la chaleur de cette étreinte, le cœur empli de plaisir et de tristesse à la fois.

Elle savait que ce moment était peut-être un des derniers qu'ils passaient ensemble…

Un peu plus tard, Jackie débouchait sur la voie express et se mêlait au flot de la circulation en direction de la ville. Pas un instant, depuis qu'elle avait quitté le ranch, elle n'avait cessé de penser à l'ultimatum de Paul.

Etait-il vraiment sérieux ? Avait-il réellement l'intention de mettre sa menace à exécution, et de rompre leur relation, si elle refusait de l'épouser ?

A cette seule pensée, Jackie était envahie par l'angoisse et la peur.

L'idée qu'elle ne reverrait peut-être plus le visage de Paul, qu'elle ne toucherait plus sa joue, sa poitrine, qu'elle n'aurait plus ses bras autour d'elle ; l'idée qu'ils ne se retrouveraient plus autour d'une table, ne riraient plus ensemble, ne marcheraient plus, à la tombée du jour, autour du ranch, ne feraient plus l'amour au clair de lune, dans le grand lit défait, qu'elle ne sentirait plus son corps puissant aller et venir en elle, emplissant son univers de joie et de tendresse… vraiment, une telle perspective était insupportable.

— Et merde ! marmonna-t-elle en s'essuyant les yeux.

Elle envisagea de se rendre au poste de police afin de se changer les idées. Il n'y aurait personne, à cette heure-là, un dimanche soir. Elle pourrait jeter un coup d'œil dans l'ordinateur central, pour voir s'il y avait du nouveau au sujet de John Stevenson.

Mais elle n'avait pas pris la clé lui permettant de désactiver le système d'alarme ; celle-ci était dans le tiroir de sa table de chevet, avec son arme.

Elle pouvait toujours rentrer chez elle, la prendre et retourner au poste. Elle n'était pas particulièrement pressée de se retrouver seule dans son appartement vide.

Finalement, comme elle passait dans le quartier de Franklin Park, elle décida de faire un crochet et s'arrêta devant la maison de Carly Stevenson.

Tout avait l'air en ordre. La porte du garage était fermée, les guirlandes lumineuses clignotaient sagement le long du toit, et les allées avaient été déblayées.

John Stevenson était-il rentré au bercail ? Peut-être était-il revenu à la raison. Cela représenterait un énorme gain de temps et de souffrance pour toutes les personnes concernées.

Jackie jeta un coup d'œil dans le rétroviseur, afin de s'assurer qu'aucune trace de larme ne striait son visage. Puis elle sortit de voiture, marcha jusqu'à la porte d'entrée, et sonna. La pensée que John Stevenson était peut-être rentré suffisait à lui mettre un peu de baume au cœur ; il était temps, après tout, que la vie se montre un peu clémente pour quelqu'un.

Et puis, elle était vraiment impatiente de demander à John Stevenson ce qu'il savait au sujet de son ancien employeur et, éventuellement, au sujet de la mort de la petite Angela.

Hélas, son bel optimisme s'évanouit dès que la porte s'ouvrit. La petite Caitlin se tenait sur le seuil, la regardant d'un air effrayé.

— Caitlin ? cria une voix nerveuse. Qui est-ce ? Chérie, ne reste pas là. Je t'ai dit de ne pas…

Carly apparut et saisit l'enfant par les épaules, la tirant brusquement en arrière. Quand elle reconnut Jackie, elle s'affaissa contre le chambranle de la porte d'un air soulagé.

— Dieu merci, chuchota-t-elle. J'ai cru que c'était…

— Qui ? demanda Jackie en entrant.

— Je ne sais pas, répondit Carly.

Elle paraissait avoir encore maigri et ses mains tremblaient affreusement.

Elle était en train de craquer.

Jackie la regardait, ne sachant que dire, lorsque les jumelles firent irruption dans la pièce, toutes nues. L'une d'elles, armée d'un pistolet à eau en plastique vert, envoyait des giclées à sa sœur avec des éclats de rire hystériques, auxquels la deuxième répondait en hurlant.

Carly se couvrit les oreilles avec ses mains et s'appuya contre le canapé, les yeux fermés.

Lavonne Dermott, la voisine, arriva à son tour, de sa

démarche nonchalante, et saisit les jumelles par un bras. Elle les secoua brièvement, avant de les entraîner hors de la pièce. Les deux gamines jetèrent des regards du côté de leur mère, comme pour l'appeler à leur secours, mais celle-ci les ignora.

Caitlin s'approcha doucement de sa mère et lui toucha la main, d'un geste timide.

— Je vais voir Patrick, chuchota-t-elle. Il est dans son parc. Je crois que les garçons l'embêtent.

En effet, Jackie entendait les cris de frustration du bébé, quelque part dans la maison, et des rires d'enfants qu'elle attribua aux deux petits garçons de Lavonne.

Carly hocha la tête en se forçant à sourire.

— Merci, ma chérie. Veille à ce qu'ils ne lui fassent pas de mal, d'accord ?

Quand elles furent seules, Jackie glissa un bras autour des épaules de Carly et l'entraîna vers le canapé, s'asseyant à côté d'elle.

— Je n'étais pas là, ce week-end, expliqua-t-elle. Que s'est-il passé ?

— Je...

Carly déglutit péniblement.

— J'ai reçu des coups de téléphone.

— De votre mari ?

— Non ! s'exclama la jeune femme d'un air choqué. Pas John ! Cet appel était horrible. Ils ont dit que... qu'ils allaient... qu'ils allaient tuer le bébé... faire du mal aux filles...

Elle s'étrangla et se mit à gémir doucement, en se balançant d'avant en arrière.

— Vous avez pu garder ces appels ? demanda Jackie. Ils sont sur votre répondeur ?

Carly secoua la tête.

— Il n'y en a eu que deux, au milieu de la nuit. Le premier m'a réveillée. La deuxième fois, j'ai décroché, mais il n'y avait personne au bout du fil. En tout cas, ils n'ont rien dit.

— C'était quand ?

— La nuit dernière.

— A quoi ressemblait la voix ? C'était celle d'un homme ou d'une femme ?

— Je ne sais pas. C'était comme un chuchotement rauque.

— Qu'a dit cette voix exactement ? demanda Jackie, tenant toujours la jeune femme qui tremblait comme une feuille.

— Que je devrais faire mes paquets et partir, qu'ils allaient découper mon bébé en morceaux et…

Carly s'interrompit de nouveau et eut un frisson nerveux.

— Il a dit qu'on violerait mes petites filles, reprit-elle. Il a dit qu'il y avait des gens qui aimaient violer les petites filles, et que c'était dommage parce que, généralement, les enfants en mouraient. C'est ce qu'il a dit, ajouta-t-elle, sa voix montant d'une octave, tandis qu'elle essayait d'imiter la personne qui l'avait appelée. « C'est dommage qu'elles meurent presque toujours. Elles sont si petites, vous comprenez. Je veux dire… à l'intérieur. »

— Salopard, murmura Jackie.

Elle marqua une pause, avant de reprendre :

— Vous avez dit « il » plusieurs fois. Vous pensez donc qu'il s'agit d'un homme ?

— Je suppose, répondit Carly en se tordant les mains. Je n'imagine pas qu'une femme soit capable de pareilles horreurs.

— Et il s'agit aussi d'une personne qui connaît vos enfants et qui sait que votre mari est parti. Non ?

— Je suppose, répéta la jeune femme. Il m'a appelée Carly et il a ajouté qu'il fallait que je m'en aille.

Elle leva les yeux, le visage marbré de taches rouges.

— J'ai essayé de vous téléphoner, même au milieu de la nuit, mais vous n'étiez pas chez vous.

— Je suis désolée, dit Jackie en la serrant de nouveau contre elle. Alors vous avez appelé le poste, comme je vous l'avais conseillé ?

— Non, répondit Carly. Je ne voulais pas embêter quelqu'un que… que je ne connais pas. J'ai préféré m'adresser à Lavonne. Elle a amené ses gosses et elle est venue s'installer ici. Elle va rester quelques jours, pour que je ne sois pas seule.

Au même instant, comme si elle venait d'entendre son nom, la voisine de Carly apparut de nouveau sur le seuil de la pièce, tenant une des jumelles dans ses bras. L'enfant portait un pyjama rose et elle avait l'air bien sage.

— Elles veulent une histoire de leur maman, déclara Lavonne, avec un rire rauque. Il paraît que mes histoires ne sont pas bien.

Carly se leva aussitôt et prit l'enfant des bras de sa voisine. Emily enroula ses petits membres autour du corps de sa maman, enfouissant son visage au creux de son cou.

Cette dernière lui caressa le dos et murmura quelques mots à son oreille.

La fillette dans les bras, Carly avait retrouvé une assurance, une compétence. Visiblement, la responsabilité de ses enfants était la seule chose qui lui permettait de tenir le coup, songea Jackie en l'observant.

— Je vais les border, dit Carly à l'adresse de Lavonne. Caitlin s'occupe des autres.

— D'accord, répondit Lavonne en haussant les épaules.

Elle se percha sur le bras du canapé, les yeux fixés sur Carly qui quittait la pièce. Puis elle fit un clin d'œil complice à Jackie et tira un paquet de cigarettes et un briquet de la poche de son pantalon de jogging.

— Carly n'aime pas que je fume ici, expliqua-t-elle en baissant la voix. Mais je ne vais tout de même pas aller m'asseoir dans la neige chaque fois que j'ai besoin de fumer une petite clope, pas vrai ?

Jackie la regarda tandis qu'elle allumait une cigarette.

— Je suppose que ce n'est pas très bon pour les enfants, remarqua-t-elle.

— Sans doute, commenta Lavonne en jetant la tête en arrière pour exhaler une longue colonne de fumée.

Ses cheveux blonds étaient emmêlés et ses vêtements froissés, pas vraiment propres. Mais elle portait beaucoup de maquillage et, en l'observant de plus près, Jackie constata que le fond de teint dissimulait des marques d'acné.

— Alors vous allez passer un moment chez Carly, dit-elle.

Elle se demandait de quoi les deux femmes pouvaient bien parler, quand elles se retrouvaient seules.

— Je n'ai pas vraiment le choix, répondit Lavonne. La pauvre, elle est morte de trouille.

— Vous avez une idée de l'endroit où se trouve John Stevenson ?

Lavonne s'efforça d'arracher un bout de peau, sur un de ses orteils, en tirant dessus avec ses ongles vernis de rouge foncé.

— A mon avis, il est mort, marmonna-t-elle.

Jackie écarquilla les yeux, stupéfaite.

— Mort ? Pourquoi dites-vous ça ?

Lavonne eut un haussement d'épaules.

— Parce que sinon, il serait ici, chez lui. Vous n'imaginez pas le genre d'homme qu'il est.

— Si vous me disiez le genre d'homme qu'il est…, suggéra Jackie.

Lavonne la considéra un instant et tira une bouffée de sa cigarette.

— Ce brave Johnny est un citoyen, un mari et un père de famille modèle, déclara-t-elle en ponctuant ses paroles d'un geste de la main.

— Vous ne croyez pas qu'il puisse avoir une vie secrète ?

— John Stevenson ? s'exclama Lavonne avec un rire rauque. Il n'a même pas une vie secrète dans sa tête. Je parie qu'il fait partie des gens qui pensent que le seul fait de nourrir des pensées lubriques est un péché. Croyez-moi, il est coincé, honnête, et sincère à en vomir. C'est le type le plus ennuyeux que j'aie jamais rencontré. Si je m'allongeais dans mon jardin en Bikini et qu'il était en train de tondre la pelouse, il se dépêcherait d'aller de l'autre côté pour éviter de me voir.

— Et il aime Carly ?

— Il est fou d'elle. Ça crève les yeux, quand on les voit ensemble. Son visage devient tout doux et ses épaules s'élargissent, vous savez ? Carly n'a pas vraiment le genre pour susciter des sentiments pareils, mais bon, tous les goûts sont dans la nature, conclut-elle avec une grimace comique.

— Autrement dit, vous ne pensez pas qu'il existe des circonstances susceptibles de le faire déserter volontairement sa famille ?

— Ça non, alors ! Pour lui, cette petite maison, Carly et les gosses représentent l'univers tout entier. C'est un type comme on en voit dans les films ; il mourrait pour protéger les siens.

Jackie jeta un coup d'œil vers le couloir et se pencha en avant, pour demander à voix basse :

— Alors, s'il est mort, ou blessé, quelque part, et dans l'incapacité de rentrer chez lui, qui menace Carly, à votre avis ?

Lavonne haussa de nouveau les épaules.

— Allez savoir. Peut-être un fou qui pense que Carly a du fric, répondit-elle, avant d'ajouter : à moins qu'elle soit en train de tout imaginer.

— Vous la croyez capable de…

— Maman ! hurla un enfant.

Un des fils de Lavonne se rua dans la pièce. Son nez coulait et il s'essuyait d'un revers de manche. Lavonne eut une grimace de dégoût et prit un mouchoir en papier dans sa poche, avant d'attraper son fils pour lui nettoyer le visage.

— Que se passe-t-il ? demanda-t-elle en le secouant.

— Caitlin m'a donné un coup de pied ! cria le garçon. Drôlement fort.

— Eh bien, tu devais le mériter, répliqua sa mère calmement. Tu étais encore en train d'embêter ce pauvre bébé ?

L'enfant se détourna et considéra Jackie d'un air renfrogné, tandis que celle-ci se levait et prenait son manteau.

— Vous voudrez bien dire à Carly que je suis partie ?

— Pas de problème, répondit Lavonne. Et tâchez de retrouver notre bonhomme, d'accord ? J'aimerais bien pouvoir rentrer chez moi avec mes gosses. Je commence à en avoir marre de ces bagarres.

— Je suis sûre que Carly en a assez, elle aussi, répondit Jackie sur un ton neutre.

— Oh, sans aucun doute, riposta Lavonne, la mine moqueuse.

Jackie croisa son regard et le soutint sans ciller. Le garçon continuait de la fixer, lui aussi, sans cesser de renifler.

— Retrouvez ce couillon, reprit Lavonne, avant qu'il n'arrive vraiment quelque chose de grave.

— Nous faisons notre possible, répondit Jackie.

Elle quitta la maison et rentra chez elle, où elle trouva un message de Karl Widmer sur le répondeur.

« J'ai un truc vraiment intéressant pour vous, inspecteur, disait-il. Ou du moins, j'aurai ça demain après-midi. Retrouvez-moi à notre café, en ville, à 16 heures, d'accord ? »

Jackie réprima un geste d'humeur. Pour qui se prenait-il, à la fin, à imaginer qu'elle allait déranger son emploi du temps pour lui, en plein après-midi ?

Elle chercha la carte de visite du journaliste et composa son numéro personnel. Ce fut le répondeur qui se déclencha.

Après avoir écouté la voix invitant l'interlocuteur à laisser un message, elle raccrocha et alla prendre sa flûte.

Elle s'installa en tailleur sur le canapé, les yeux fixés sur la baie vitrée et, tandis qu'elle regardait tomber la neige, elle joua les premières notes d'un morceau de Vivaldi, s'efforçant de ne penser à rien d'autre qu'à la musique.

14.

Le professeur d'aérobic hurla quelque chose qui fut noyé par les battements assourdissants de la musique. Jackie avait les yeux fixés sur la jeune femme et, soufflant, haletant, elle s'efforçait de sauter et de bouger en rythme, mais chaque fois qu'elle réussissait à maîtriser un enchaînement, celui-ci changeait. Autour d'elle, le reste de la classe suivait à peu près.

Elle fronça les sourcils, prit son air têtu, et regarda fixement les pieds du professeur qui paraissaient voler. Si tout le monde pouvait le faire, il n'y avait pas de raison qu'elle n'y arrive pas.

— A droite, à gauche, et talon, et pointe, devant, derrière… Et maintenant, par deux, hurla la femme.

Jackie poussa un juron, des gouttes de sueur coulant dans ses yeux. Elle s'entraînait régulièrement, dans la salle de sport installée au sous-sol du commissariat, mais presque toujours seule, avec des poids, et sur le tapis de jogging. Ce cours d'aérobic intensif était une tout autre histoire.

Le professeur était une petite femme brune, musclée, qui devait friser la quarantaine ; elle arborait un bermuda de cycliste noir sous un justaucorps à rayures, et montrait les mouvements sans paraître le moins du monde essoufflée ou fatiguée. Le reste de la classe, en revanche, peinait visiblement.

Enfin, tout le monde, sauf Norine Burkett, songea Jackie en jetant un coup d'œil vers la jeune femme blonde près du miroir, au bout de la salle.

Norine portait un caleçon et un justaucorps jaunes et, dans ses cheveux, un bandeau vert pâle. On aurait dit une jonquille flottant dans le vent, tandis qu'elle bondissait en rythme, le dos bien droit, apparemment sans effort. Seul son visage trahissait une grande concentration.

La dernière fois que Jackie l'avait vue, c'était aux funérailles de sa fille, deux jours plus tôt ; l'expression de Norine n'avait pas changé depuis. Elle avait toujours cet air composé et distant, comme si toute son attention était braquée sur quelque objectif personnel, et invisible pour le reste du monde.

— On pousse ! cria le professeur, par-dessus la musique. Allez, on se réveille !

Jackie poussa un soupir et redoubla d'efforts pour maintenir le rythme, se demandant si elle aurait encore assez de souffle pour parler avec Norine Burkett après la classe.

Mais elle s'inquiétait pour rien. En effet, dès que la musique cessa, Norine se dirigea vers les vestiaires et disparut dans une des cabines de douche.

Jackie se dépêcha d'attraper son shampooing et prit la cabine voisine. Elle se savonna rapidement, tout en écoutant le jet d'eau qui continuait à couler à côté. Au bout d'un moment, elle sortit, une serviette enroulée autour du corps, et se frotta les cheveux avec une autre, plus petite.

Sans quitter des yeux la cabine de douche de Norine, elle

se sécha et enfila prestement son pantalon et son chemisier, songeant que si elle était habillée et que l'autre femme ne l'était pas, elle aurait l'avantage psychologique.

Elle avait laissé son arme dans la boîte à gants de la voiture et, comme toujours lorsqu'elle se trouvait dans un lieu public, elle se sentait plus nue, sans son revolver, que si elle n'avait pas porté de vêtements.

Elle prit un sèche-cheveux dans son sac, le brancha et entreprit de se coiffer, l'œil toujours fixé sur la cabine de douche.

Mais Norine Burkett n'en émergeait toujours pas. La plupart des autres femmes avaient eu le temps de se laver, de s'habiller et de s'en aller, et le vestiaire commençait à se remplir de nouveaux membres, venus pour la classe suivante.

« Qu'est-ce qu'elle fiche, là-dedans ? se demanda Jackie avec impatience. Elle s'épile les jambes ? »

Enfin, Norine sortit, une serviette enroulée étroitement autour de son corps mince, et une autre attachée sur sa tête comme un turban.

Jackie croisa son regard et y vit briller une étincelle de colère.

« Elle m'a reconnue, se dit-elle, surprise. Elle savait que j'étais là. C'est pour ça qu'elle a mis du temps. Elle espérait que je m'en irais. »

— Bonjour, lança-t-elle, s'asseyant sur le banc pour enfiler ses chaussettes. Ce cours d'aérobic est drôlement brutal, hein ?

Norine ôta la serviette enroulée autour de sa tête et se frotta les cheveux. Même sans maquillage, elle était belle.

Son visage était translucide, ses traits finement ciselés, avec d'immenses yeux bleus sous des sourcils si pâles qu'ils en devenaient presque invisibles.

Elle se débarrassa de la serviette qui couvrait son corps et la jeta de côté, se tenant nue devant son casier. Elle était très mince, avec une morphologie un peu garçonne, sans un seul gramme de graisse en trop.

Elle paraissait n'être absolument pas consciente de la présence de Jackie, tandis qu'elle enfilait un soutien-gorge de sport et une culotte de coton blanc. Puis elle passa un long T-shirt mauve qui la couvrait jusqu'aux fesses.

Des accords de musique pénétraient régulièrement par la porte menant à la salle, au fur et à mesure que les femmes se rendaient au cours suivant. Bientôt, Norine Burkett et Jackie furent seules, à l'exception de deux adolescentes qui gloussaient devant le miroir, en échangeant des articles de maquillage.

Jackie observait sa voisine à la dérobée, tandis que celle-ci finissait d'enfiler un caleçon mauve et sortait son sèche-cheveux ; elle hésita un moment, essayant de décider de la meilleure méthode pour l'aborder. Finalement, elle opta pour la manière directe.

— Je ne sais pas si vous vous souvenez de moi, dit-elle en mettant sa veste. Je suis passée chez vous la semaine dernière. Mon nom est Jackie Kaminski.

— Je me souviens, répondit Norine.

Elle lui jeta un regard bref, mais chargé de mépris ; en une fraction de seconde, elle avait paru la jauger de la tête aux pieds et, d'un coup, Jackie se sentit fripée, mal fagotée.

Mais elle ne pouvait se laisser intimider par la froideur

distante de Mme Burkett, ou elle aurait perdu tout son après-midi — sans compter l'énergie et la sueur gâchées pendant ce cours d'aérobic infernal.

— Une de mes amies m'a recommandé cette classe, reprit-elle, levant la voix pour se faire entendre par-dessus le ronflement du sèche-cheveux de Norine. D'ailleurs, vous la connaissez sûrement. Elle s'appelle Adrienne Calder.

Cette fois, elle avait réussi à accrocher l'attention de son interlocutrice, car celle-ci coupa son sèche-cheveux et la considéra d'un air stupéfait.

— Adrienne est votre amie ? demanda-t-elle en arquant un sourcil d'un air sceptique.

— Oui, répondit Jackie, comme Norine allumait de nouveau son sèche-cheveux. Je lui ai dit que je cherchais un bon cours d'aérobic, enchaîna-t-elle, mais finalement, je préférerais une classe qui a lieu plus tard dans la journée. J'ai pensé que vous pourriez peut-être me donner votre avis sur celle du lundi soir ?

— Quelle classe du lundi soir ? demanda Norine en coupant son sèche-cheveux pour inspecter sa coiffure dans le miroir.

— J'ai cru que…

Jackie arbora un air confus.

— Il me semble pourtant que quelqu'un m'a dit que vous alliez à la gym, le lundi soir.

Norine considéra le reflet de Jackie dans le miroir. Puis elle se pencha pour rassembler ses effets et les fourra dans son sac de sport avec des gestes brusques. Enfin, elle se redressa et prit le chemin de la sortie.

— Madame Burkett ? fit Jackie en essayant discrètement de lui bloquer le passage.

Mais Norine la devança, ne manquant pas l'occasion de lui envoyer son sac dans les genoux, au passage. Comme Jackie lui emboîtait le pas, elle se tourna, la main sur la poignée de la porte, et la foudroya du regard. Après avoir jeté un coup d'œil du côté des deux adolescentes postées devant le miroir, elle se pencha légèrement en avant et murmura :

— Allez vous faire foutre, inspecteur.

Et elle sortit en claquant la porte.

Karl Widmer était installé à la même table que la dernière fois, en train de fumer un cigarillo. Dès qu'il aperçut Jackie, il l'écrasa dans le cendrier et sourit, faisant signe à la jeune femme de s'asseoir.

— Vous êtes encore plus belle que d'habitude, inspecteur, déclara-t-il. Positivement radieuse.

Jackie lui répondit par un sourire sec et s'assit en face de lui.

— Je viens juste de prendre un cours d'aérobic pour le moins revigorant.

— Ah, commenta-t-il avec un hochement de tête. Et vous avez eu l'occasion de parler avec cette chère Mme Burkett ?

— Hmm, si on peut appeler ça parler.

La serveuse s'arrêta devant leur table et Jackie commanda un thé au citron. Puis elle reprit :

— Elle m'a dit d'aller me faire foutre.

— La pauvre mère affligée. Elle est manifestement dévastée par la douleur.

— Comme vous dites.

— Est-ce qu'elle conduisait sa jolie petite voiture de sport rouge ?

— Non. Je l'ai suivie jusqu'au parking, et elle s'est installée au volant d'une belle Land Rover noire. Cette voiture me coûterait près de deux ans de salaire.

Widmer pouffa de rire.

— Quelle amertume ! C'est votre passé de gosse des rues qui ressort, Jackie. Il ne faut pas être jalouse des riches, comme ça. Cela détruit cette fameuse objectivité de la police qui est si importante.

Jackie réprima un geste d'irritation, s'avisant brusquement qu'il cherchait à la provoquer.

— Alors, comment s'est passé votre week-end à la campagne ? demanda Widmer à brûle-pourpoint. Votre petit ami devait être content de vous voir.

Jackie croisa le regard de son interlocuteur, refusant de se laisser aller à penser à Paul. C'était trop douloureux. Elle réfléchirait à l'ultimatum de son amant plus tard. Pour le moment, elle devait se concentrer sur son travail.

— Mon petit ami est toujours content de me voir, dit-elle.

— Le veinard, murmura Widmer, se renversant sur sa chaise et laissant son regard se perdre par la fenêtre.

— Si j'en crois votre message, vous avez quelque chose pour moi, reprit Jackie.

— En effet.

Il prit une enveloppe blanche dans sa poche et la posa sur la table.

Jackie la considéra un instant, avant de demander :

— Que contient-elle ?

Widmer sourit et couvrit l'enveloppe de sa main.

— Chaque chose en son temps, Jackie. D'abord, c'est votre tour.

— Mon tour de quoi faire ?

— Nous sommes partenaires, tous les deux. Alors, avant de vous montrer ce qu'il y a dans cette enveloppe, je veux que vous me donniez quelques informations.

Jackie hésita. De nouveau, elle était prise du même malaise, et Widmer, qui l'observait, éclata de rire.

— Décidément, à vous voir, on croirait que vous êtes en train d'accepter un pot-de-vin ou bien de commettre un acte ignoble de la même veine. Détendez-vous, Jackie ! Ce que je vous demande fait partie du travail quotidien de la police.

— J'ai toujours préféré me débrouiller seule, répliqua la jeune femme avec raideur.

— Je n'en doute pas un instant, mais je pense que cette fois-ci, vous serez intéressée par ce que j'ai là-dedans.

Jackie considéra encore l'enveloppe.

— Très bien, dit-elle. Que voulez-vous savoir ?

— Deux choses. D'abord, que pensez-vous de Norine Burkett ? En toute franchise.

Comme la serveuse lui apportait son thé, Jackie souleva lentement le couvercle du petit pot en métal, respirant le parfum au citron. Puis elle se servit et sirota son thé, avant de répondre :

— Je pense qu'elle a quelque chose à cacher. Elle doit avoir peur que je découvre son secret, mais je doute que cela me regarde. Le plus probable est qu'elle a un amant, ou un truc de ce genre.

— Vous ne croyez pas qu'elle puisse avoir une quelconque responsabilité dans la mort de sa petite fille ?

Jackie secoua la tête.

— Ce scénario m'a toujours paru assez improbable.

— Dans ce cas, pourquoi elle et son mari se sont-ils murés dans ce silence et refusent-ils de coopérer avec la police ?

— Je n'en sais rien. Ils se montrent prudents. Il est bien connu que les politiciens ont peur de toute publicité qu'ils ne peuvent orchestrer ou contrôler.

— Qu'avez-vous l'intention de faire au sujet de notre petite dame ?

— La laisser tranquille. Je n'ai aucune raison valable de la poursuivre davantage.

— Soit.

Widmer hocha la tête. Puis il hésita, les yeux sur l'enveloppe.

— Et au sujet de Stevenson, le gars qui a disparu ?

Jackie entendit dans son esprit comme une sonnette d'alarme.

— Eh bien ? fit-elle.

— C'est quoi, l'histoire ? Qui est-il et pourquoi s'est-il soudain volatilisé, lundi soir ?

Jackie lui raconta brièvement ce qu'elle savait sur John Stevenson, mettant l'accent sur sa réputation d'employé modèle et de père de famille responsable.

Widmer l'écouta avec attention.

— C'est intéressant, dit-il quand elle eut fini. Vous savez pourquoi il a quitté son boulot aussi brusquement, deux semaines avant de s'évanouir dans la nature ?

— Comment savez-vous qu'il a quitté son boulot ? Widmer secoua la tête d'un air désappointé.

— Jackie, Jackie, murmura-t-il. Vous croyez être la seule à pouvoir entrer dans un bureau et à poser quelques questions à Gladys Wahl ?

— Nom d'un chien, Widmer, j'espère que vous n'avez pas l'intention de me suivre partout et de vous mêler de mon enquête !

— Quand vous verrez ce que j'ai là, répliqua le journaliste sans se laisser décontenancer, vous serez contente que je m'en sois mêlé. Je parie même que vous voudrez m'embrasser, et il faudra que je me débatte, ajouta-t-il avec un sourire.

— Ecoutez, dit Jackie d'un ton las, je suis fatiguée, et je n'ai vraiment pas envie de jouer à des petits jeux avec vous. Alors arrêtez vos conneries, d'accord ?

Widmer reprit aussitôt son sérieux et tira un calepin de sa poche.

— Encore une chose, et je vous laisse ouvrir cette enveloppe, dit-il.

Jackie avala sa tasse de thé et s'en servit une seconde.

— Allez-y, je vous écoute.

— Je veux en savoir un peu plus sur John Stevenson.

— A quel sujet ?

— Peu importe, répondit Widmer en haussant les épaules.

Des trucs au sujet de sa famille, de ce qui l'intéresse. Ce que vous avez.

— Cela reste entre nous ?

— Pour le moment, oui. Ecoutez, je vous ai déjà dit que si je décidais d'utiliser ce que vous me confiez, je vous préviendrais et j'attendrais d'avoir votre assentiment.

Jackie regarda l'enveloppe et leva de nouveau les yeux vers lui.

— Qu'y a-t-il, là-dedans ?

— Croyez-moi, ça vaut la peine que vous collaboriez avec moi.

— D'où est-ce que ça vient ?

— De source sûre.

Jackie poussa un soupir.

— La femme de Stevenson a reçu des menaces, dit-elle enfin. Apparemment, quelqu'un a essayé d'enlever une de ses gosses et on lui a passé des coups de téléphone au milieu de la nuit.

Widmer se pencha en avant, les yeux brillants de curiosité.

— Sans blague, fit-il. Que se passe-t-il, à votre avis ? Cette femme est-elle digne de confiance ?

— Je n'en sais rien, mais elle a l'air vraiment terrifiée.

Jackie secoua la tête.

— Elle adore son mari. C'est vraiment incroyable. Même après tout ce qui s'est passé, elle continue de le défendre. Je ne comprends pas.

— Que voulez-vous dire ?

— Elle semble incapable de nourrir la moindre pensée négative au sujet de cet homme ; et ce, en dépit du fait qu'il soit parti sans dire un mot, la laissant seule avec leurs quatre gosses, fauchée comme les blés, et folle d'inquiétude. Elle persiste à lui trouver des excuses, à dire qu'il doit être blessé, ou avoir des ennuis.

Widmer la considéra d'un air pensif.

— Vous n'avez jamais connu ça, Jackie ? Vous ne savez pas ce que c'est d'éprouver un amour inconditionnel pour quelqu'un ?

— Inconditionnel ? Allons, un peu de sérieux. Quand deux adultes sont concernés, l'amour vient toujours avec son lot de conditions.

— Pas toujours, non.

Widmer détourna de nouveau les yeux vers la fenêtre et, pour la première fois, Jackie se posa des questions sur le passé de cet homme, et sur sa situation personnelle.

— Carly Stevenson est une jeune femme timide, reprit-elle après un silence pesant. Elle est toute douce, mais elle semble habitée par une véritable force intérieure. Et c'est une mère admirable. J'ai vraiment de la peine pour elle. Ce type a été jusqu'à nettoyer leurs comptes en banque ; elle n'a même pas de quoi acheter à manger. Elle se fait un sang d'encre.

Widmer s'adossa à son siège et lui lança un regard amusé.

— Dites-moi le reste, Jackie, fit-il.

— Pardon ?

— Vous lui avez donné de l'argent, n'est-ce pas ? Vous avez sorti un peu de votre salaire si durement gagné pour aider cette petite famille.

Jackie sirota une gorgée de thé, essayant de dissimuler sa gêne.

— Est-ce que je vous ai déjà dit que vous êtes une femme tout à fait remarquable ?

— Ecoutez..., commença-t-elle.

Mais Widmer sourit simplement et saisit l'enveloppe. Il l'ouvrit et en tira plusieurs photographies.

— Ces clichés viennent d'un type qui connaît un de mes amis, dit-il. Il voudrait récupérer un peu de fric de la police, mais ne tient pas à révéler son identité. Alors je joue les intermédiaires.

— Qu'est-ce que c'est ? demanda Jackie avec suspicion.

— Des photos piratées. Le bonhomme en question travaille pour un laboratoire de photos et quand il a vu ce qu'il y avait sur le rouleau qu'il devait développer, il a fait un tirage supplémentaire pour lui.

— C'est du vol, déclara Jackie. Il peut perdre son job et il risque des poursuites judiciaires.

— En effet, acquiesça Widmer, mais ce n'est pas ce qui va se passer, n'est-ce pas, Jackie ? Il va rester incognito, recevoir une petite récompense pour avoir aidé la police et personne n'ira l'embêter.

— Pourquoi avoir fait un tirage supplémentaire ? demanda Jackie.

— Regardez ça, et vous comprendrez.

Widmer lui tendit quelques-unes des photos. On y voyait un homme, debout dans l'encadrement d'une porte. C'était John Stevenson, vêtu d'un jean et d'un gros blouson. Il y avait de la neige fraîche sur ses épaules.

Jackie retourna les clichés pour regarder la date au dos. Elles avaient été développées le 19 novembre, soit environ deux semaines avant que John Stevenson ait abandonné son véhicule dans le parking du centre commercial et disparu en fumée.

Jackie regarda les photos de nouveau, étudiant le visage de l'homme. Il avait cette même physionomie rassurante, honnête, qu'elle avait déjà vue, la mâchoire carrée, le regard franc ; c'était le genre d'homme qui aimait les chiens, emmenait ses enfants pêcher, le week-end, et se montrait fidèle et attentionné envers sa femme.

— Le sel de la terre, murmura-t-elle. Le citoyen, le mari et le père de famille modèle.

— Il en a l'air, en effet, fit Widmer, lui tendant encore quelques photos.

Une femme apparut, de dos, marchant vers Stevenson. Elle était mince, blonde, et portait une robe longue avec une ceinture de soie. Ses cheveux étaient relevés en un chignon souple.

— Qu'est-ce que… ? marmonna Jackie.

Sur les photos suivantes, la femme avait ôté sa robe. Elle était nue, et on voyait son corps dur et joliment proportionné, sa taille fine, ses fesses hautes et fermes.

— Vous en avez où on distingue son visage ? demanda Jackie.

Widmer lui tendit les derniers clichés.

Maintenant, c'était Stevenson qui tournait le dos à l'objectif, et la femme se tenait devant lui en souriant. Ses seins lourds, ronds, arboraient de larges mamelons bruns, et les poils de son pubis avaient la forme d'un minuscule triangle. Elle était très jolie, avec ses lèvres pleines, un peu boudeuses, et son visage étrangement innocent, presque enfantin, en dépit de sa nudité.

Sur la dernière photo, elle était dans les bras de l'homme, qu'elle embrassait, et son corps était presque entièrement dissimulé par les épaules et le dos de son compagnon.

Widmer observa Jackie, tandis qu'elle étudiait les clichés.

— Je crois que, si vous trouvez cette jolie blonde, vous trouverez aussi votre mari en cavale, inspecteur, dit-il finalement.

Jackie hocha la tête d'un air pensif.

— Votre source ne sait pas qui elle est ?

— J'ai l'impression de l'avoir déjà vue quelque part, mais je n'arrive pas à me rappeler où, répondit le journaliste, les sourcils froncés. En tout cas, je serais prêt à parier que c'est parce que cette femme lui rappelait aussi quelqu'un que notre type a fait un tirage supplémentaire.

Il prit la photo qui montrait la jeune femme entièrement nue.

— Votre ami Stevenson a très bon goût en matière de femmes, déclara-t-il avec un large sourire.

15.

Le lendemain matin, Jackie se trouvait dans le bureau du commissaire Michelson. Tandis qu'elle regardait du côté de la salle de brigade, par la porte ouverte, ce dernier entra avec une chope de café, une pile de dossiers sous le bras.

— J'aimais bien les préservatifs, moi, dit-il en parlant du petit arbre de Noël artificiel perché sur le classeur métallique. Pas vous ?

Les sachets multicolores avaient été remplacés par des anges dorés soufflant dans des trompettes, en vue de la visite de l'inspecteur principal Alvarez, un des hauts membres du commissariat central.

Jackie hocha la tête d'un air absent.

— Oui, moi aussi. C'était joli, toutes ces couleurs différentes. L'inspecteur principal aurait sûrement apprécié.

Le commissaire s'installa derrière son bureau et ouvrit un dossier.

— Brian est arrivé ?

— Oui. Il prend ses messages, répondit Jackie. C'est toujours l'enfer, le premier jour, quand on revient.

— Comment se sent-il ?

— Il est encore faible, apparemment. Je l'ai juste croisé.

Michelson la regarda par-dessus ses verres en demi-lune.

— Et vous ?

— Je refuse de me poser la question. Si je continue de nier que je suis malade, j'arriverai peut-être à combattre cette fichue grippe, au moins jusqu'après Noël.

— Vous faites de l'autosuggestion ?

— En quelque sorte.

Le commissaire sourit.

— Vous êtes une dure, Jackie. Enfin, ajouta-t-il avec un petit mouvement de la tête, vous essayez de vous en donner l'air. Personnellement, je ne pense pas que vous l'êtes tant que ça.

Il prit son café et en avala une gorgée.

— Comment va Paul ?

— Bien, fit-elle, sur un ton plus bref qu'elle ne l'aurait souhaité.

Michelson arqua les sourcils et la considéra un instant.

— Vous avez des problèmes, tous les deux ? demanda-t-il finalement.

Jackie feuilleta un dossier sur ses genoux.

— Quelques-uns.

— Vous voulez qu'on en parle ? Je me permets de poser la question, enchaîna-t-il vivement, parce que je sais que Paul a parfois un peu de mal à accepter que vous fassiez ce travail. Si cela demeure un point de friction entre vous, nous pouvons peut-être vous aider.

— Comment ?

— Je ne sais pas. En essayant de vous accorder des horaires plus souples, par exemple. On peut y réfléchir.

— Mon travail n'est qu'un des points de friction, murmura Jackie, prise d'une bouffée d'anxiété qui fut aussitôt suivie d'une sensation de migraine et de nausée. Oh, non, ajouta-t-elle en se frottant les tempes. Je crois que la grippe est en train de gagner.

Le commissaire la regarda avec sollicitude, tandis qu'elle pliait et dépliait le coin d'une chemise en carton.

— Paul m'a donné un ultimatum, dimanche dernier, dit-elle tout à coup.

— Quel genre d'ultimatum ?

— Soit j'accepte de l'épouser, soit la relation est terminée. Il veut une réponse d'ici à Noël.

— Ah. Et qu'avez-vous répondu ?

— Rien. Nous ne nous sommes pas parlé depuis. Je lui ai dit que j'allais réfléchir.

Elle respira profondément.

— C'est ce que je fais. Je n'arrête pas d'y réfléchir. Cela me rend encore plus malade que cette saleté de grippe.

— Pourquoi ne l'épousez-vous pas ? demanda le commissaire. Je vous le conseille depuis des mois.

— Je sais, marmonna Jackie en se dandinant sur sa chaise. Tout le monde me le conseille. Mais ce n'est pas si facile. Il y a des tas d'éléments à prendre en considération.

— Lesquels ?

— Nos boulots, notamment. Paul a son ranch, et il n'est pas près de l'abandonner. Or je n'ai pas l'intention d'arrêter de travailler non plus.

— Qui est-ce qui vous le demande ? Je pensais qu'il avait accepté de ne plus se mêler de votre carrière, depuis…

Le visage du commissaire se plissa brusquement et il baissa la tête.

Il ne supportait toujours pas de parler de la blessure par balle que Jackie avait subie, quelques mois plus tôt — ni même des événements qui l'avaient précédée. En fait, il n'avait plus jamais évoqué cet incident depuis la conclusion de l'enquête interne.

— Je le croyais aussi, fit la jeune femme. Mais il vient de changer de refrain, d'un seul coup. Par exemple, il dit qu'il ne veut pas que je travaille si nous avons des enfants. Comme ça. Aucune discussion, aucun compromis. Si nous avons un bébé, j'arrête de bosser, point final.

— Vous êtes donc si pressés d'avoir des bébés ? demanda Michelson.

— On ne peut pas dire que je sois du genre maternel, répondit la jeune femme avec un pauvre sourire. C'est Paul qui veut des gosses, pas moi. Mais la question n'est pas là.

— Où est-elle, dans ce cas ?

— Je n'aime pas le fait qu'il change d'attitude, sans crier gare. Nous sommes tombés d'accord, il y a quelque temps, sur le fait que jamais il ne s'opposerait à ce que je continue de travailler, si c'était ce que je voulais. Et maintenant, il tient des propos complètement différents. Je n'aime pas ça.

— Mais il tient tellement à vous. Si seulement vous en discutiez, vous trouveriez à coup sûr une solution. C'est ça, le mariage, Jackie. Ma femme et moi nous parlons des choses, encore et encore, et encore un peu, jusqu'à ce que nous trouvions un compromis.

Jackie secoua la tête.

— Paul n'est pas homme à renoncer ou à négocier, une fois qu'il a pris position. Il a besoin de contrôler.

— Oh, et pas vous ? fit Michelson en arquant un sourcil.

— Sans doute, admit-elle. Je prends mes propres décisions depuis longtemps, vous savez. Ce n'est pas facile de renoncer à ce genre d'indépendance.

— Mais si vous voulez faire partie d'un couple, il faut abandonner un peu de cette liberté. C'est une des conditions sine qua non.

— Je sais. Mais je…

Jackie poussa un soupir et jeta un coup d'œil à sa montre, désireuse de mettre un terme à cette conversation.

— Que fabrique Brian ? reprit-elle en se tournant vers la salle de brigade. Il devrait être revenu.

— Jackie, fit le commissaire.

— Quoi ?

— Vous n'allez pas renoncer à ce type, dites ? Je sais que vous l'aimez. Vous êtes tous les deux des adultes, que diable ! Vous devriez être capables de résoudre quelques problèmes sans tout foutre en l'air.

Jackie fut prise d'une nouvelle vague de nausée et sa tête se mit à l'élancer douloureusement.

— Deux adultes devraient être capables de se donner assez de liberté pour pouvoir respirer, riposta-t-elle. Sinon, je ne vois pas comment…

Wardlow entra sur ces entrefaites, les bras chargés de dossiers.

— Salut ! fit-il en se laissant tomber sur la chaise à côté de Jackie.

Elle lui sourit, reconnaissante pour cette interruption.

— Alors, comment te sens-tu ? demanda-t-elle. Tu es encore blanc comme un linge. Et puis tu as maigri, non ?

— Trois kilos, répondit Wardlow. Cette grippe, bon sang, c'est une vraie saloperie. J'ai été malade comme un chien.

— Trois kilos, murmura le commissaire, d'un air d'envie. Si seulement je pouvais perdre trois kilos juste avant Noël. Je n'ai pas dû attraper le même virus. Je devrais peut-être demander à l'un de vous de me souffler dans les narines.

— L'un de nous ? demanda Wardlow en se tournant vers Jackie. Toi aussi, tu es malade ?

— Je fais tout mon possible pour combattre le virus, répondit Jackie. Je bois des litres de thé au citron et je noue une chaussette autour de ma gorge, chaque soir, au moment de me coucher.

Wardlow pouffa de rire.

— Une chaussette ?

— C'était le remède de ma grand-mère contre les rhumes et la grippe. Noue une chaussette autour de ta gorge avant de te coucher, le soir, pour la garder au chaud. Les autres gamins avaient droit à de la soupe et des médicaments. Nous, c'étaient les chaussettes sales.

— Ta grand-mère, tout de même, c'est quelque chose, railla Wardlow.

Jackie lui tira la langue, et reporta son attention sur

Michelson, qui fit le point sur les affaires courantes, afin de remettre Brian dans le bain. Il conclut avec l'affaire Stevenson.

— On a du nouveau ?

Jackie regarda l'enveloppe blanche, dans son dossier.

— Rien qui se recoupe. Notre homme a été vu un peu partout à travers l'Etat, mais il n'y a pas encore deux témoins qui l'auraient aperçu au même endroit.

— Et le délit de fuite dans l'affaire Burkett ? demanda Wardlow. Tu as parlé à Baumgartner, dernièrement ?

Jackie lui fit un topo sur les développements de l'enquête, mentionnant les preuves trouvées sur les lieux du crime, les témoignages des voisins et le refus des Burkett de coopérer avec la police.

— Jason Burkett est devenu fou, déclara Michelson. Il ne se rend pas compte qu'il alimente les commérages et les spéculations, en ne répondant pas aux questions. Les gens vont croire qu'ils ont quelque chose à cacher.

— C'est ce que tu crois, toi ? demanda Wardlow à Jackie.

— Je pense qu'ils ont des secrets qu'ils ne tiennent pas à voir divulguer, en effet, mais rien qui soit lié au délit de fuite. Simplement, ils ont décidé de se murer dans le silence. Ils ont un chargé de relations publiques et toute une armée d'avocats qui leur conseillent la prudence.

Michelson secoua la tête.

— C'est stupide. Ça va lui faire beaucoup de mal, sur le plan politique.

— Pas si nous réussissons à retrouver le chauffard, répliqua Jackie. Ils bénéficieront alors d'un vrai courant de sympathie. Et si la brigade de la circulation s'occupe de repérer toutes les voitures de sport rouges de l'Etat, ils finiront bien par découvrir quelque chose. Baumgartner a mis une grosse partie de ses effectifs là-dessus.

— Il n'y a rien de plus frustrant que les délits de fuite, commenta Michelson. On n'est jamais sûr d'arriver à mettre la main sur les coupables. Je suis drôlement content que l'affaire ait été confiée à la circulation.

Il referma son dossier et considéra les deux inspecteurs.

— Bon, je crois que c'est tout.

— Non, dit Jackie, en prenant l'enveloppe blanche. J'ai reçu cela d'une source secrète.

— Une source secrète ?

Jackie se sentit rougir.

— J'ai échangé quelques informations avec un journaliste local, expliqua-t-elle. C'est une expérience inédite, pour moi.

— Quel journaliste ? demanda le commissaire.

— Karl Widmer, du *Sentinel.*

Michelson parut intéressé.

— Ce type a la réputation d'être réglo. On dit aussi qu'il n'est pas facile à approcher. Cette tragédie a dû le rendre amer.

— Quelle tragédie ? demanda Jackie.

— Sa femme a été tuée. Cela remonte à des années, avant que vous arriviez chez nous. Molly Widmer était en train de faire un jogging le long de la rivière quand un gang d'adolescents l'a attaquée. Ils l'ont violée et battue, pour le plaisir. On a pu les attraper tous les cinq, et ils ont été jugés coupables, mais ils étaient mineurs, alors…

— Elle a été tuée sur le coup ?

Wardlow secoua la tête.

— J'étais de patrouille, ce jour-là, et nous avons répondu à l'appel, en même temps que plusieurs autres voitures. Elle gisait dans un ravin, nue, et tellement amochée qu'on la reconnaissait à peine. Elle n'a jamais repris conscience. Je crois qu'elle est restée trois semaines dans le coma, avant de mourir. Il paraît que Widmer a à peine quitté son chevet, pendant tout ce temps.

— Mon Dieu, murmura Jackie.

Ils gardèrent le silence, un instant. Finalement, Jackie secoua la tête.

— Quoi qu'il en soit, Widmer m'a proposé une sorte d'association. Je lui file quelques tuyaux et il me renvoie l'ascenseur.

Elle jeta un regard incertain du côté de Michelson.

— Je n'avais jamais fait ça, avant.

— Tout le monde y vient, un jour ou l'autrc, dit le commissaire sur un ton posé. Il vous a donné des informations utiles ?

— Des photos, qui prouvent que vous aviez raison depuis le début, répondit Jackie, en jetant l'enveloppe sur la table. John Stevenson est un salaud de mari infidèle qui a abandonné sa femme pour des raisons toutes personnelles.

Michelson ouvrit l'enveloppe et étudia les clichés, avant de les tendre à Wardlow. Jackie attendit qu'il lui donne l'ordre de cesser les recherches, toute séance tenante, mais il n'en fit rien.

— Ça ne me plaît pas, marmonna-t-il.

— Comment ça ?

— Hé, moi, ça me plaît ! s'exclama Wardlow en dévorant des yeux la photo de la jeune femme nue. Ça me plaît même beaucoup.

— D'où viennent ces photos ? demanda Michelson. Comment ont-elles atterri entre les mains de Widmer ?

— Il prétend qu'elles appartiennent à un ami d'un ami, répondit Jackie. Quelqu'un qui travaille dans un laboratoire de photos et qui a fait un tirage supplémentaire parce qu'il trouvait la fille à son goût. Quand il a vu que la police recherchait Stevenson, il s'est dit qu'il pourrait gagner un peu d'argent en donnant ces clichés, anonymement.

— Et qui les a pris ? Pourquoi Stevenson et sa petite copine ont-ils fait photographier leur rendez-vous ? Et qui menace cette pauvre femme et ses gosses ?

En dépit de sa nausée et de son mal de tête, Jackie sentit son visage s'éclairer.

— Vous pensez qu'on devrait continuer l'enquête, commissaire ?

— J'aimerais bien trouver votre M. Stevenson et avoir une petite conversation avec lui.

— Nous n'avons rien contre lui, vous savez, remarqua la jeune femme. Tromper sa femme n'est pas un crime.

— Peut-être, mais nous avons besoin de son aide pour une autre enquête. Trouvons-le et nous verrons bien.

— Allez, Brian, rends-moi ça, dit Jackie à son coéquipier, avant de lui reprendre les photos.

Celui-ci les abandonna à contrecœur, son regard s'attardant sur la femme nue. Il s'éclaircit la gorge et s'adossa à sa chaise, l'air penaud.

— Je la connais, dit-il.

Les deux autres le regardèrent fixement et il passa une main dans ses cheveux roux.

— Enfin, je ne la connais pas personnellement, rectifia-t-il, mais je suis certain de savoir qui elle est et où elle travaille.

— Tu sais où elle travaille ? répéta Jackie.

— Ce n'est pas le genre de femme qu'on oublie.

Wardlow regarda le commissaire.

— Elle est hôtesse au Prairie Club.

Michelson hocha la tête, lentement, tandis que Jackie fouillait sa mémoire, les sourcils froncés.

— Le Prairie Club ? fit-elle. Je n'en ai jamais entendu parler.

— C'est une sorte de…

Wardlow échangea un autre regard avec le commissaire.

— C'est un club privé, en ville, intervint Michelson. Réservé aux hommes uniquement.

— Réservé aux… ! Comment, ça existe encore ? s'exclama Jackie.

— Il ne s'agit pas d'un établissement commercial. Enfin, pas officiellement en tout cas, expliqua Wardlow. C'est une sorte de club très fermé. Pour entrer, il faut être membre et payer une cotisation annuelle, ou bien être parrainé.

— Vous y êtes déjà allés, tous les deux ? demanda Jackie.

— Moi non, répondit Michelson. Je suis un homme heureux en ménage. Mais j'en ai entendu parler.

Wardlow eut un large sourire.

— Moi, j'y étais invité, il y a quelques mois. Le mari de ma sœur y est allé, un soir, avec son patron et des huiles de sa boîte qui étaient de passage en ville.

Jackie regarda la photo de la jeune femme blonde, interrogea son visage d'enfant.

— De quel genre de club s'agit-il ? Un truc de strip-tease ?

— Pas du tout, répondit Wardlow. C'est plutôt une espèce de…

Il hésita.

— On pourrait appeler ça un palais de plaisirs pour les hommes.

— Un bordel ?

Wardlow et le commissaire échangèrent un autre regard et Jackie poussa une exclamation d'impatience.

— Pour l'amour du ciel, vous voulez bien abandonner ces airs de conspirateurs et me dire où se situe cet endroit ? Je me contrefiche de savoir ce que tu fais pour t'amuser, Brian. Je veux juste trouver cette femme et lui parler.

Wardlow la considéra en levant un sourcil.

— Eh bien, on est d'humeur chatouilleuse, ce matin !

— Ecoute, Brian…

— D'après mes informations, coupa Michelson, la Prairie est exactement le genre d'établissement que Brian vient de vous décrire. Très sélect, très privé. Il y a un grand salon, un autre réservé à la lecture, quelques pièces pour jouer aux cartes ou au billard, un chef de premier ordre, et des jolies femmes pour tenir compagnie aux hommes qui se sentent seuls.

— Et il ne s'agit pas de n'importe quelles jolies femmes, enchaîna Brian. Elles doivent être choisies avec soin. C'est vraiment la classe.

— La brigade des mœurs n'a jamais mis son nez là-dedans ? demanda Jackie.

— Quand j'y travaillais, il y a des années, on faisait une descente, de temps en temps, répondit Michelson. Mais le Prairie Club est une opération bien gérée et chaque fois qu'on arrivait, tout était impeccable.

— Vous croyez que les propriétaires étaient prévenus ?

— C'est possible, admit le commissaire. Qui sait ? J'ai entendu dire que certains de nos chefs s'y rendaient, parfois. Le club ne fait pas de vagues.

Jackie poussa un soupir et considéra les photos.

— Tu es sûr que cette fille travaille là-bas, Brian ?

— Absolument. Elle était assise à une table voisine, avec des pontes de l'informatique. Elle était un peu plus habillée, ce soir-là, ajouta-t-il avec un sourire, mais je la reconnais bien.

— Comment sais-tu que c'était une hôtesse ? Elle accompagnait peut-être un de ces pontes.

Brian leva les yeux au plafond.

— Kaminski, les femmes ne sont pas acceptées dans cet endroit, répondit-il. Pour entrer, il faut qu'elles y travaillent.

— C'est vraiment incroyable ! marmonna Jackie. Et on est à l'aube du XXIe siècle. Elle se leva et marcha vers la porte.

— Allez, Brian, je veux que tu m'emmènes là-bas.

16.

Le Prairie Club occupait les deux derniers étages d'un grand hôtel, dans le centre-ville. Pour autant, rien ne permettait de deviner la présence d'un club privé, dans le bâtiment.

Jackie prit l'ascenseur express avec Brian, considérant la cage tapissée de panneaux de bois, la rampe de cuivre.

— Tu as l'air de bien te repérer, commenta-t-elle brusquement.

— Je ne suis venu qu'une fois, mais je savais que ça existait depuis des années. Tout le monde le sait.

— Tous les hommes, tu veux dire.

Brian pouffa de rire, mais ne répondit rien.

Au dixième étage, les deux inspecteurs longèrent un couloir où une épaisse moquette assourdissait les pas. Le décor était vert forêt et marron, luxueux, dans un style résolument masculin. Jackie crut déceler une odeur de fumée de cigare, masquée par un désodorisant poivré.

Wardlow frappa à une lourde porte en chêne qui portait une plaque marquée « bureau », et une voix féminine les invita à entrer.

Ils pénétrèrent dans une pièce tapissée de la même

moquette verte. Une femme mince, aux cheveux grisonnants, se tenait derrière une table couverte de papiers.

Très élégante dans un tailleur bleu pâle, le nez chaussé de lunettes à double foyer, elle leva les yeux et considéra froidement ses visiteurs.

— Vous avez dû vous tromper d'étage, déclara-t-elle. Je n'attends personne, ce matin.

Wardlow lui montra son badge et les traits sévères de la femme trahirent une expression d'ennui. Elle jeta un coup d'œil vers Jackie, qui avait sorti son badge, elle aussi.

— Je suis l'inspecteur Kaminski, dit cette dernière. Et voici mon coéquipier, l'inspecteur Wardlow. Nous aimerions vous poser quelques questions.

— Mon nom est Madeleine Feldman, répondit la femme en indiquant deux fauteuils de cuir.

Elle croisa les mains, tandis que Jackie et Brian s'asseyaient en face d'elle. Brian sortit une des photos de l'enveloppe que Jackie lui tendit et la montra à Mme Feldman ; on y voyait la jeune femme blonde dans sa robe de soirée, le visage souriant et levé vers John Stevenson, qui tournait le dos à l'objectif.

— Nous aimerions parler à cette femme, madame Feldman, dit Brian. Je pense qu'elle est employée ici.

Madeleine Feldman considéra le cliché d'un air impassible.

— Que lui voulez-vous ?

— Nous espérons qu'elle pourra nous fournir des informations. Cela ne devrait pas prendre plus de quelques minutes.

Mme Feldman le jaugea, ignorant résolument Jackie. Au bout d'un moment, elle hocha la tête.

— Il s'agit de Darla Drake. C'est une des hôtesses du club.

— Est-ce qu'elle est ici, maintenant ?

— Le club ouvre à 11 heures du matin, afin d'accommoder nos membres qui souhaitent venir déjeuner, mais nos hôtesses n'arrivent pas avant la fin de l'après-midi, au plus tôt.

— Mlle Drake travaille-t-elle, ce soir ? demanda Jackie.

La femme lui jeta un regard peu amène et ouvrit un classeur relié de cuir.

— Darla était de congé, ce week-end, dit-elle en s'adressant de nouveau à Brian. Elle n'est pas venue depuis vendredi. Mais nous l'attendons ce soir, à 21 heures.

— Et cet homme, madame Feldman ? demanda Brian en lui tendant une autre des photos, où l'on voyait John Stevenson dans l'encadrement de la porte. Est-ce que son visage vous est familier ?

La femme prit la photo et l'étudia un instant.

— Je ne l'ai jamais vu, répondit-elle finalement. Il n'est jamais venu à notre club, ajouta-t-elle sur un ton un peu méprisant.

— Pouvez-vous nous donner l'adresse de Darla Drake ? demanda Jackie. Nous aimerions vraiment lui parler.

Madeleine Feldman la regarda froidement.

— Pas sans un mandat, inspecteur.

— Un mandat ? s'exclama Jackie, sincèrement surprise. Allons, ce n'est rien de grave, madame Feldman. Nous avons juste besoin de l'aide de Darla pour une affaire de disparition. Nous préférerions ne pas avoir à attendre jusqu'à ce soir.

— Nous ne communiquons l'adresse de nos hôtesses à personne, dit la femme, s'adressant de nouveau à Wardlow.

Elle lui rendit les photos et il les passa à Jackie, qui les glissa dans l'enveloppe.

— Pas même à la police, conclut-elle, avant d'ouvrir un dossier pour leur signifier leur congé.

Jackie et Brian échangèrent un regard, se levèrent et sortirent sans un mot.

— Surtout pas à la police, marmonna Jackie, comme ils longeaient le couloir silencieux en direction de l'ascenseur privé. Brrr, cet endroit me donne la chair de poule.

— Ce n'est pas aussi chouette à la lumière du jour, convint Brian. Mais le club se réveille vraiment, à la nuit tombée. C'est drôlement bien.

Il lui jeta un regard gêné.

— Kaminski, si tu insistes pour entrer avec moi, ce soir, tu vas vraiment te faire remarquer.

— Ne t'inquiète pas, répondit Jackie. Je ne voudrais pas gâcher la soirée de ces messieurs. J'attendrai dans le bureau de la charmante Madeleine, pendant que tu iras chercher Darla. D'accord ?

— D'accord, répondit son compagnon, visiblement soulagé.

— Ça ne t'ennuie pas de devoir travailler ce soir ? demanda encore Jackie, alors qu'ils entraient dans l'ascenseur. Tu n'as pas l'air complètement remis.

— Je rentrerai me reposer quelques heures, au moment du dîner. En fait, ajouta-t-il, je suis plutôt content de travailler ce soir. Comme ça, je pourrai prendre mon vendredi après-midi à la place.

— Que fais-tu, vendredi après-midi ?

— Il y a la fête de Noël pour les enfants de la police, au poste central. C'est très sympa. Ils font ça dans la salle d'exercice de tir et ils décorent les cibles pour les faire ressembler à des Père Noël. Alvarez, le chef, et sa femme aident à servir la dinde et le lieutenant Hatch se déguise en Père Noël. Il offre un cadeau à chaque gosse.

— Et tu vas emmener Gordie ?

— Il a encore l'âge de jouer et de recevoir des cadeaux, et puis, il est tout excité à l'idée de voir la salle d'exercice de tir.

Jackie sourit.

— Tu devrais venir, Kaminski, poursuivit Brian, juste comme la porte de l'ascenseur s'ouvrait sur le vestibule d'entrée de l'hôtel. Réserve ton après-midi et viens t'amuser avec nous.

— Tu oublies que je n'ai pas d'enfants.

— Tu peux nous accompagner. Ou alors, tu pourrais emprunter des gosses quelque part. Les pauvres petits Stevenson, par exemple.

Jackie le regarda avec surprise.

— C'est possible ? Je pourrais venir avec des enfants qui ne sont pas de ma famille ?

— Evidemment. Ils encouragent les officiers de police qui n'ont pas de gosse à venir avec des enfants seuls ou défavorisés.

— C'est une bonne idée, dit la jeune femme. Et puis, ça me donnera une excuse pour passer voir Carly et constater comment elle va.

Elle sourit.

— Merci, Brian.

Ils sortirent dans le soleil de cette matinée hivernale et se dirigèrent vers leurs voitures, garées l'une à côté de l'autre. Tous deux avaient un programme chargé, et ils se séparèrent en se donnant rendez-vous à 21 heures.

— Je passerai te prendre chez toi, d'accord ? proposa Brian.

— D'accord, répondit Jackie.

Elle le suivit des yeux et demeura encore un moment derrière le volant, pensant à Carly Stevenson, à ses enfants, et à cette étrange série de photos. Finalement, elle mit le moteur en marche et prit la direction du commissariat de Northwest.

Douze heures plus tard, ils étaient de retour au club, mais cette fois, Madeleine Feldman n'y était plus. Le bureau était occupé par un homme d'âge mûr vêtu d'un complet trois-pièces ; ses cheveux gris étaient peignés de façon à couvrir une calvitie avancée. Il déclara s'appeler Avery Feldman et être le directeur du Prairie Club.

— Ma femme m'a averti que vous alliez passer, dit-il quand Jackie et Brian lui montrèrent leur badge. Malheureusement, Darla n'est pas là.

Jackie le considéra avec attention. Feldman avait un large visage à la peau un peu grasse et marquée par de vieilles cicatrices d'acné, mais il avait l'air soigné, compétent, et surtout, sincèrement désireux de coopérer.

— Elle est en retard ? demanda-t-elle.

Feldman cilla plusieurs fois et baissa les yeux, avant de relever la tête.

— Pour tout vous dire, je suis un peu inquiet à son sujet. Elle est toujours très sérieuse, et ponctuelle. Mais là, elle ne répond même pas au téléphone. Je tombe sans arrêt sur le répondeur.

Wardlow échangea un bref regard avec Jackie.

— Vous permettez que je jette un coup d'œil à l'intérieur, monsieur Feldman ? L'inspecteur Kaminski va m'attendre ici.

Jackie s'installa dans un des fauteuils et sourit poliment au directeur, avant de lui montrer la photo de John Stevenson. Mais, comme son épouse, Feldman ne parut pas le reconnaître.

Wardlow revint quelques minutes plus tard.

— Je ne l'ai pas vue, dit-il à Jackie. J'ai parlé à une des hôtesses qui a confirmé qu'elle n'était jamais en retard.

Tous deux se tournèrent vers le directeur, qui se dandina sur sa chaise, d'un air gêné.

— Il faut vraiment que nous vérifiions ce qui se passe, monsieur Feldman, reprit Jackie. Elle est peut-être blessée, ou alors elle a des ennuis.

— Mais nous n'aimons pas…

Il poussa un soupir, hésita encore un moment, et finit par griffonner une adresse sur un morceau de papier qu'il tendit à Wardlow. Ce dernier le parcourut et le passa à Jackie.

— Je crois que c'est dans un de ces lotissements qu'on a récemment construits dans la Vallée, ajouta-t-il.

— Très bien, allons-y.

Jackie se leva.

— Merci, monsieur Feldman.

Ce dernier leur fit un salut de la main et se replongea dans l'étude de ses papiers, l'air toujours aussi mal à l'aise.

Jackie et Brian se rendirent à l'est de la ville, dans un quartier connu sous le nom de la Vallée, avant de s'engager dans un complexe immobilier installé à l'orée d'un parcours de golf. Brian, qui conduisait, descendit la vitre de sa portière pour pousser le bouton actionnant l'ouverture du portail métallique de l'entrée.

Le lotissement était composé de coquettes petites maisons à un étage, beiges avec des finitions blanches. Elles étaient alignées sur plusieurs rangées, chacune flanquée d'un garage donnant sur la rue. Brian s'arrêta devant le numéro de la maison occupée par Darla Drake.

De la lumière filtrait à travers les larges fenêtres du rez-de-chaussée, en provenance sans doute d'une pièce située à l'arrière. Une autre fenêtre était illuminée, à l'étage — un petit carré de verre poli qui devait correspondre à la salle de bains.

Ils longèrent une allée qui, manifestement, n'avait pas été déblayée depuis plusieurs jours, et Wardlow appuya sur le bouton de sonnette, avant de frapper à la porte, tandis que Jackie essayait de regarder à l'intérieur.

Personne ne répondit. Un rideau bougea, dans une des maisons d'en face, et un visage apparut, une fraction de seconde, avant de disparaître.

— Elle est peut-être partie en vacances, suggéra Wardlow. On dirait que le garage n'a pas été utilisé depuis plusieurs jours.

Jackie contempla la neige dénuée de traces, et se dirigea vers la porte du garage. Dressée sur la pointe des pieds, elle braqua sa torche électrique par la petite fenêtre.

— Mon Dieu ! fit-elle.

— Qu'y a-t-il ?

Wardlow la rejoignit et elle s'écarta pour le laisser regarder.

Une petite voiture de sport rouge était garée à l'intérieur. L'aile avant droite, clairement visible dans le faisceau de la torche électrique, était froissée, et deux câbles électriques jaillissaient du phare brisé.

— Merde ! s'exclama Wardlow.

Jackie fronça les sourcils.

— Qu'est-ce qu'on fait ? Je ne crois pas que ça suffise pour obtenir un mandat et entrer dans la maison.

— Non, déclara Wardlow avec conviction. Il faut alerter Baumgartner et le laisser se débrouiller. Le délit de fuite n'est pas notre affaire.

Jackie considéra la fenêtre du garage et la porte verrouillée de la maison.

— Je veux entrer là-dedans.

— Merde, Jackie, arrête un peu de jouer les cow-boys ! On finira par avoir des ennuis.

La jeune femme le fusilla du regard.

— Je ne joue pas au cow-boy, riposta-t-elle. Nous venons de découvrir un véhicule qui a sans doute été l'instrument d'un homicide, et il existe un lien direct entre cette affaire et celle sur laquelle nous travaillons. Je ne m'en irai pas tant que nous n'aurons pas épuisé toutes les possibilités.

Wardlow poussa un soupir.

— Très bien. Qu'est-ce que tu veux faire ?

— D'abord, le tour de la maison. On verra peut-être quelque chose à l'intérieur.

Joignant le geste à la parole, Jackie longea le bâtiment, ses pieds s'enfonçant dans la neige. Wardlow lui emboîta le pas et ils s'arrêtèrent devant chaque fenêtre. Mais elles étaient toutes masquées par des stores vénitiens soigneusement baissés.

— On dirait vraiment qu'elle est partie pour un moment, remarqua Wardlow.

Jackie s'arrêta brusquement et balaya la neige autour d'elle avec le faisceau de sa torche.

— Chut ! fit-elle en levant sa main libre.

— Quoi ? demanda Wardlow, derrière elle.

— J'ai cru entendre du bruit.

Elle tendit l'oreille.

— On aurait dit un chat. T'as entendu, toi aussi ?
Wardlow hocha la tête.

— Ou alors c'est un bébé qui pleure, quelque part.

— Ça venait de l'intérieur.

Jackie tourna le coin de la maison, à l'arrière, et traversa une terrasse couverte. Elle s'arrêta devant un treillis et regarda son coéquipier, avant de lever brusquement le menton.

Wardlow leva la tête, lui aussi, et renifla.

— Et merde ! chuchota-t-il.

Une petite fenêtre était entrouverte, au premier étage,

et un courant d'air flottait vers eux, dans le calme de la nuit, chargé d'une forte odeur de pourriture.

— Il faut trouver une clé, dit Jackie, retournant aussitôt vers l'avant de la maison. Va voir les voisins de l'autre côté de la rue. Je m'occupe de ce côté.

Ils se séparèrent, sans un mot, pour aller frapper aux portes. La première personne que Jackie rencontra était un ours d'homme chaussé de charentaises et visiblement très agacé qu'on vienne l'interrompre au milieu de son émission de télévision. Il n'avait jamais adressé la parole à la jeune femme qui vivait dans la maison voisine, et il ne savait même pas son nom.

— Mais je crois l'avoir vue parler avec les gens du numéro 27.

Sur ces mots, il referma la porte, qui claqua au visage de Jackie avant qu'elle ait eu le temps de dire merci.

Elle secoua la tête et se rendit au numéro 27. Un tricycle bleu trônait sous un abri, le long du mur de la maison, ainsi qu'un gros canard en plastique. Jackie sonna et une jeune baby-sitter lui ouvrit la porte, un seau de pop-corn dans les bras. Elle sourit timidement, dévoilant un appareil dentaire.

Jackie lui montra son badge et l'adolescente l'étudia attentivement, avant de hocher la tête.

— Mon coéquipier et moi-même devons absolument entrer au numéro 12, dit Jackie. Nous avons des raisons de croire que la dame qui y vit a été victime d'un accident. Elle s'appelle Darla Drake. Vous ne savez pas, par hasard, si vos employeurs ont un double de ses clés ?

— Euh, je crois bien que…

La jeune fille hésita, puis se détourna.

— Je reviens, lança-t-elle par-dessus son épaule.

Elle revint presque aussitôt avec une clé portant une étiquette plastifiée sur laquelle était inscrit le nom de Darla. Elle la tendit à Jackie, non sans quelque hésitation.

— Vous êtes sûre que c'est bien ? demanda-t-elle. Je veux dire, de donner la clé de quelqu'un, comme ça ?

— En temps normal, il ne faut pas le faire, en effet, lui répondit Jackie. Mais c'est différent quand la police vous le demande.

— Bon.

L'adolescente resta sur le seuil, mâchonnant du pop-corn d'un air pensif, tandis que Jackie retournait vers la maison de Darla, faisant signe à Wardlow, de l'autre côté de la rue.

Ce dernier la rejoignit aussitôt.

— J'ai horreur de ça, marmonna-t-il.

— Moi aussi, convint Jackie. Mais c'est pour ça qu'on nous paye aussi bien, pas vrai ?

Elle s'arrêta pour passer un coup de fil depuis la voiture, indiquant simplement leur position et le fait qu'ils avaient une clé et s'apprêtaient à pénétrer dans la maison. Elle fit exprès de demeurer vague, pour le cas où quelque farceur s'amuserait à écouter les transmissions de la police.

Wardlow lui prit la clé des mains et déverrouilla la porte d'entrée. Ils firent un pas dans le vestibule et furent immédiatement assaillis par une bouffée d'air chaud et une puanteur de chair en décomposition.

D'un même geste, ils prirent des gants dans leur poche et les pressèrent contre leur visage, avançant avec précaution dans le living-room. Wardlow se servit de son avant-bras pour pousser l'interrupteur près de la porte, éclairant une pièce beaucoup plus luxueuse que l'extérieur du lotissement ne le laissait supposer. Le décor, composé de tapis épais et de canapés fleuris, conjuguait des tons bleu ardoise et rose poudré. Il y avait là plusieurs lampes en porcelaine brillante, ornées de bergères portant des urnes et des houlettes, et des pastel étaient accrochés aux murs, dans des cadres en argent.

Soudain, Wardlow donna un coup de coude à Jackie. La jeune femme retint son souffle.

Un chat siamois blanc venait d'apparaître sur le seuil de la cuisine et il les regardait de ses yeux bleu clair. Lentement, il souleva une patte tachée de sang et la lécha.

— Le pauvre, il est blessé, chuchota Jackie.

— Il n'a pas l'air, commenta Wardlow.

— Oh, non, fit Jackie, prise d'une vague de nausée. Mon Dieu, Brian, il a peut-être marché dans du sang.

— Tu veux m'attendre ici ? demanda ce dernier. Je vais jeter un coup d'œil.

— Non, je viens avec toi.

D'un même geste, ils détachèrent la sangle de leur holster et se dirigèrent vers la cuisine. Ils s'immobilisèrent sur le seuil et pressèrent plus fort leur gant contre leur visage.

A cet endroit, l'odeur devenait pratiquement insoutenable. Et pour cause… Le cadavre de Darla Drake gisait sur le carrelage rose et blanc, baignant dans une mare de sang coagulé.

La jeune femme était à peine reconnaissable. Ses cheveux blonds étaient pris dans des rouleaux en mousse et son visage, autrefois si ravissant, était distendu et tout bleu. Elle avait les yeux à demi clos et le blanc brillait à travers les longs cils.

Son corps, dans la mort, avait gonflé de manière grotesque, et tirait maintenant sur les coutures de sa chemise de nuit en coton blanc. Le portrait rigolard du personnage de dessin animé plaqué sur le plastron paraissait étrangement déplacé, au milieu de ce carnage. Les jambes de Darla étaient croisées aux chevilles, ses pieds joints glissés dans des chaussons usés et tous deux troués au niveau des semelles.

Darla devait beaucoup aimer les dessins animés, car les chaussons, eux aussi, arboraient l'image d'un canari bien connu.

Ses veines étaient tailladées et elle avait énormément saigné ; la tache brune avait glissé jusque sous la table, sous les placards de la cuisine et jusqu'au seuil de la porte menant vers l'arrière, là où la gamelle vide du chat était posée à côté d'une paire de bottes noires. Des traces de pattes couvraient presque toute la surface du sol.

Jackie sentit son estomac se soulever et un goût amer lui monter à la gorge. Elle se tourna, cherchant désespérément un endroit où elle pourrait vomir sans risquer de contaminer les lieux. Finalement, elle courut jusqu'à la porte d'entrée et rendit son dîner dans les buissons enneigés, sous la fenêtre du living-room.

Wardlow la rejoignit, un instant plus tard, le chat sur les talons.

— Ça va, Kaminski ?

Elle s'essuya la bouche, avec l'impression d'être faible et misérable.

— Je n'avais encore jamais réagi comme ça, marmonna-t-elle. Mais je ne me sens déjà pas bien, en ce moment, et avec ce foutu chat…

Wardlow sortit un rouleau de bonbons à la menthe de sa poche et lui en offrit un.

— Tiens, dit-il.

— Merci.

Elle fourra la menthe dans sa bouche et respira profondément.

— Tu as vu une arme, là-dedans ? demanda-t-elle.

— Il y a un couteau sous la table, à côté de sa main droite.

— Alors c'est un suicide ?

— C'est plausible. Elle a renversé la gosse, paniqué et pris la fuite, et après coup, elle a appris que la petite était morte. Pauvre Darla… Elle ne pouvait pas se cacher, elle ne pouvait pas faire réparer sa voiture, et elle ne pouvait même pas s'enfuir sans éveiller les soupçons. Elle a choisi la seule porte de sortie qui lui restait.

— Mais alors, quel rapport avec John Stevenson ? demanda Jackie. Il disparaît au moment précis où la gosse est renversée. Apparemment, quelqu'un menace sa famille. Et maintenant, nous avons des photos qui le lient à la propriétaire de la voiture qui a renversé et tué l'enfant, et on retrouve ladite propriétaire morte et baignant dans son sang.

Wardlow hocha la tête d'un air pensif.

— Je crois qu'on a intérêt à se montrer prudent et à

considérer qu'il s'agit d'un homicide, pour le moment, reprit Jackie.

Elle avala encore un grand bol d'air glacé, pressa son gant sur son nez et se força à rentrer dans la maison, où elle chercha un téléphone du regard.

— Je vais utiliser sa ligne, dit-elle encore. Inutile d'alerter tous les curieux qui s'amusent à pirater les radios de la police.

Elle se dirigea vers l'appareil, une reproduction des téléphones du début du siècle, doté d'un combiné au manche doré reposant sur une colonne de porcelaine blanche. Le répondeur, à côté, clignotait.

Jackie enfila son deuxième gant et souleva le combiné, avant de composer le numéro personnel du commissaire Michelson, sur le cadran rond.

La puanteur qui régnait dans la maison était presque insupportable et Jackie se sentit tituber, tandis qu'elle expliquait brièvement la situation à son supérieur.

— J'arrive aussi vite que possible, conclut ce dernier, quand elle lui eut donné l'adresse. Brian est avec vous ?

— Oui. Il m'a tenu la main, pendant que je vomissais comme une débutante.

— C'est bien. D'après vous, il s'agit d'un suicide, Jackie ?

La jeune femme hésita.

— Je n'en sais rien, commissaire. Elle porte des bigoudis, des vieilles pantoufles et une chemise de nuit avec un personnage de dessin animé dessus. Le genre de trucs que j'enfile pour traîner à la maison.

— Et alors ?

— Je ne sais pas, murmura encore Jackie, les sourcils froncés. A voir les photos, j'aurais tendance à penser que cette fille se mettrait sur son 31 même pour se suicider.

— Vous voulez dire qu'elle aurait préparé la scène un peu mieux ?

— A moins qu'elle ait été droguée et n'ait pas su ce qu'elle faisait. Mais je trouve ça louche.

Il y eut un bref silence au bout de la ligne.

— Bon, vous savez quoi faire, tous les deux, reprit Michelson. Je me dépêche d'arriver.

Jackie raccrocha et se tourna vers Wardlow.

— Alors, c'est notre affaire ? demanda ce dernier.

— Peut-être pas définitivement, mais pour l'instant, oui, répondit Jackie d'un air grave, avant de sortir son calepin.

Elle fit un effort sur elle-même et retourna dans la cuisine, afin de regarder encore le corps enflé et mutilé de Darla Drake.

17.

La découverte du corps de Darla Drake entraîna un certain nombre de problèmes juridictionnels délicats, au sein du département de police. En effet, si la brigade de la circulation avait la priorité sur l'affaire du délit de fuite, la mort de la jeune femme n'entrait pas, pour autant, dans ses compétences.

Finalement, après des disputes entre différents supérieurs administratifs, tard dans la nuit de mardi, décision fut prise d'autoriser le personnel de la brigade de la circulation à enquêter sur le passé de Darla Drake et les événements qui avaient abouti à l'accident et au délit de fuite. Ils concentreraient leurs recherches sur le travail de la jeune femme et s'entretiendraient avec ses collègues, au Prairie Club.

De leur côté, Jackie et Wardlow furent chargés de l'enquête concernant la mort de Darla, ce qui impliquait la mise sous scellés et l'examen des lieux du décès, ainsi que l'interrogatoire des voisins, à l'intérieur du lotissement.

Les deux groupes devaient se retrouver au commissariat central, mercredi en fin d'après-midi, afin d'échanger leurs informations.

Au moment dit, juste avant de partir pour la réunion, Jackie et son coéquipier passèrent dans le bureau de Michelson, afin de le mettre au courant de leurs progrès.

— Aucun voisin n'a remarqué quoi que ce soit d'inhabituel, déclara Wardlow. Darla Drake était censée assister à une réunion de colocataires, samedi matin, mais elle n'est pas venue. Les autres ont pensé qu'elle avait travaillé tard et faisait la grasse matinée. Personne ne l'a appelée.

— On pense qu'elle est morte vendredi, n'est-ce pas ?

— C'est ce qu'a estimé le légiste, après l'examen préliminaire du cadavre. L'autopsie a lieu demain matin.

Michelson consulta ses notes, les sourcils froncés.

— Elle avait l'habitude d'assister aux réunions de colocataires ?

— Apparemment, oui, répondit Wardlow. Tout le monde l'aimait bien. Le couple qui gère le lotissement était drôlement secoué par la nouvelle.

Le commissaire hocha la tête et s'adressa à Jackie.

— Et sur les lieux ? Les techniciens ont trouvé des trucs intéressants ?

— Pas grand-chose, répondit la jeune femme. C'était une maîtresse de maison soigneuse. Le seul désordre a été causé par le chat.

— Il est où, au fait ? demanda Michelson, en feuilletant ses papiers.

— Je l'ai déposé dans un abri pour animaux, ce matin, répondit Wardlow.

— Aucun signe de lutte ? demanda encore le commissaire.

Jackie secoua la tête.

— Non. En revanche, elle a dû avoir de la visite, juste

avant de mourir. On a trouvé une carafe à whisky de verre taillé et deux gobelets, dans le living-room. Les deux gobelets ont été utilisés et abandonnés sur la table basse, avec la carafe.

— Les gars de l'identification les ont récupérés ?

— Oui. Claire dit qu'il va être difficile de relever des empreintes sur la carafe, vu qu'il n'y a presque pas de surface lisse, mais elle espère avoir plus de succès avec les gobelets.

— Et les messages sur le répondeur ? demanda encore Michelson.

Wardlow consulta ses notes.

— Le premier a été laissé samedi midi par le directeur du syndicat des colocataires du lotissement. Il voulait la prévenir qu'ils avaient décidé de changer le règlement pour le ramassage des ordures. Il y avait deux autres appels d'une collègue de travail, au Prairie Club ; une certaine Jennifer. Elle voulait juste bavarder. Les gars de la circulation devaient la rencontrer aujourd'hui. Un autre message, de sa mère, qui demandait comment elle allait.

— Quelqu'un l'a prévenue ? demanda le commissaire.

— Je l'ai appelée ce matin, intervint Jackie. Elle est veuve et vit en Floride ; cinquante-neuf ans, deux autres filles installées dans le Texas. Elle s'est effondrée, au téléphone. Elle dit que Darla a toujours été une enfant adorable ; elle ne peut pas croire qu'elle se soit suicidée.

— Est-ce que la mère et la fille s'étaient parlé, récemment ?

Jackie secoua la tête.

— Pas depuis deux semaines. Darla avait l'intention

de prendre l'avion pour aller passer Noël à Orlando et sa mère se faisait une joie de la revoir pour la première fois depuis plus de trois ans.

Il y eut un bref silence et Michelson poussa un soupir.

— Il y avait d'autres messages sur le répondeur ?

— Deux d'Avery Feldman, demandant pourquoi elle n'était pas au travail, répondit Wardlow. Il a dû les laisser hier soir, avant que nous arrivions.

Il jeta un coup d'œil à ses notes.

— Le dernier appel provient d'un homme non identifié ; il demande qu'elle le rappelle au numéro habituel et conclut en insistant que c'est urgent. Nous essayons de le retrouver, grâce à la boîte d'identification d'appels branchée sur la ligne de Darla ; malheureusement, elle n'indique que les numéros, pas les noms.

— Nous ne connaîtrons pas toute l'histoire, tant que nous ne disposerons pas des informations recueillies par l'équipe de Baumgartner, remarqua Jackie. Ils sont chargés de mener les interrogatoires au Prairie Club.

— Il ne reste plus qu'à réunir les dernières pièces du puzzle, enchaîna Wardlow. La petite Burkett a été renversée par un chauffard, et maintenant, ce chauffard vient de se suicider. Tout est bien carré. Pas besoin de monter un dossier et d'aller au tribunal.

— Un peu trop carré, marmonna Michelson.

— Et nous savons que, dans la vie, les choses ne se passent jamais comme ça, renchérit Jackie.

Une demi-heure plus tard, Jackie était installée dans une salle de réunion du poste central, en compagnie de quelques hauts fonctionnaires et des enquêteurs de la brigade de la circulation.

Wardlow était assis à sa droite et, à sa gauche, se tenait l'inspecteur principal Alvarez, sanglé dans son uniforme bleu marine. C'était un homme d'une cinquantaine d'années aux tempes grisonnantes, au profil finement ciselé, et il était très apprécié par l'ensemble des officiers de police.

— Je vous trouve un peu pâle, inspecteur Kaminski, dit-il à Jackie avec sollicitude. Vous ne vous sentez pas bien ?

La jeune femme eut un geste vers Wardlow.

— C'est la faute de Brian. Il a attrapé la grippe et me l'a refilée.

Alvarez éclata de rire.

— Je crois qu'il l'a passée à tout le monde, dans le département. Vous venez à notre fête de Noël, vendredi ?

— Je serai avec le fils de ma petite amie, répondit Wardlow.

— Et moi, avec les trois filles Stevenson, enchaîna Jackie.

— Stevenson, répéta l'inspecteur principal. C'est le type qui a disparu, n'est-ce pas ? Il y aurait un lien avec l'affaire qui nous préoccupe ?

— Apparemment, c'était un ami… intime de la femme qui s'est suicidée.

— Intéressant, murmura Alvarez. Très intéressant.

Il s'adossa à sa chaise et leva les yeux vers Steve Baumgartner, qui s'éclaircit la gorge avant de s'adresser au groupe d'officiers.

— Nous avons pu identifier formellement le véhicule, déclara-t-il. La brigade de l'Identification a comparé la bande du pneu avant droit et le moule qu'ils ont pris sur les lieux de l'accident, mardi dernier. Nous ferons une déclaration à la presse, plus tard dans la journée, pour annoncer que la voiture de sport de Darla Drake, une Honda Del Sol 1995, est bien celle qui a pris la fuite, après avoir renversé Angela Burkett.

Un murmure d'approbation et de soulagement s'éleva dans la pièce. L'équipe de Baumgartner était la seule à avoir subi les assauts répétés de la presse, dans le cadre de cette affaire.

Jackie se promit d'appeler Karl Widmer, après la réunion. Puisqu'un communiqué allait être publié, il n'y avait pas de mal à servir ce petit scoop au journaliste ; ce serait une façon de l'encourager à lui communiquer d'autres tuyaux utiles. Widmer n'avait pas reconnu Darla Drake, sur les photos, mais il savait peut-être des choses au sujet du Prairie Club et des clients qui le fréquentaient…

Baumgartner continua de rapporter les résultats de l'enquête menée par son équipe, notamment en ce qui concernait les entretiens des policiers avec les collègues de travail de Darla. De ce côté-là, les avis étaient unanimes : la jeune femme s'était toujours montrée charmante, amicale, et prête à rendre service. Tous s'accordaient pour affirmer, cependant, que ces derniers temps, Darla paraissait inquiète et très tourmentée.

Le sergent jeta un coup d'œil vers Jackie et Wardlow.

— Au fait, le dernier appel sur son répondeur a été passé depuis le Prairie Club.

— Le dernier appel ? répéta Wardlow, consultant ses notes.

— Celui de l'inconnu non identifié. Il parle d'une urgence et lui demande de le rappeler au numéro habituel. Il a été passé depuis le téléphone installé dans le vestibule du club. Personne ne sait par qui. Beaucoup de membres l'utilisent et il y a de nombreuses allées et venues.

Jackie leva la main, tandis que Wardlow consignait ces informations.

— Aucun des collègues de travail de Darla n'a fait le lien entre Darla et le délit de fuite ? demanda-t-elle. Ils devaient savoir qu'elle conduisait une voiture de sport rouge ; or, le véhicule a été abondamment décrit dans les médias.

— Elle n'utilisait jamais la Del Sol pendant l'hiver, répondit Baumgartner. C'était plutôt un jouet pour la belle saison. Elle le laissait au garage de novembre à mars. Darla a grandi en Floride et elle avait peur de rouler dans la neige. L'hiver, elle prenait le bus, des taxis, ou elle se faisait conduire.

— Mais elle était bien au volant de la Del Sol, lundi dernier, intervint Wardlow. Nous avons pratiquement essuyé une tempête de neige, ce soir-là. Sait-on pourquoi elle a sorti sa voiture ?

Baumgartner secoua la tête.

— Ainsi que je viens de le dire, ses amis la trouvaient distante, depuis quelque temps. Elle n'était pas comme d'habitude.

— Depuis combien de temps, à peu près ?

Baumgartner fronça les sourcils.

— Ecoutez, vous devriez peut-être aller leur parler vous-mêmes, dit-il en s'adressant à Jackie et à Wardlow. En ce qui nous concerne, nous sommes satisfaits d'avoir retrouvé le véhicule qui a renversé la gosse. C'était notre souci principal.

Claire Welsh apparut sur le seuil et frappa deux coups à la porte vitrée, avant d'entrer. Elle portait un pantalon de flanelle, une chemise blanche au col ouvert, et un blazer de tweed.

— Vous avez du nouveau, sergent Welsh ? lui demanda Baumgartner, tandis que le reste de l'assemblée la regardait avec curiosité.

Elle sourit et vint se poster près de lui, s'adressant à la ronde.

— Nous avons eu de la chance, sur cette affaire, déclara-t-elle. Pour commencer, la comparaison du pneu et de l'empreinte s'est révélée positive. Ensuite, nous avons pu relever des empreintes digitales dans la Del Sol, et aussi sur les deux gobelets à whisky trouvés dans la maison.

Elle se tourna vers Jackie.

— Concernant les gobelets à whisky, le premier groupe d'empreintes correspond à celles que nous avons relevées sur le cadavre, à la morgue, ce matin — index et pouce gauches.

— Et les autres ? demanda Jackie, la gorge serrée.

— Une seule est vraiment claire, et elle appartient à John Allan Stevenson. Il s'agit du majeur de la main droite.

— John Stevenson, murmura Jackie.

— Ses empreintes sont également dans la Del Sol, poursuivit Claire. Sur le volant et sur le levier du clignotant.

Un nouveau murmure, d'excitation cette fois, roula dans la pièce. Jackie et Wardlow échangèrent un regard.

— Comment se fait-il que nous ayons les empreintes de

Stevenson dans nos fichiers ? demanda Wardlow. Il n'avait pas de casier judiciaire.

— Quand il était à l'université, il a travaillé un été dans un parc national du Wyoming. Le poste exigeait certaines garanties de sécurité, et le FBI avait ses empreintes dans ses dossiers.

— Cela signifie qu'il était chez Darla Drake, vendredi soir, chuchota Jackie à son coéquipier. Quatre jours après avoir abandonné son domicile.

— Tu vas le dire à sa femme ? demanda ce dernier, sur le même ton.

— Je ne sais pas.

Jackie leva les yeux vers Baumgartner, qui venait de remercier le sergent Welsh et reprenait le résumé de son affaire.

— Je ne sais fichtre pas ce que je vais faire, grommela-t-elle encore.

Le mercredi soir, Jackie avala deux aspirines pour apaiser sa migraine, et se roula en boule sur le canapé. Elle portait un vieux pantalon de survêtement, une chemise en flanelle qui n'était pas plus récente, et des grosses chaussettes.

La télévision passait un film de Noël, une histoire de bébé renne qui essaye de retrouver sa mère, perdue au Pays des Neiges. Mais Jackie ne la regardait que d'un œil. Elle ne cessait de penser à l'affaire Darla Drake-John Stevenson. Quelque chose la gênait, dans toute cette histoire.

La plupart des policiers, au poste, étaient soulagés. La personne responsable de la mort de l'enfant était retrouvée, et elle avait même poussé le zèle jusqu'à se juger, se condamner et s'exécuter elle-même, évitant ainsi au système judiciaire une intervention qui aurait coûté de l'argent, du temps et de l'énergie.

— Tout le monde y trouve son compte, marmonna Jackie.

Tout le monde, excepté les parents de la petite Angela, la mère de Darla, et la pauvre Carly Stevenson, restée sans le sou, avec sa maisonnée pleine d'enfants…

Jackie commença à transpirer. Elle se leva, s'installa à son bureau, et sortit une feuille de papier et un stylo. Après quelques instants de réflexion, elle écrivit une série de questions.

1. Le suicide de Darla Drake. Pas de lettre ? Si elle en a écrit une, où est-elle ?

2. John et Darla. Comment se sont-ils rencontrés ? Au Prairie Club ? (Improbable) Où est-il ? Pourquoi n'a-t-il été vu nulle part, par personne ?

3. Qui a téléphoné à Darla, mardi soir, pour lui parler d'un problème urgent ?

4. Qui menace Carly et les enfants ?

5. Norine Burkett. Pourquoi tant d'hostilité, quelques jours après l'enterrement ?

6. Pourquoi John a-t-il quitté son travail ? Pourquoi n'a-t-il rien dit à sa femme ?

7. Tous les liens… entre John Darla, la petite Burkett… ? Pourquoi y en a-t-il autant ? Simples coïncidences ?

Jackie étudia ces questions jusqu'à se donner de nouveau la migraine. Alors, elle se leva et retourna s'allonger sur le canapé. La télévision était toujours allumée ; elle saisit la télécommande et l'éteignit. Puis elle regarda autour d'elle, se demandant quoi faire.

L'étui de sa flûte était rangé dans un coin, mais elle n'était pas d'humeur à jouer, ce soir.

Finalement, elle prit un magazine, des aiguilles et plusieurs pelotes de fil de coton beige. Il s'agissait d'un nouveau projet, autrement plus difficile que la formation de base à l'académie de police, se disait-elle souvent.

Jackie Kaminski apprenait à tricoter. Et elle n'était pas douée.

Elle considéra les quelques rangs de mailles inégaux, et secoua la tête.

L'idée de départ était de tricoter des couvertures pour le ranch. Ainsi, lorsqu'elle épouserait Paul, elle n'aurait pas à emporter les vieilles horreurs que sa grand-mère avait faites, autrefois, et qui charriaient encore tant de mauvais souvenirs.

Oh, il n'était pas question de les jeter ! Jackie en aurait été bien incapable. Mais elle rêvait de plus en plus de les ranger quelque part où elle ne les verrait plus.

Ainsi elle finirait par les oublier, comme elle s'efforçait d'oublier son passé.

— Je suis sûre qu'un psychanalyste aurait beaucoup à dire sur ce désir de tricoter des couvertures, grommela-t-elle brusquement, au bout d'un long moment durant lequel il lui parut de plus en plus évident que jamais, au grand jamais, elle ne réussirait à en tricoter de nouvelles pour remplacer celles du passé…

Sa voix résonna dans l'appartement vide, et elle regarda

autour d'elle, comme pour s'assurer qu'il n'y avait personne.

— Je devrais m'acheter un chien ou un chat, se dit-elle encore. Avec un animal domestique, on peut parler à voix haute quand on est seul et ne pas avoir l'impression de devenir fou.

Elle eut une brusque vision du chat siamois en train de lécher ses pattes pleines de sang, chez Darla, et son estomac se souleva.

Jackie courut jusqu'à la salle de bains et vomit presque tout son dîner. Elle se sentit un peu mieux, après, même si elle était faible et un peu tremblante.

Elle s'aspergea le visage d'eau fraîche et considéra un instant son reflet dans le miroir, avant d'aller reprendre son tricot, d'un air têtu. Mais au bout d'un moment, les yeux lui brûlèrent, à force d'essayer de déchiffrer les petits symboles sur le modèle, et elle laissa tomber son ouvrage sur ses genoux.

Il restait deux semaines avant Noël. Adrienne les avait invités à dîner chez eux, elle et Paul. C'était aussi le jour où Jackie devrait répondre à l'ultimatum de son compagnon. Qu'allait-elle lui dire ?

— Je t'épouse, même si cela signifie que je devrai abandonner le contrôle de ma propre vie et te laisser tout prendre en charge. Je t'aime trop pour te perdre.

Pouvait-elle vraiment lui dire une chose pareille ? Ou bien :

— Je suis désolée, Paul, mais je ne suis pas prête. Je t'aime, et je t'aimerai toujours, mais je gère ma vie toute seule depuis trop longtemps pour pouvoir en céder le contrôle à qui que ce soit d'autre. Alors, je suppose qu'il s'agit d'un adieu.

Jackie s'imagina en train de prononcer ces paroles. Elle se vit même sourire bravement, embrasser son amant sur la joue et lui souhaiter une vie heureuse, avant de se tourner et de s'éloigner dans la neige…

Mais il y avait une suite à cette scène, et Jackie n'avait pas de mal, non plus, à l'imaginer : la souffrance et la solitude, le désespoir, la douleur de ne plus jamais revoir Paul, ne plus lui parler, ne plus rire avec lui, ne pas savoir ce qu'il devenait, ce qu'il pensait ; ne plus dormir avec lui, ni le tenir dans ses bras, ni sentir son corps contre le sien…

Des larmes jaillirent de ses yeux et roulèrent sur ses joues. Elle les essuya aussitôt, d'un geste rageur, et reprit son tricot. L'instant d'après, elle perdait une maille, faisant un gros trou.

— Et merde ! s'exclama-t-elle.

Finalement, elle tendit le bras, rapprocha le téléphone et décrocha le combiné pour composer un numéro de mémoire.

— Bonsoir, mamie, dit-elle, quand une voix chevrotante lui répondit, au bout du fil. C'est Jackie. Comment vas-tu ?

— Ça va, commença la vieille dame. J'ai une douleur affreuse au genou gauche, ça me remonte jusque dans la cuisse, surtout le matin, et je ne peux pas…

— Tu as vu le médecin ?

— Le médecin ? s'exclama sa grand-mère avec amertume. Qui a les moyens de se payer un médecin ?

— Je t'ai envoyé de l'argent, le mois dernier, dit Jackie,

tandis que montait en elle une bouffée de désespoir trop familière. Sept cents dollars. Joey les a mis sur ton compte, à la banque. Tu devais les utiliser en cas d'urgence, si tu avais besoin de soins médicaux, par exemple.

— C'était très gentil de ta part, Jackie, répondit la vieille dame sur un ton plus circonspect. Vraiment, c'était généreux d'envoyer cet argent pour ta pauvre vieille grand-mère. Je suis très touchée.

— Qu'est-il devenu, mamie ?

Il y eut un bref silence et la migraine de Jackie revint en force, exacerbée par un terrible sentiment de frustration. Elle dut se retenir pour ne pas jeter le téléphone à travers la pièce.

— Mamie ? insista-t-elle, se forçant à parler avec douceur. Tu n'as pas recommencé à boire, dis ?

— Non ! s'exclama Irène avec indignation. Je n'ai pas avalé une goutte d'alcool depuis Halloween. Pas même une des bières de Joey.

— C'est bien. Je suis vraiment heureuse de l'entendre.

Jackie respira profondément.

— Mais alors, où est passé l'argent ?

— Nous avons eu un petit problème, répondit la vieille dame sur un ton évasif.

— Quel genre de problème ?

— Pft, cette fille, au bout de la rue, a commencé à raconter partout que Carmelo l'avait mise enceinte. La petite salope. Elle ne pouvait pas choisir un autre gars du quartier ? Pourquoi s'en prendre à Carmelo ?

Jackie revit le visage du plus jeune de ses cousins, avec ses cheveux noirs, ses dents si blanches et ses airs fanfarons.

— Si Carmelo n'était pas responsable, pourquoi avoir donné l'argent à cette fille ? demanda-t-elle avec lassitude.

— Il voulait s'en débarrasser, le pauvre. Mais dis-moi, comment vas-tu, toi ? enchaîna sa grand-mère de cette voix faussement enjouée qu'elle prenait toujours quand elle voulait changer de sujet.

— J'apprends à tricoter, répondit Jackie. Et j'ai un problème avec un modèle. Je me demandais si tu pourrais m'aider.

— Peut-être, répondit Irène, apparemment flattée. Mais il y a longtemps que je n'ai pas tricoté, tu sais. Avec mon arthrose, mes doigts me font trop mal.

— Tant que tu peux encore tenir un marqueur pour jouer au bingo…

Il y eut un silence, au bout de la ligne, et Jackie regretta son sarcasme. Elle fronça les sourcils et considéra son ouvrage.

— Bon, alors, pour faire du point avant-point arrière, je me débrouille à peu près. Mais dès que j'essaie d'utiliser la petite aiguille supplémentaire…

— Jackie, l'interrompit sa grand-mère, ne me dis pas que tu essaies de faire un point de câble, tout de même ?

— Si, répondit la jeune femme. C'est pour une couverture. Elle est jolie, sur la photo, et j'ai pensé que…

— Tu n'y arriveras pas, déclara Irène sur un ton sans appel. C'est trop difficile.

Jackie sentit son ventre se serrer.

— Si cette couverture est impossible à réaliser, pourquoi crois-tu qu'ils impriment le modèle ?

— Oh, quelqu'un qui sait bien tricoter s'en sortirait

sûrement, répondit sa grand-mère. Mais tu es trop maladroite. Tu l'as toujours été.

Jackie agrippa le combiné du téléphone, prise de fureur. Ça recommençait. C'était encore et toujours le même refrain, ce refrain qu'elle n'avait cessé d'entendre, depuis le jour de sa naissance…

« Tu n'es pas capable, tu n'y arriveras jamais, ils ne te laisseront pas faire, tu devrais laisser tomber.

» Aucun garçon n'aura jamais envie de sortir avec toi. Regarde-toi. Qu'est-ce qui te fait penser que tu vas pouvoir travailler dans la police… jouer de la flûte… apprendre à tricoter… ? Tu perds la tête. Tu ne pourras jamais épouser un homme digne de ce nom et devenir une bonne épouse. Comment pourrais-tu élever un enfant, alors que ta propre mère n'a pas voulu s'occuper de toi ? »

— Merci pour le conseil, mamie, dit-elle froidement, à haute voix. Je crois que je vais quand même continuer à essayer. Je finirai bien par comprendre comment on réussit ce fichu point de câble. Je t'appellerai avant Noël.

Et elle raccrocha prestement, sans donner à son aïeule le temps d'ajouter quoi que ce soit. Ensuite, elle demeura un long moment immobile, les yeux fixés sur la fenêtre.

Soudain, la sonnette de la porte résonna dans l'appartement. Jackie haussa les sourcils, se leva et alla regarder dans le judas. Puis, retenant une exclamation de surprise, elle ouvrit la porte.

Paul se tenait dans le couloir.

Il l'enveloppa d'un long regard scrutateur.

18.

— Paul ! s'exclama Jackie, sur un ton qu'elle espérait naturel, et même heureux. Quelle bonne surprise ! Entre.

Elle s'effaça pour le laisser passer et le regarda, tandis qu'il délaçait ses bottes, ôtait son blouson et l'accrochait dans le placard.

Pour la première fois depuis des mois, elle ne se jeta pas dans ses bras. Paul ne fit aucun commentaire, mais cette réserve pesa lourdement dans l'air, entre eux, créant comme un malaise.

— Comment vas-tu ? lui demanda-t-il en la dévorant des yeux. Tu as l'air bouleversé.

Jackie se dirigea vers la cuisine.

— Ça va. Je viens juste de parler avec ma grand-mère. Tu sais qu'elle a le chic pour me mettre en boule.

— Qu'est-ce qu'elle a dit, cette fois-ci ?

Il ouvrit le réfrigérateur et se servit un verre de jus d'orange.

— Oh, comme d'habitude, répondit Jackie, en jouant avec le robinet de l'évier. Je continue de m'escrimer à apprendre le tricot et je l'ai appelée pour lui demander son aide. Elle m'a dit que c'était trop difficile pour moi, et que je n'apprendrais jamais.

Elle eut un pauvre sourire, et ajouta :

— Elle dit que je suis maladroite.

Paul reposa son verre d'un geste brusque.

— Cette satanée bonne femme te répète la même chose depuis des années.

Il fronça les sourcils.

— Tu exerces un des métiers les plus durs qui soient, et tu excelles dans ta partie. Tu te débrouilles seule, sans l'aide de quiconque. Elle a un sacré culot de te seriner que tu n'es pas compétente.

Contre toute logique, Jackie lui en voulut de critiquer sa grand-mère.

— Mamie n'a pas eu une vie facile, murmura-t-elle. Elle n'a pas rigolé tous les jours, à nous élever, moi et ma bande de cousins.

— Elle ne vous a pas élevés, déclara Paul, reprenant son verre et le vidant d'un trait. Elle s'est contentée de picoler, de traîner à droite à gauche, et de vous laisser vous en tirer tout seuls. Pourquoi faut-il que tu la défendes ?

— Ne parlons pas de ma grand-mère, d'accord ?

Elle le fixait droit dans les yeux, surprise d'éprouver une telle colère.

Paul soutint son regard un instant, puis il détourna la tête.

— Très bien. Je n'aime pas parler de cette femme, de toute façon. Alors, qu'as-tu fait, ces jours-ci, à part tricoter ?

Il passa devant elle pour rincer son verre, puis se rendit dans le living-room, où il s'installa sur le canapé.

Jackie aurait voulu le rejoindre et se blottir dans ses bras mais, au lieu de cela, elle alla glisser un CD dans le lecteur, avant de reprendre son tricot et de s'asseoir dans un fauteuil en face de lui.

— Comme d'habitude, répondit-elle. Je travaille, je mange et je dors. Qu'est-ce qui t'amène en ville, à cette heure tardive ?

Mon Dieu, songea-t-elle avec désespoir. On dirait deux copains qui viennent de se rencontrer à un coin de rue.

Paul consulta sa montre.

— J'ai un veau qui est malade. Il a fallu que je vienne chercher des antibiotiques. Je ne peux pas rester longtemps. Je dois lui donner une autre dose avant minuit.

Jackie hocha la tête, à la fois déçue et soulagée d'apprendre qu'il n'allait pas passer la nuit avec elle.

— C'est grave ? demanda-t-elle.

— Je n'en sais rien. Il est très agité. Il n'a presque rien mangé, ces derniers jours.

Elle força un sourire sur ses lèvres.

— Eh bien, il n'est pas le seul. Je suis à peu près dans le même état. Tu devrais peut-être me laisser quelques comprimés.

— Tu es encore malade ?

— Ça va un peu mieux. Brian pense que j'ai évité le pire. Nous travaillons sur…

La vision du cadavre de Darla Drake apparut brusquement devant ses yeux et elle la repoussa vivement, avant d'être reprise de nausée.

— Quoi ? demanda Paul.

— Oh, un vilain suicide. C'est lié à cette histoire de délit de fuite ; tu sais, l'accident de la petite Burkett.

— Vous avez retrouvé le chauffard ? Je n'ai pas écouté les informations depuis ce matin.

Jackie lui raconta les derniers développements de l'affaire, y compris la mort de Darla, puis elle s'interrompit et tritura son tricot.

— Jackie ? demanda Paul, quelques instants plus tard. A quoi penses-tu ?

— J'ai tellement de peine pour sa femme, répondit-elle. Je veux parler de Carly Stevenson. Elle adore son mari, et elle continue de se montrer totalement loyale envers lui. Elle refuse le moindre commentaire négatif à son sujet. Et pourtant, il lui a menti, il a volé tout son argent en la laissant sans le sou, il l'a trompée avec…

Elle leva les yeux.

— En plus, il est peut-être mêlé à la mort de cette autre femme. Qui sait s'il ne représente pas une menace pour ses propres enfants ? Et malgré cela, elle continue à l'aimer. Comment une femme peut-elle être aussi aveugle ?

— L'amour et la loyauté ne vont pas forcément de pair avec la raison, répondit Paul. Peut-être sait-elle des choses à propos de son mari que personne d'autre ne sait. Sans compter que la situation peut être entièrement différente de ce qu'elle paraît.

— Oui, en attendant, je suis flic, pas médium. Je dois m'appuyer sur des faits. Et les faits démontrent que John Stevenson est coupable.

— Jackie, fit Paul avec douceur.

Elle l'ignora, les yeux résolument baissés sur son tricot.

— Je ne supporte pas l'idée que je puisse m'aveugler à ce

point, un jour, reprit-elle sur le même ton buté. Entichée d'un homme au point d'ignorer l'évidence et de laisser mes émotions me répéter que c'est un type formidable alors que tout me prouve…

Elle s'interrompit brusquement, enroulant un fil autour de la pelote.

— En admettant que ce type soit un menteur et un mari infidèle, cela ne signifie que tous les hommes sont comme lui, remarqua Paul. Et cela ne signifie pas non plus qu'un mariage fondé sur l'amour rend nécessairement aveugle à la vérité.

— Mais comment peut-on être sûr ? Je n'ai jamais eu de relation sérieuse, à part toi. Comment savoir l'effet qu'elle aura sur moi ?

— Nous sommes ensemble depuis plus d'un an, répondit Paul. Pour autant que je puisse en juger, la relation ne t'a fait que du bien.

— Qu'est-ce que tu entends par là ? J'étais une horrible personne, avant ?

A peine avait-elle prononcé ces mots qu'elle les regretta, surtout quand elle vit l'expression désappointée qui se peignit sur le visage de son compagnon.

— Ce genre de repartie ne te ressemble pas, commenta-t-il. C'est digne d'une…

— Nana, compléta-t-elle, voyant qu'il s'interrompait. C'est ça que tu allais dire, n'est-ce pas ? ajouta-t-elle, d'une voix qui grimpa d'un ton.

— Je t'ai connue plus raisonnable, répondit Paul posément. C'est une des qualités que j'ai toujours aimées, chez toi ; cette capacité que tu as de garder la tête froide et de demeurer objective.

— Et si j'étais en train de la perdre, cette objectivité ? fit Jackie, sa colère se muant en une sorte de malaise. Peut-être que l'amour me rend garce et déraisonnable — exactement ce que j'ai toujours voulu ne pas devenir.

Il la considéra un instant en silence.

— Dis-moi ce qui te fait peur, Jackie.

Elle baissa les yeux sur son ouvrage, tirant nerveusement sur les aiguilles.

— Je n'ai peur de rien.

— Bien sûr que si. C'est précisément ce dont nous sommes en train de parler. Tes peurs. Tu crois vraiment qu'en te mariant, tu vas te perdre et cesser d'être la personne que tu as envie d'être ?

Jackie enfonça une de ses aiguilles dans la pelote et se mit à tricoter aveuglément, sans même chercher à suivre le modèle.

— Ou bien est-ce que tu as encore trop écouté ton horrible grand-mère ? C'est elle qui a réussi à te convaincre que tu n'es pas assez bien pour devenir une bonne épouse et une bonne mère ?

Jackie fut secouée par une bouffée de fureur d'une violence inouïe.

— Je ne veux pas être une épouse et une mère, s'écria-t-elle. Je veux être une personne. Tu ne peux pas me forcer à entrer dans une de ces boîtes.

— Qui parle de te faire entrer dans une boîte ? Je t'aime et je veux que tu sois ma femme. J'espère qu'un jour tu seras la mère de mes enfants. C'est donc un projet si horrible et si tortueux ?

— Il devient horrible, si le fait d'être ta femme et la mère de tes enfants m'empêche de continuer à exercer mon métier, riposta Jackie. Et il est tortueux si ce qui compte, pour toi, c'est que tout s'enchaîne comme tu l'entends.

Elle se sentait envahie par une sorte de témérité, d'imprudence incontrôlable. Dans le fond, elle savait bien qu'elle se montrait injuste et blessante, mais elle ne pouvait pas s'en empêcher.

— Tu te comportes en égoïste, poursuivit-elle d'une voix tremblante de rage, sans le regarder. Tu imposes toutes les conditions. Nous devons nous marier en fonction de ton calendrier, pas du mien, et ensuite, je dois devenir la femme que tu veux, parce que ce que je suis ne te paraît pas assez bien. Et pendant ce temps…

— Ça suffit ! l'interrompit-il brusquement. Pour l'amour du ciel, tais-toi, avant de provoquer des scènes que nous regretterons tous les deux !

Il se leva et marcha en direction de la porte. Sur le seuil, il se tourna.

— Je m'en vais, Jackie. Mais avant de partir, je veux te dire une chose.

Jackie ne put le regarder. Elle garda les yeux fixés sur la pelote qu'elle tenait entre ses mains, la gorge douloureuse.

— Je ne crois pas qu'il s'agisse d'un problème de perte d'indépendance ou de rapport de forces au sein de notre relation, reprit Paul. Ce sont des questions importantes, certes, mais nous pouvons très bien les gérer, si nous nous aimons suffisamment.

Il enfila ses bottes et prit son blouson dans le placard.

— Il s'agit de tes peurs, poursuivit-il. Il s'agit de toutes les insécurités plantées en toi par ta grand-mère, trente ans avant que je te rencontre. Tu as peur d'être trop proche de quelqu'un. Tu es incapable de te résoudre à donner ton cœur, parce que tu as peur de le perdre. Tu ne peux pas aimer ou faire confiance à qui que ce soit.

— Ce n'est pas vrai, murmura Jackie.

— Et je ne peux pas continuer à me battre contre ta grand-mère et contre toutes tes peurs. Je t'aime, mais que dois-je faire de plus pour te convaincre que si nous construisons une vie ensemble, tu ne perdras pas ton identité ?

Jackie entendit comme une note finale, dans la voix de Paul. Aussitôt, elle se leva et marcha vers lui.

— Ecoute, plaida-t-elle, si on oubliait cette histoire de mariage ? On ne peut pas continuer à se voir, comme on l'a fait jusqu'à maintenant, et attendre un peu avant de s'engager plus avant ? J'admets que je ne suis pas prête. Mais je t'aime, ajouta-t-elle, d'une voix qui tremblait de plus en plus. Je t'aime vraiment.

Il la considéra un moment, son visage ne trahissant pas la moindre émotion.

— Je pense que tu m'aimes, en effet, répondit-il enfin. Mais seulement avec la partie de toi qui accepte de s'aventurer au-delà de tes peurs. Cela ne me suffit pas, Jackie. Je veux ton cœur tout entier. Si tu refuses de me le donner, ça ne m'intéresse pas.

— Qu'es-tu en train de me dire ? demanda Jackie.

— Je te dis au revoir, Jackie. Appelle-moi si jamais tu changes d'avis. Je t'attendrai.

— Paul !

Il ouvrit la porte et sortit dans le couloir. Puis il se tourna de nouveau pour la regarder, le visage empreint de tant d'amour et de peine qu'elle sentit son cœur se briser.

— Au revoir, Jackie, répéta-t-il.

Et il s'éloigna, de cette démarche élastique qu'elle aimait tant.

« Reviens ! hurla-t-elle intérieurement. Paul, reviens, je ferai ce que tu voudras ! Je ferais n'importe quoi pour ne pas te perdre… »

Mais la voix était verrouillée au fond d'elle, avec ses larmes. Et elle le regarda disparaître dans l'escalier, immobile, les yeux secs.

Le lendemain, Jackie était encore sous le choc, paralysée à la fois par la douleur et par une sorte d'incrédulité ; elle n'arrivait pas vraiment à comprendre et à accepter ce qui s'était passé.

Comment tous ces mois d'amour et de complicité partagée pouvaient-ils s'achever sur quelques phrases pleines de froideur ?

Et surtout, pourquoi ?

Elle avait passé la nuit à tourner et se retourner dans son lit, et ce matin, elle n'était pas plus près d'apporter une réponse à ces questions.

Elle accomplit son rituel matinal comme un automate, et se rendit à l'hôpital, où elle s'installa dans une petite salle d'attente près de la morgue, l'esprit encore tout empli de Paul.

Les points sur lesquels ils ne parvenaient pas à s'entendre n'étaient pas nouveaux mais, jusqu'alors, ils avaient réussi à les mettre de côté et même, au fil des jours et des semaines, à devenir plus proches l'un de l'autre. Mais leurs différends avaient continué de grandir, et venaient de porter à leur relation un coup mortel.

— Kaminski, tu as vraiment une sale gueule, ce matin, déclara Wardlow, en franchissant le seuil de la salle d'autopsie. Tu as d'énormes valises sous les yeux.

Il était accompagné de Claire Welsh et celle-ci la considéra avec sollicitude.

— C'est vrai que tu es pâle, renchérit-elle. Tu te sens bien ?

— J'ai mal dormi, répondit Jackie, évitant le regard de Wardlow. Mais où sont les autres ? enchaîna-t-elle. Nous sommes déjà en retard.

Le médecin légiste apparut au même moment, par une autre porte.

— Entrez, leur dit-il. Raelynn va arriver avec le corps. Bonjour, inspecteurs, ajouta-t-il à l'intention de Jackie et Brian. Sergent Welsh, fit-il encore avec un large sourire.

— Bonjour, docteur Klein, répondit le sergent d'une voix empreinte de respect chaleureux. C'est moi qui vais prendre les photos, aujourd'hui. Ma brigade s'intéresse de très près à cette affaire.

— Une affaire bien mystérieuse, commenta le légiste en enfilant une paire de gants en latex. Je vous conseille d'user de toutes les précautions, enchaîna-t-il, tandis que

Claire sortait des appareils photo et des flashes d'une mallette métallique. La phase de décomposition du corps est déjà avancée.

Claire hocha la tête, prit une poignée de masques et en donna deux à Jackie et à Brian. Les masques étaient composés de plusieurs couches de papier très fin, avec une petite barre métallique souple et horizontale à l'emplacement du nez, et un élastique pour les maintenir en place.

— Tiens, dit Claire en tendant encore un petit pot bleu à Jackie.

— Qu'est-ce que c'est ? demanda cette dernière.

— Du Vicks VapoRub. Mets-en un peu à l'intérieur du masque. Ça aide beaucoup.

Jackie prit la pommade avec gratitude et s'empressa de suivre le conseil de sa collègue, avant de passer le pot à Wardlow. Puis elle enfila le masque.

— Ah, voilà Raelynn, déclara le légiste.

Il sourit à son assistante, qui arrivait en poussant devant elle une table de dissection en acier inoxydable sur laquelle reposait le corps enveloppé d'un sac de plastique blanc.

Raelynn était une jolie Noire dotée de très beaux yeux et d'un petit sourire timide. Elle portait une combinaison blanche et des bottes en caoutchouc.

Elle sourit aux officiers de police et plaça la table au milieu de la pièce.

Jackie et Wardlow préparèrent calepins et stylos, prêts à prendre des notes, tandis que Claire s'approchait, un appareil photo dans une main, le flash dans l'autre.

Les cachets accrochés le long de la fermeture Eclair de la housse, au moment du dépôt du corps, furent dûment vérifiés, puis le légiste et son assistante dégagèrent le cadavre.

— Darla Elizabeth Drake, commença le médecin, d'une voix calme et monotone. Sexe : féminin ; race : blanche ; âge : vingt-sept ans.

Jackie considéra le corps allongé sur la table de dissection, cependant que Raelynn déboutonnait la chemise de nuit tachée de sang séché. En quelques gestes habiles et précis, la jeune femme découpa le vêtement, avant de le déposer dans une boîte à indices, avec les chaussons imprimés.

Le corps de Darla gisait sur la plate-forme métallique, nu, à l'exception des rouleaux en mousse rose, dans les cheveux. Jackie s'approcha, heureuse de pouvoir compter sur le masque en papier et la pommade pour filtrer l'odeur.

Le tas enflé et bleui étalé sur la table trahissait bien peu de ressemblance avec la ravissante séductrice qui apparaissait sur les photos que Karl Widmer lui avait données. Comme chaque fois qu'elle se trouvait dans une salle d'autopsie, Jackie était choquée de constater les dégâts indignes que la mort commet sur le corps humain.

— Otez les rouleaux également, murmura le Dr Klein à son assistante. Nous allons examiner les tissus du cerveau. Sergent Welsh, vous êtes prête ?

Claire prit plusieurs clichés des cheveux et du visage de la jeune morte, sous des angles différents.

— C'est bon, dit-elle à l'adresse de Raelynn.

Le légiste fit signe à son assistante, qui ôta les rouleaux roses un par un et les posa dans une autre boîte à indices. Puis elle alla prendre dans un coin de la pièce un petit tuyau flexible semblable à un tuyau d'arrosage et relié à un évier.

Le Dr Klein et la jeune femme travaillaient ensemble avec une telle aisance, une telle efficacité, qu'ils avaient à peine besoin d'échanger quelques mots ; la plupart du temps, un regard ou un geste suffisait. Ni l'un ni l'autre ne portait de masque, et l'odeur du cadavre ne paraissait pas les affecter.

Raelynn jeta un regard interrogateur vers Claire, qui prenait des photos du torse et des différents membres, particulièrement les bras et les poignets. La technicienne de l'Identification fit le tour de la table et se concentra sur le bras gauche, en tenant le flash bien en l'air.

— C'est bon, dit-elle.

L'assistante entreprit alors de nettoyer le sang qui avait séché et collé à la peau du cadavre, s'attachant particulièrement aux poignets tailladés.

Jackie réprima un soupir et Wardlow lui jeta un bref regard par-dessus son masque, l'air inquiet. La jeune femme fronça les sourcils et reporta son attention sur ses notes.

— Je suppose que vous vous intéressez surtout à ces coupures aux poignets, déclara le légiste. Mais nous allons commencer par les organes internes. Raelynn, il va nous falloir un échantillon de sang, un autre d'urine, et le contenu entier de l'estomac.

L'assistante hocha la tête en silence et s'en fut prendre plusieurs récipients dans une armoire.

Le Dr Klein opéra une première incision sur l'abdomen gonflé de Darla Drake et une bouffée d'air emprisonné s'échappa, si fétide qu'il pénétra le coton du masque de Jackie, lui donnant le vertige.

Elle regarda le médecin, tandis qu'il exposait et sortait les organes principaux. Les tissus fragiles comme ceux du foie commençaient déjà à perdre forme et consistance.

— Les drogues et l'alcool sont extrêmement volatils, à l'intérieur du corps humain, expliqua le légiste. Nous allons chercher des traces de leur présence, bien évidemment, mais si les résultats sont négatifs, compte tenu du fait que la mort remonte déjà à cinq jours, je n'en tirerai pas des conclusions définitives.

Jackie prenait soigneusement des notes. Un réel soulagement s'empara d'elle lorsque l'examen interne fut achevé, et tous les organes, les liquides corporels et les échantillons, serrés dans des récipients pour être analysés au laboratoire. Le Dr Klein recousit la cavité en faisant des points bien nets, puis il ôta une portion du crâne afin d'extraire le cerveau.

Enfin, il s'attaqua aux poignets, et les deux inspecteurs de police redoublèrent d'attention.

— Que déduisez-vous, à partir de ces blessures ? demanda Claire, qui s'était rapprochée avec son appareil photo.

— Nous allons voir, murmura le légiste en étudiant un bras, puis l'autre. Mmm, ajouta-t-il face à l'entaille béante du poignet gauche, avant de refaire le tour de la table pour réexaminer le droit. Je vous suggère de réaliser des gros plans, sergent Welsh.

Claire le suivit docilement, tandis que Jackie et Wardlow observaient la scène dans un silence tendu.

— Il ne semble pas y avoir de coupure expérimentale,

reprit le médecin en regardant son assistante par-dessus son épaule.

Celle-ci hocha la tête et consigna cette information.

— Des coupures expérimentales ? demanda Jackie à travers son masque. Qu'est-ce que ça signifie ?

— A l'exception des cas de déséquilibre mental, l'être humain éprouve une profonde aversion à l'idée de se couper, répondit le légiste. Dans ce genre de suicide, nous constatons presque toujours une ou deux blessures superficielles infligées avant l'incision fatale. Dans ce cas-ci, il n'y en a pas.

Jackie et Wardlow échangèrent un regard.

— Mais les incisions elles-mêmes sont extrêmement révélatrices, poursuivit le Dr Klein. Elles vont jusqu'à l'os. Si vous regardez de près, vous verrez que les tendons principaux de chaque poignet, connus sous le nom de fléchisseurs radial et cubital, ont été tranchés.

— Dans chaque poignet ? intervint Claire, les yeux fixés sur le cadavre.

Le médecin légiste hocha la tête, le regard pétillant.

— Vous comprenez ce que cela signifie, n'est-ce pas ? fit-il à l'adresse de Jackie et de son coéquipier.

Jackie hocha lentement la tête, assimilant cette nouvelle donnée. Si Darla avait tranché les tendons d'un de ses poignets, elle n'aurait jamais pu tenir le couteau avec cette main, afin de s'entailler le deuxième.

— Imaginez que je décide de me couper les veines, dit le Dr Klein en faisant un geste avec son scalpel. Comme je suis droitier, mon instinct sera de couper d'abord mon poignet gauche. Puis, je passerai le couteau dans ma main gauche.

Il joignit le geste à la parole, et Jackie poursuivit à son tour :

— Mais si votre première entaille a tranché les deux tendons principaux de votre poignet gauche, comment pourriez-vous tenir le couteau pour vous couper à droite ?

— Exactement, inspecteur Kaminski, acquiesça le médecin, le visage fendu d'un large sourire. Je pourrais peut-être m'entailler le poignet avec le tendon radial tranché, mais pas si le tendon cubital l'est aussi. Ça, c'est tout à fait impossible.

— Cela signifie…, intervint Wardlow, prenant une profonde inspiration et se rapprochant du corps décoloré et mutilé de la jeune femme.

— Cela signifie, compléta le Dr Klein sur un ton enjoué, que mes premiers soupçons étaient fondés.

Il désigna le cadavre d'un geste de la main.

— Aucun doute possible. Il ne s'agit pas du tout d'un suicide, mais bel et bien d'un acte délibéré ; autrement dit, un homicide.

19.

— Bon, récapitulons, déclara Michelson, vendredi midi, en se renversant sur son fauteuil.

Il prit une branche de céleri dans le Tupperware posé sur son bureau et poursuivit :

— Notre Mlle Drake a une liaison avec John Stevenson, qui lui-même travaille pour Jason Burkett. Elle prend sa voiture de sport pour aller faire un tour, lundi soir, elle loupe un virage et elle heurte la petite Burkett. La gosse meurt. Stevenson disparaît le même soir, deux semaines après avoir quitté son boulot et, pendant tout ce temps, il a oublié de mentionner à sa femme le fait qu'il est désormais sans emploi.

Michelson marqua une pause, mâchonnant son céleri d'un air pensif, et Wardlow reprit le récit.

— Darla Drake est dans tous ses états. Cela dure plusieurs jours. Vendredi soir, John Stevenson passe la voir pour bavarder. Ils prennent un verre ensemble et il lui taillade les deux poignets, avant de disparaître de nouveau dans la nature.

— Mais pourquoi ? intervint Jackie, le front plissé. Pourquoi aurait-il tué Darla Drake, alors qu'il venait de quitter sa femme et ses gosses pour elle ? Est-ce qu'il ne serait pas plus logique qu'ils prennent la fuite ensemble ? Après tout, elle a besoin de disparaître, et lui est déjà en cavale.

Michelson hocha la tête.

— Qu'en déduisez-vous, Jackie ?

— Eh bien, je continue à me poser des questions au sujet de Norine Burkett. Pourquoi est-ce qu'elle nous en veut à ce point ? Pourquoi se montre-t-elle aussi hostile et aussi réticente à coopérer avec la police, quand celle-ci enquête sur la mort de son enfant ? Pour moi, la seule explication, c'est qu'elle a quelque chose à cacher.

— Mais nous savons que ce n'est pas sa voiture qui a tué la gosse, intervint Wardlow. C'est la voiture de Darla Drake. Il n'y a aucun doute là-dessus. Or, Darla n'a aucun lien avec la famille Burkett. Seulement avec John Stevenson, dont nous avons retrouvé les empreintes à l'intérieur de l'auto, soit dit en passant…

— Mais John Stevenson, lui, a des liens avec les Burkett, murmura Jackie. Je trouve que c'est une sacrée coïncidence. Et comment savoir si tous ces gens se connaissent et quels sont leurs liens, alors que nous ne pouvons parler à aucun d'entre eux ?

Elle se leva, secouant la tête avec frustration.

Michelson se pencha sur son bureau.

— Jackie, est-ce que ça va ?

— Non, ça ne va pas. Il y a un meurtrier — un tueur d'enfant — qui se balade tranquillement dans la nature. Comment voulez-vous que ça aille ?

Michelson et Wardlow échangèrent un regard.

— Comment va Paul ? demanda Brian.

— On ne se voit pas, en ce moment, répondit la jeune femme sur un ton sec. Et pour le cas où l'un de vous aurait envie de faire des commentaires, ce ne sont pas vos oignons, ajouta-t-elle en les fusillant du regard l'un après l'autre.

— Mais, Jackie, ne te fâche pas, protesta Wardlow, prenant un air presque enfantin dans la détresse.

— J'ai dit que je ne voulais pas en parler, Brian. Laisse tomber, tu veux ?

Elle se rassit et Wardlow parut hésiter, prêt à reprendre la parole. Mais on frappa à la porte.

L'officier de patrouille Brenda Howe passa la tête par l'entrebâillement.

— Salut, Jackie, dit-elle. J'ai suivi vos instructions : j'ai filé Norine Burkett toute la matinée. C'était intéressant.

Les deux inspecteurs et le commissaire se redressèrent sur leur chaise, tandis que la jeune femme entrait et s'asseyait à son tour.

— Racontez, fit Michelson.

— Eh bien, elle a pris la Land Rover et porté six énormes sacs de vêtements et une montagne de jouets au dépôt de l'Armée du Salut.

— Elle se débarrasse déjà des affaires d'Angela ? commenta Wardlow.

— Visiblement, répondit Brenda. Elle avait un air très déterminé. Pas la moindre émotion. On aurait dit qu'elle sortait les poubelles.

— Norine est douée d'un sang-froid hors du commun, commenta Jackie. Quoi d'autre ?

— Ensuite, elle est passée à Esmeralda, en ville, faire du shopping. Elle a acheté pas mal de choses.

— C'est quoi, Esmeralda ? demanda Wardlow.

— Une boutique de vêtements, lui répondit Jackie. C'est tellement cher qu'il faut presque payer pour entrer. J'y suis allée avec Adrienne, une fois, et j'ai vu un petit sac à main noir à trois mille dollars.

Michelson ouvrit de grands yeux.

— Trois mille dollars pour un sac ? Mais c'est obscène !

— Complètement, acquiesça Brenda avec humeur. Quand je pense à tous les enfants, dans cette ville, qui n'ont pas assez à manger, alors que des gens comme Norine Burkett…

Elle s'interrompit brusquement, rougit et baissa les yeux sur son calepin.

— Après ça, enchaîna-t-elle sans transition, elle a pris un café avec un ami et elle est rentrée chez elle.

— Un ami ? Vous l'avez reconnu ? s'enquit Jackie. Brenda hocha la tête.

— Oui, c'était Karl Widmer. Vous savez, ce journaliste drôlement mignon qui travaille pour le *Sentinel.*

Jackie eut l'air stupéfait.

— Ils avaient vraiment l'air de deux amis ? demanda-t-elle après quelques secondes de réflexion. Ou bien s'agissait-il d'une interview pour le journal ?

Brenda secoua la tête.

— Non, ça n'avait pas l'air d'être une interview. Ils se sont retrouvés au Cavanaugh, près de River Park, et ils se sont installés dans un coin de la salle, derrière des plantes. Ils avaient l'air de se disputer. Au bout de vingt-cinq minutes, elle s'est levée et elle est partie, l'air très en colère.

— Il ne lui en faut pas beaucoup pour se mettre dans cet état, commenta Jackie, tout en réfléchissant à toute vitesse.

Elle repensa à la manière dont Widmer l'avait abordée, à ses insinuations au sujet de Norine Burkett et du fait qu'elle aurait pu être au volant de la petite voiture rouge qui avait tué sa fille ; et pour finir, à ces satanées photos avec John Stevenson.

Elle s'avisait brusquement que le journaliste était au cœur des événements, pratiquement depuis le début de l'affaire.

— Merci, Brenda, déclara-t-elle, se levant et réunissant ses dossiers. J'irai bavarder avec notre ami Widmer un peu plus tard. Pour l'instant, j'ai promis à trois petites filles de les emmener voir le Père Noël.

Jackie bifurqua dans la rue de Carly Stevenson et arrêta sa voiture derrière une luxueuse automobile bleue. La jeune femme crut la reconnaître, mais elle ne se rappelait plus où elle l'avait déjà vue.

Elle marcha jusqu'à l'entrée et appuya sur la sonnette. Presque aussitôt, la porte s'ouvrit à la volée et les jumelles apparurent sur le seuil. Leur expression solennelle s'était muée en un air d'excitation presque palpable. Toutes deux arboraient des jupes écossaises assorties de petits gilets en velours rouge sur un chemisier blanc au col de dentelle. Elles avaient accroché un badge représentant un visage de Père Noël, sur leur poitrine.

— Son nez s'allume ! dit Emily avec un large sourire.

— Il faut tirer sur le cordon, renchérit Rachel, joignant le geste à la parole.

Aussitôt, le nez rouge du Père Noël s'alluma, le faisant ressembler à un gnome qui aurait trop bu.

— Oh ! s'exclama Jackie, feignant l'émerveillement. Recommence.

Rachel obéit avec un petit rire et sa sœur l'imita.

Caitlin arriva sur ces entrefaites, l'air un peu plus calme, même si ses grands yeux bleus brillaient d'un plaisir anticipé. Elle portait un caleçon vert et une tunique blanche avec un bonhomme de neige dessus.

— On dirait que vous allez toutes à une fête, remarqua Jackie en souriant à la sœur aînée.

— Mais oui, on y va avec toi, dit Emily, levant les yeux vers elle et s'accrochant à sa manche. Non ? ajouta-t-elle d'une voix inquiète.

Jackie sentit son cœur fondre à la pensée de toutes les peurs et les incertitudes que ces pauvres enfants avaient dû subir, depuis près de deux semaines.

— Absolument, répondit-elle en lui ébouriffant les cheveux. Nous allons au commissariat central, où il va y avoir une grande fête, avec des tas d'enfants. Et puis…

Elle baissa la voix :

— Je suis presque sûre que le Père Noël va vous apporter un cadeau.

Emily poussa un soupir de bonheur et fourra son pouce dans sa bouche. Puis les trois enfants entraînèrent Jackie vers le living-room, où la jeune femme s'immobilisa en avisant le visiteur.

Jason Burkett était installé dans un fauteuil, près de la

cheminée, sirotant un café dans une des tasses du service en porcelaine que Jackie avait déjà remarqué derrière la vitre d'une armoire. Le visiteur leva les yeux et lui sourit, posant aussitôt sa tasse pour se lever et lui serrer la main.

— Bonjour, inspecteur. Carly me dit que vous allez emmener les enfants à la fête de Noël de la police, cet après-midi. C'est très gentil de votre part.

Jackie lui rendit son sourire, tout en s'efforçant de jauger l'individu. C'était la première fois qu'elle voyait Jason Burkett sans sa femme, et il paraissait étrangement incomplet — comme s'il fallait la présence de Norine pour l'amener à la vie. Son sourire était courtois, chaleureux même, mais il avait le regard vide, et triste.

Forcément, se dit aussitôt la jeune femme avec compassion, songeant combien il devait lui être douloureux de se retrouver dans une maison pleine d'enfants, quelques jours à peine après avoir perdu sa petite fille unique.

En tout cas, il était beaucoup plus agréable que son épouse, si froide et si hostile.

Il se dirigea vers la porte et enfila le manteau que lui tendait Carly. Puis il sourit à la jeune femme et prit ses mains entre les siennes.

— Si je peux faire quoi que ce soit, Carly, dit-il avec sincérité, Norine et moi serons toujours heureux de vous aider. Vous n'avez qu'à nous appeler, à n'importe quel moment.

— C'est vraiment gentil de votre part, murmura Carly. Merci beaucoup, monsieur Burkett.

Il eut un hochement de tête poli à l'adresse de Jackie et quitta la maison.

La jeune femme alla aussitôt se placer devant la fenêtre

pour regarder s'éloigner la haute silhouette. Carly la rejoignit.

— C'est un homme bon, dit-elle. Il m'a donné beaucoup d'argent. Suffisamment pour que je vous rembourse et pour nous permettre de vivre pendant plusieurs semaines. Il m'a assurée que je n'avais pas besoin de lui rendre l'argent jusqu'à… jusqu'à ce que John rentre à la maison et que tout s'éclaircisse.

— C'est très généreux de sa part, commenta Jackie avec circonspection.

Les filles étaient parties chercher leur manteau et elle observa le visage si pâle de Carly. La malheureuse avait l'air plus terrifié que jamais et Jackie se demanda combien de temps encore elle allait réussir à supporter la pression des événements sans craquer.

— Vous savez, Carly, avança-t-elle avec précaution, que même lorsque John… lorsque nous le retrouverons, il se pourrait qu'il ne rentre pas tout de suite chez vous.

— Il rentrera à la maison, déclara Carla en se tournant pour ramasser quelques feuilles mortes tombées dans les pots de plantes, près de la fenêtre.

Ses mains tremblaient.

— Ecoutez, Carly, insista Jackie, je vous ai parlé de l'autopsie. Cette femme a été assassinée. Nous avons des photos d'elle avec votre mari et nous avons aussi retrouvé les empreintes de John sur les lieux du crime et dans la voiture de la victime. Il faut que vous…

— Il ne faut rien du tout ! s'écria Carly, pivotant sur elle-même pour l'affronter. Je me fiche de ce que vous racontez ! John n'a jamais fait de mal à personne. Jamais, de toute sa vie. Je ne sais pas ce qui se passe, mais je sais qu'il n'a rien à voir dans tout ça.

Elle se pencha vers Jackie et chuchota de nouveau, avec violence :

— Il n'a rien à voir dans tout ça ! Vous m'entendez ?

Les fillettes apparurent sur le seuil, avec leurs manteaux et leurs moufles, et les deux adultes se précipitèrent pour les aider à les enfiler.

— Prenez le van, reprit Carly en sortant avec elles. C'est plus facile que de transférer tous les sièges dans votre voiture. Il me reste la Volvo, au cas où j'aurais besoin de me déplacer.

Sa voix n'était pas très assurée, mais elle paraissait avoir repris le contrôle d'elle-même.

Jackie s'arrêta devant la portière du conducteur, pendant que la jeune femme installait ses enfants à l'intérieur de l'habitacle.

— Vous êtes sûre que vous ne voulez pas habiller Patrick et venir avec nous ? insista-t-elle. Une petite fête de Noël vous ferait du bien, Carly.

Cette dernière lui offrit un pauvre sourire.

— La meilleure des fêtes, pour moi, ce serait une longue sieste. J'espère que Patrick va dormir une bonne partie de l'après-midi.

Jackie se demanda brusquement si la jeune femme continuait à recevoir des appels nocturnes. Mais le moment était mal choisi pour en parler.

— Si cela ne vous dérange pas trop, il faudrait déposer Caitlin chez une de ses camarades de classe, sur le chemin du retour. Elle est invitée à une fête d'anniversaire et elle va dormir sur place. C'est à l'ouest de la ville, dans une rue qui part de Summit Boulevard, ajouta-t-elle d'un air d'excuse.

Elle tendit à Jackie un petit papier sur lequel une adresse était soigneusement inscrite.

— Je sais que ce n'est pas tout à fait sur votre chemin, mais...

Jackie balaya ses hésitations d'un revers de main.

— Ne vous inquiétez pas ; ça ne pose aucun problème. Nous devrions être de retour vers 16 ou 17 heures, d'accord ?

Elle se glissa derrière le volant et attacha sa ceinture de sécurité.

— Dites au revoir à votre maman, les filles, lança-t-elle sur un ton enjoué.

Les trois sœurs firent de grands signes de la main et Jackie démarra lentement, avant de s'engager le long de la rue.

Elle jeta un coup d'œil vers Caitlin, attachée sur le siège du passager, et écouta les bavardages des jumelles, à l'arrière. L'absurdité de la situation l'amusait.

Jackie Kaminski emmenait trois petites filles à une fête de Noël.

Décidément, la vie était bizarre.

En fait, elle était tellement bizarre, les trois quarts du temps, qu'il valait mieux ne pas se poser trop de questions, et encore moins essayer de comprendre.

20.

Jackie n'avait encore jamais assisté à la fête de Noël organisée chaque année pour les officiers de police et leurs familles. En général, tout cela avait tendance à l'agacer.

Mais aujourd'hui, elle était installée entre Wardlow et Christine, une assiette de dinde farcie sur les genoux, et elle regardait les enfants jouer et pousser des cris de joie, en se demandant pourquoi diable elle avait toujours évité ce rendez-vous annuel… C'était vraiment sympathique.

Paul avait raison. Elle avait passé sa vie entière à se façonner de sorte à n'avoir besoin de personne. Elle avait même fait de la solitude et de l'indépendance une sorte de culte privé, au point que ce comportement était devenu une seconde nature. Mais elle avait peur de changer — même si l'avenir s'annonçait de plus en plus solitaire.

— Regarde Emily, lui chuchota Christine, se penchant à son oreille afin d'être entendue par-dessus le chœur des enfants qui avaient entonné *Petit Papa Noël.*

Emily Stevenson se tenait au premier rang, près de l'immense sapin, et elle chantait à tue-tête, tout en tirant sur la ficelle de son badge en forme de tête de Père Noël. Son col était de travers et son visage rose de bonheur.

— Elles sont tellement mignonnes, reprit Chris avec un

sourire ému. C'est vraiment gentil de ta part de les avoir amenées.

Jackie fourra une bouchée de dinde dans sa bouche.

— Tu me connais, marmonna-t-elle, quand elle put parler de nouveau. Je suis une nana adorable. Et puis j'aime tellement les gosses.

Chris lui jeta un regard perspicace.

— Tu es sarcastique, et pourtant, ce que tu dis est vrai. Tu es quelqu'un d'adorable et, oui, tu sais t'y prendre avec les enfants.

Jackie baissa brusquement les yeux sur son assiette, étonnée par la remarque de Christine, et toute gênée.

En même temps, une drôle de lueur, dans le regard de son interlocutrice, lui fit craindre que celle-ci ne lui parle de Paul. Brian avait dû mettre sa compagne au courant de leurs problèmes ; il lui racontait tout.

Bondissant brusquement sur ses pieds, elle murmura qu'elle allait poser son assiette, et s'éloigna en direction de la grande table derrière laquelle officiaient le chef de la police et sa femme, tous deux arborant des chapeaux de Père Noël.

Le stand de tir était complètement transformé pour la circonstance. En général, la grande salle était aussi lugubre qu'un bunker. Mais aujourd'hui, des guirlandes et des branches de houx couvraient les murs de ciment, les cibles à taille humaine étaient déguisées en Père Noël, et les armoires qui contenaient les armes étaient dissimulées derrière des décors peints à la main et représentant des paysages enneigés, des luges et des rennes.

— Alors, vous vous amusez bien, Jackie ? demanda l'inspecteur principal Alvarez, en passant à côté d'elle.

Il était accompagné de son fils, un petit garçon de l'âge des jumelles, qui arborait une veste écossaise et un nœud papillon rouge.

— Eh bien, tu es drôlement élégant ! s'exclama Jackie en s'accroupissant devant l'enfant.

— Le Père Noël va venir, tout à l'heure, lui chuchota le garçon, les yeux écarquillés.

Poussée par un élan de tendresse, Jackie serra le petit dans ses bras et posa un gros baiser sur sa joue rebondie, avant de lever les yeux vers le visage souriant de l'inspecteur principal.

Elle se redressa en rougissant et échangea quelques mots avec Alvarez, avant de se mêler à la foule des invités. Le lieutenant Hatch arriva enfin, dans un concert de cloches, tout rond et tout sourire, vêtu de son costume de velours rouge. Il s'assit près du sapin et entreprit de distribuer des cadeaux à tous les enfants.

Jackie suivait la scène, sincèrement surprise de constater les efforts et l'énergie que tous ces gens avaient déployés pour organiser cet événement destiné à une ribambelle d'enfants.

Sous les yeux réjouis de la jeune femme, Caitlin déchira le papier enveloppant un jeu de sculpture sur bois accompagné de tous les outils nécessaires, tandis que Rachel et Emily recevaient chacune une grande boîte brillante contenant de la pâte d'argile et des moules en forme d'animaux.

Enfin, la fête prit fin et le petit groupe s'en retourna vers le van. Jackie installa les jumelles dans leur siège, à l'arrière, puis elle aida Caitlin à attacher sa ceinture de sécurité. Le ciel commençait de s'obscurcir et il neigeait ; de gros flocons tourbillonnaient à travers le parking du commissariat, portés par un vent froid qui soufflait du nord.

Jackie fourra la main dans sa poche et en sortit le morceau de papier sur lequel Carly avait écrit l'adresse où elle devait déposer Caitlin. Après quoi, bifurquant sur Broadway, elle prit la direction de la route escarpée qui longeait la rivière, à l'ouest.

A côté d'elle, Caitlin considérait son cadeau avec gravité.

— C'est super, dit-elle à Jackie.

— Ça en a tout l'air, en effet, répondit cette dernière, les yeux fixés sur la route.

Les véhicules de sablage n'étaient pas encore sortis et la chaussée était glissante.

— J'aurais beaucoup aimé recevoir un cadeau comme ça, quand j'avais ton âge, reprit-elle. Par quoi vas-tu commencer ?

— Un cadeau de Noël pour mon papa, répondit l'enfant de sa voix claire. Je vais faire un cadre comme ils montrent dans le mode d'emploi et je mettrai tous nos noms dessus. Papa l'accrochera dans son bureau.

Jackie sentit le regard de l'enfant sur elle.

— Je suis sûre qu'il en sera ravi, déclara-t-elle.

— Oui. Il va adorer, déclara Caitlin sur un ton farouche, en agrippant jalousement la boîte.

Il y eut un silence, que Jackie rompit après quelques instants.

— Comment s'appelle l'amie chez qui tu vas ? demanda-t-elle.

— Brittany. Sa maman et son papa sont tous les deux instituteurs. Ils ont cinq tortues.

— Cinq ! s'exclama Jackie. Ma parole, mais c'est un vrai troupeau.

Il neigeait de plus en plus fort, et les phares des voitures qui arrivaient en sens inverse semblaient jaillir de cette masse blanche tourbillonnante.

Jackie quitta Summit et s'engagea dans la rue où habitait l'amie de Caitlin. Elle trouva rapidement la maison à deux étages dans laquelle vivaient Brittany, ses parents instituteurs et leur famille de tortues. Des lumières brillaient à l'intérieur, comme pour attirer les visiteurs venus du froid.

Jackie aida Caitlin à porter son petit sac à dos et ses cadeaux jusqu'à la porte et, après avoir échangé quelques mots avec la maman de Brittany, elle retourna vers le van, où les deux jumelles paraissaient sur le point de s'assoupir, épuisées par les émotions de l'après-midi.

Elle fit demi-tour et longea de nouveau la route qui bordait la corniche, toute son attention concentrée sur la chaussée. La hauteur du van lui donnait plus de visibilité qu'elle n'en avait l'habitude dans sa voiture de police, mais cela n'était pas de grande utilité lorsque la neige recouvrant toute la route giclait sur le pare-brise.

Tout en conduisant, elle pensait aux enfants des Stevenson ; les jumelles, dans leurs sièges arrière, Caitlin chez sa camarade de classe, et le bébé, Patrick, chez lui avec sa maman. Ils formaient une si jolie famille. De plus en plus, la situation de ces enfants lui chavirait le cœur.

Où diable était leur père ?

Tous les efforts pour le retrouver étaient demeurés vains. Les procédures habituelles mises en œuvre par la police n'avaient rien donné dans ce cas précis.

John Stevenson n'avait plus de collègues de travail, et les personnes qu'il côtoyait jusqu'à une période récente ne l'avaient pas vu depuis des semaines. Il n'avait aucune famille dans l'Etat de Washington et aucune vie sociale, en dehors de sa femme, de ses enfants, et des activités qu'ils pratiquaient ensemble. Il y avait au moins un mois qu'il n'avait parlé ni à ses parents, ni à ses frère et sœur, dans le Wyoming. Il était en possession d'une grosse somme d'argent, qu'il ne risquait cependant pas d'utiliser, une carte de crédit étant un moyen par lequel la police pouvait retrouver sa trace et remonter jusqu'à lui. L'homme avait une apparence ordinaire, aucun signe distinctif évident. Nul ne savait quel véhicule il conduisait, si toutefois il se déplaçait. Et la police ne disposait d'aucune autre piste. Chaque information reçue en réponse à l'avis de recherche lancé, plus d'une semaine plus tôt, n'avait rien donné.

Ils étaient donc démunis, à l'exception de cette étrange série de photos le montrant en compagnie d'une jeune femme nue et débordante d'affection. Et de ce verre de whisky portant ses empreintes, sur les lieux d'un meurtre sanglant…

Les phares d'une voiture surgirent de la tempête dans son rétroviseur avec une soudaineté presque surnaturelle.

Le véhicule se colla presque à son pare-chocs, gênant sa vision.

Jackie fronça les sourcils et accéléra légèrement, agacée par le manque de considération du conducteur qui la suivait.

— Allez, ôte tes pleins phares, espèce de crétin, marmonna-t-elle.

Le véhicule accéléra à son tour, continuant de la talonner. Jackie poussa un juron et s'arrêta sur le bas-côté, afin de le laisser passer. Puis elle se tourna pour voir comment allaient les jumelles. Quand elle regarda de nouveau devant elle, les phares de l'autre voiture avaient disparu. Elle arqua les sourcils, perplexe.

Le conducteur avait dû bifurquer sur une route transversale. Pourtant, il n'y avait pas beaucoup d'avenues débouchant sur Summit, dans le coin. Ils étaient assez haut au-dessus de la rivière, à un endroit où la falaise escarpée était protégée par des garde-fous et des petites barrières en béton.

Ces barrières devraient d'ailleurs être étendues au parcours tout entier, se dit Jackie en jetant un coup d'œil sur sa droite. Dans de mauvaises conditions de conduite et de visibilité, comme ce soir, la route était assez effrayante.

Elle repassa la première vitesse et reprit la route. Au bout d'une minute ou deux, une paire de phares surgit de nouveau de l'obscurité, juste derrière elle, approchant si vite que les mains de Jackie se crispèrent sur le volant.

Le véhicule fou fit une brusque embardée sur la voie de gauche, puis revint à droite. Instinctivement, Jackie donna un coup de volant à droite pour éviter la collision, et elle sentit le van glisser vers le précipice.

Elle écrasa la pédale de frein et vira vers la gauche,

essayant de stabiliser la voiture, ce qui n'était pas facile sur une chaussée aussi glissante. Par bonheur, le système anti-blocage tint bon, la tirant peu à peu du dérapage.

Mais alors même que le van se stabilisait, l'autre véhicule fit une nouvelle embardée et la repoussa vers le bord de la route.

— Espèce de salopard ! chuchota-t-elle en s'accrochant au volant. Le véhicule glissa si près du précipice qu'elle sentit les roues crisser sur le gravier couvert de neige.

Un filet de sueur se mit à couler le long de ses tempes, tandis qu'elle braquait violemment à gauche, entraînant le van dans une longue glissade sur le côté.

L'autre véhicule bondit vers l'avant et disparut dans la nuit. Jackie crut distinguer, à travers la neige qui tombait, et aussi le brouillard de sa propre terreur, les contours d'un modèle à quatre roues motrices, récent, de couleur foncée.

Elle ne contrôlait plus du tout le van, désormais, et celui-ci continua de déraper sur la glace, avant de tourner sur lui-même et de se mettre à longer la route, sur la voie opposée. Si une autre voiture arrivait en sens inverse, ils périraient tous.

A moins que le van ne se mette à déraper de nouveau dans l'autre direction et tombe au fond du ravin…

Affolée par ces deux horribles perspectives, Jackie continua d'écraser la pédale de frein et leur folle glissade ralentit un peu. Le véhicule fit un autre tête-à-queue, juste comme ils arrivaient au pied de la colline ; il frôla une barrière en béton sur le côté de la route et finit par s'arrêter.

Le moteur cala et Jackie posa son front contre le volant.

Au bout d'un moment, elle se tourna et regarda vers la banquette arrière. Rachel dormait à poings fermés dans son petit siège. Emily, en revanche, la regardait en silence, les yeux grands ouverts, le pouce enfoncé dans sa bouche.

— Pas de problème, lui dit Jackie, forçant un sourire sur ses lèvres. Nous avons heurté une plaque de glace et on a un peu glissé. Tout va bien, maintenant.

Emily continuait de lui lancer un regard grave, sans dire un mot. Finalement, Jackie démarra de nouveau, fit demi-tour et se dirigea vers les lumières de la ville.

Tandis qu'elle conduisait, elle revoyait le véhicule dont les phares avaient surgi si brusquement derrière elle. On avait délibérément essayé de lui faire quitter la route. Et le véhicule en question était foncé, un gros 4x4, comme une Land Rover — comme celle que conduisait Norine Burkett.

La jeune femme repensa aux deux petites filles coincées dans leurs sièges, à l'arrière, et elle agrippa le volant, réprimant un frisson d'horreur et d'effroi.

— A qui avez-vous dit que nous allions à cette fête de Noël ? demanda Jackie à Carly, dès qu'elle fut à l'intérieur de la petite maison des Stevenson. Essayez de vous rappeler, Carly. C'est très important.

La jeune femme leva la tête.

— Pourquoi ? fit-elle distraitement, tandis que Rachel lui montrait sa boîte d'argile avec force commentaires.

Jackie hésita, se demandant si elle devait ou non raconter

sa mésaventure. Elle n'avait aucune envie d'effrayer davantage la jeune femme. En même temps, on avait bel et bien essayé de la jeter dans le ravin, alors qu'elle se trouvait au volant de la voiture de Carly.

Avec les deux petites filles à l'arrière…

— Essayez de vous rappeler, Carly, répéta-t-elle. Qui était au courant ?

— Eh bien…

Carly fronça les sourcils et s'accroupit pour ôter le chapeau d'Emily.

— J'en ai parlé à Lavonne, hier, et à Gladys Wahl, ce matin, quand elle a téléphoné pour prendre de nos nouvelles. Et bien sûr, à M. Burkett. Il était là quand vous êtes passée prendre les filles.

— En effet, murmura Jackie.

Carly ramassa les manteaux, les moufles et les chapeaux de ses filles, et elle se redressa.

— M. Burkett a appelé sa femme, aussi, pendant qu'il était ici. Il attendait un paquet et il voulait savoir s'il était arrivé. Il lui a également parlé de la fête. Ils ont toujours bien aimé les filles.

Jackie hocha la tête en réfléchissant. Le sentiment de panique qui l'avait assaillie un moment plus tôt avait presque disparu, et elle essayait à présent de raisonner froidement. Etait-il possible que l'incident, sur la route, n'ait été qu'une mauvaise coïncidence ? Pouvait-il s'agir d'un chauffard, un type qui conduisait imprudemment, surtout dans les conditions climatiques actuelles, et qui avait du mal à garder le contrôle de son véhicule ?

Elle ne pouvait imaginer que quelqu'un fût capable

de s'attaquer à la vie de trois petites filles. Pourtant, à en croire Carly, ce n'était pas la première fois que cela se produisait.

D'un seul coup, sa décision fut prise. Jackie ouvrit son sac à main, sortit son téléphone portable et composa le numéro d'Adrienne.

— Salut, dit-elle, lorsque son amie décrocha à l'autre bout du fil. J'ai besoin que tu me rendes un grand service, Adrienne.

— Tout ce que tu voudras, ma puce, répondit cette dernière sur un ton enjoué. Dieu sait que tu n'en demandes pas souvent.

— Il s'agit d'une petite famille ; une mère et ses quatre enfants. L'aînée a huit ans et le plus petit est un bébé d'environ cinq mois. J'ai besoin d'un endroit sûr où les loger, pendant quelques jours.

Carly avait pivoté sur ses talons, visiblement stupéfaite, et elle ouvrait de grands yeux effrayés.

— Ils n'ont qu'à venir ici, dit Adrienne, sans l'ombre d'une hésitation. J'ai besoin d'apprendre un peu à m'occuper d'un bébé.

Jackie marqua un temps d'arrêt en voyant que le projet prenait forme.

— Ils ont été la cible d'attaques assez vicieuses, reprit-elle avec prudence. Je te fais peut-être courir un risque, tu sais…

— Ne raconte pas n'importe quoi, l'interrompit Adrienne. Nous avons un système de sécurité infaillible. Cette maison est une vraie forteresse. Et puis, le comité du quartier a engagé un gardien, il y a quelques mois. Il patrouille toute la nuit.

Jackie hésita encore un instant.

— Harlan dit qu'il faut que tu les amènes tout de suite, reprit Adrienne, après avoir brièvement expliqué la situation à son mari. Tu entends ?

— Merci, Adrienne, répondit Jackie, avec un sourire de gratitude. Vous êtes vraiment formidables, tous les deux.

— Evidemment, répondit celle-ci. Quand est-ce que vous venez ?

— Tout de suite.

Jackie ignora Carly, qui lui faisait de grands signes de protestation.

— Le temps d'habiller les enfants et de réunir quelques affaires. L'aînée est chez une camarade de classe. J'irai la chercher après avoir déposé les autres chez vous. Nous devrions être là dans une heure, environ.

— D'accord. Je vais préparer le couchage.

Adrienne raccrocha et Jackie se tourna vers Carly, qui la regardait en silence.

— Quelqu'un a essayé de nous faire quitter la route, ce soir, expliqua Jackie. C'était juste après que j'ai déposé Caitlin chez son amie. Je suis convaincue qu'il s'agissait d'un acte délibéré, Carly. Vous et les enfants n'êtes pas en sécurité dans cette maison.

La malheureuse pâlit sous ses taches de rousseur.

— Quelqu'un a essayé de…

— Nous aurions pu être tuées. Et j'étais au volant de votre véhicule.

— Mais…

Carly tituba jusqu'au canapé et s'y laissa choir, enfouissant son visage dans ses mains. Au bout d'un moment, elle releva la tête.

— C'était peut-être un accident, murmura-t-elle d'une voix tremblante.

— Peut-être, concéda Jackie. Mais compte tenu de ce que vous m'avez déjà raconté, nous ne pouvons pas prendre davantage de risques. J'ai besoin de vous savoir en sécurité jusqu'à ce que…

« Jusqu'à ce qu'on retrouve votre foutu mari », aurait-elle voulu ajouter.

Mais ce ne fut pas nécessaire. A sa grande surprise, Carly hocha la tête et se leva, sans discuter plus avant.

— Je vais préparer nos affaires, dit-elle. Et vous allez…

Elle regarda Jackie d'un air suppliant.

— Vous avez dit que vous me ramèneriez Caitlin ?

— Oui. Dès que je vous aurai déposés chez Adrienne, je retournerai chercher Caitlin.

Carly hésita, sur le seuil, comme si elle voulait ajouter quelque chose. Puis, hochant de nouveau la tête, elle s'éloigna dans le couloir.

Une fois de plus, Caitlin était assise dans le siège du passager, sa boîte de sculpture sur bois sur les genoux. Mais cette fois, Jackie conduisait sa voiture de police banalisée. L'enfant regardait droit devant elle, l'air sombre.

— Je suis désolée d'avoir gâché ta soirée d'anniversaire, dit la jeune femme, lui coulant un regard oblique. Mais ta maman tient vraiment à ce que tu sois avec elle.

— C'est pas grave, répondit la petite fille. C'était nul, de toute façon. Elles n'arrêtaient pas de parler de garçons.

— A huit ans ? s'exclama Jackie. Est-ce que ce n'est pas un peu tôt pour penser aux garçons ?

— Elles sont folles, déclara Caitlin avec mépris. Elles aiment bien se faire des coiffures et raconter qu'elles sortent avec un garçon. Elles sont presque toutes au régime, ajouta-t-elle en levant les yeux au ciel.

— Tu as raison, c'est de la folie, dit Jackie.

Elle sourit à l'enfant.

— Et toi, Caitlin ? Qu'est-ce qui te fait plaisir ?

— J'aime jouer au base-ball et je collectionne les insectes.

Jackie hocha la tête.

— Ça ressemble déjà plus au genre de petite fille que j'étais.

— J'ai soixante-dix-neuf insectes différents sur un tableau, à la maison, enchaîna Caitlin avec enthousiasme. Papa m'a aidée à les attraper, et puis on a cherché dans le dictionnaire pour savoir leur nom. J'ai eu le premier prix, en sciences naturelles.

Jackie fut dispensée de répondre, car elle venait d'arriver devant la maison d'Adrienne, au sud de la ville. L'enfant considéra l'ensemble architectural, les rangées de fenêtres éclairées, et la profusion de guirlandes lumineuses qui décoraient le toit, les buissons et les arbres couverts de neige.

— Ces gens sont très riches ? demanda-t-elle.

— Ils sont à l'aise, répondit Jackie. Et surtout, ils sont très gentils. Vous allez passer des super petites vacances, ici.

Caitlin ne fit aucun geste pour sortir de la voiture. Elle regarda Jackie, dans l'obscurité, avant de détourner la tête.

— Maman pleure, la nuit, dit-elle. Tout le temps.

Jackie serra les mains sur son volant.

— Tout ça n'est pas facile pour elle.

— Maman a vraiment peur, poursuivit Caitlin. Elle ne supporte pas de ne pas nous avoir à côté d'elle. Comme si quelqu'un allait nous faire du mal.

— Je crois qu'elle a juste besoin de se reposer un peu, intervint Jackie avec prudence. C'est dur, pour elle, avec ton papa qui n'est pas là.

Caitlin parut sur le point de répondre, puis son regard se posa sur la radio de la police.

— Ça marche, ce truc ?

Jackie lui montra comment fonctionnait l'instrument. Puis elles sortirent de la voiture, et la jeune femme aida Caitlin à porter ses affaires à l'intérieur de la maison.

La famille Calder et leurs nouveaux invités étaient tous installés confortablement dans le salon, près de l'arbre de Noël. Alex était assise en tailleur sur la moquette, avec les jumelles, et toutes trois jouaient à créer une ménagerie d'animaux étranges, à partir de l'argile et des moules que Rachel et Emily avaient reçus en cadeau, cet après-midi-là.

Harlan était niché dans un gros fauteuil, Patrick dans ses bras, et il lui donnait le biberon. Tous deux avaient l'air parfaitement heureux. Quant à Adrienne et Carly, lovées sur le canapé, elles discutaient bébés et enfants en grignotant du pop-corn. Carly avait l'air détendu, et elle était plus jolie que Jackie ne l'avait vue jusqu'alors.

Adrienne se leva et traversa la pièce pour prendre le manteau de Caitlin. Puis, se penchant vers la petite fille, elle la serra contre elle.

— Je suis tellement contente de te rencontrer, Caitlin, dit-elle. Il ne manquait plus que toi pour que cette petite fête soit tout à fait réussie.

Caitlin sourit, dévoilant deux dents manquantes, avant d'aller s'installer sur le canapé, près de sa mère, à qui elle montra son jeu de sculpture sur bois.

Adrienne pressa le bras de Jackie.

— Monte à l'étage avec moi, un moment, chuchota-t-elle.

Jackie hésita.

— Il faut que je retourne au poste. J'étais absente tout l'après-midi. Je dois avoir une tonne de trucs à faire.

Mais Adrienne l'entraînait déjà sur les marches.

— Ça ne prendra qu'une minute.

Elle s'arrêta devant une commode en chêne sculpté, dans le vestibule du premier étage, et se mit à fouiller dans un tiroir.

— Je sais que je l'ai mis là-dedans.

Jackie la regarda avec curiosité.

— Qu'est-ce que tu cherches ?

— Ah, le voilà ! s'exclama son amie en sortant un morceau de papier.

Jackie le prit et lut l'adresse qu'Adrienne avait tracée, de son écriture décidée. C'était quelque part dans le centre-ville.

Elle arqua les sourcils d'un air perplexe.

— Tu m'as posé toutes ces questions sur Norine Burkett, expliqua Adrienne en baissant la voix.

— Oui, répondit Jackie, dont le pouls s'accéléra.

— Et je t'ai répondu que personne ne la connaissait vraiment, même les gens qui la côtoient beaucoup, comme moi. Mais figure-toi que Buffy Grange m'a rapporté une chose que sa femme de ménage lui a racontée, au sujet de Norine.

— Quoi donc ?

— Eh bien, la femme de ménage de Buffy travaille aussi dans un immeuble de bureaux, le soir, avec son mari. Ils s'occupent du nettoyage. Apparemment, ils travaillent très dur, tous les deux, pour avoir le petit apport personnel nécessaire à l'achat d'une maison. Donc, ils font le ménage dans cet immeuble tous les soirs, et trois fois par semaine — le lundi, le mercredi et le vendredi — elle voit Norine entrer à cette adresse, toujours à 19 heures très précises.

— C'est quoi, comme genre d'immeuble ?

— Je te l'ai dit : des bureaux. Ça s'appelle le Washington Center.

— Oh, oui, je crois voir ce que c'est. Il y a là des tas de médecins, d'avocats et d'agents de change.

— Exactement.

Jackie s'appuya contre la commode et rclut l'adresse, avant de lever les yeux vers Adrienne.

— Qu'en penses-tu ? Tu crois qu'elle voit un psy ? Qu'elle a un amant ?

Adrienne haussa les épaules.

— Avec Norine Burkett, comment savoir ? En tout cas, c'est un gros secret. Elle n'a jamais parlé d'un engagement quelconque, quand elle a accepté de participer à nos réunions du lundi soir. Je m'aperçois, maintenant, qu'elle a sauté sur la première occasion pour quitter le comité.

— Difficile d'imaginer que quelqu'un comme Norine Burkett puisse faire quoi que ce soit, dans cette ville, sans être remarquée.

Adrienne sourit.

— En tout cas, elle est passée au travers de tous nos radars. D'après la femme de ménage de Buffy, Norine arrive toujours vêtue d'un jean et d'un long manteau, et elle entre dans l'immeuble en courant, comme si elle était pourchassée.

Jackie regarda l'adresse encore une fois, avant de consulter sa montre.

— Nous sommes vendredi soir. Si je me dépêche, je peux être là-bas à 20 heures. Est-ce qu'on sait combien de temps elle passe dans cet immeuble ?

Adrienne secoua la tête.

— Apparemment, la femme de ménage et son mari ont toujours terminé avant qu'elle en sorte.

— Bon, j'y vais.

— Si je n'avais pas tout ce monde à la maison, je t'aurais accompagnée, se plaignit Adrienne. J'aimerais bien faire la planque avec toi.

Jackie l'embrassa.

— Tu ne peux pas faire la planque avec moi, Adrienne. Tu es une femme enceinte.

Celle-ci pouffa de rire et suivit son amie au rez-de-chaussée. Jackie dit bonsoir à la petite troupe réunie dans le salon ; après quoi elle sortit de nouveau dans la nuit glacée.

21.

Jackie arriva devant le Washington Center à 20 h 10. La plupart des rues alentour étaient désertes. Quelques voitures étaient blotties le long des trottoirs, et la neige s'empilait autour d'elles, sur les toits, les capots et les pare-chocs.

Après être passée plusieurs fois devant l'immeuble, Jackie s'aventura dans les rues adjacentes. Elle finit par repérer la Land Rover noire garée près d'une pizzeria, à quelques pâtés de maisons de là.

Ainsi, Adrienne avait raison. Quelles que soient les raisons de la présence de Norine Burkett dans ce complexe de bureaux, trois soirs par semaine, elle ne voulait pas être remarquée.

Jackie roula de nouveau vers le Washington Center, et soudain, comme elle remontait la rue à sens unique, elle reconnut une voiture à travers le rideau de neige.

C'était la vieille Volkswagen de Karl Widmer.

Le journaliste était affalé derrière le volant, la tête posée contre la vitre de sa portière.

Jackie alla se garer un peu plus loin. Elle coupa le moteur et, après quelques hésitations, sortit, remonta le col de son manteau, et descendit la rue. Arrivée à la hauteur de la voiture de Widmer, elle frappa un coup sec à la vitre du passager.

Le journaliste leva les yeux. Aussitôt, il se pencha et débloqua la portière.

Jackie s'installa dans l'habitacle enfumé.

— Vous avez apporté le café et les croissants ? demanda-t-il.

— J'étais censée le faire ?

Widmer sourit et ses dents blanches brillèrent dans l'ombre.

— Ce n'est pas ce que font les flics, quand ils font la planque ?

— Vous n'êtes pas flic, déclara Jackie sur un ton sec. D'ailleurs, qu'est-ce que vous fichez ici ?

— La même chose que vous, inspecteur, répondit-il en tendant le bras pour lui toucher l'épaule. Vous avez juste un métro de retard sur moi. J'ai bien envie d'ajouter : comme d'habitude.

Jackie repoussa sa main avec un geste agacé. Il y eut un silence. Widmer examina ses ongles, en souriant d'un air placide.

— Oh, pour l'amour du ciel ! s'exclama Jackie.

Widmer pouffa de rire.

La jeune femme résista à l'envie de lui donner un coup de poing et, plutôt que de s'énerver, elle tira son calepin de son sac.

— Bon. Comment avez-vous atterri ici, Widmer ? demanda-t-elle.

Le journaliste arqua un sourcil, mais il répondit néanmoins.

— Je file cette chère Dame Norine depuis des jours. J'ai constaté qu'elle venait régulièrement dans cet immeuble, mais impossible de découvrir dans quel bureau elle se rend. Le portier ne veut même pas me laisser rôder et écouter aux portes.

— Alors, ce matin, vous avez décidé de lui poser carrément la question ?

Pour la première fois, Widmer eut l'air déstabilisé.

— Comment le savez-vous ?

— Vous n'êtes pas le seul à pouvoir suivre les gens. Je sais que vous avez rencontré Norine Burkett au Cavanaugh, ce matin, et que vous avez passé vingt-cinq minutes ensemble.

Widmer hocha la tête et la considéra d'un air admiratif.

— Bravo, Jackie. Mais alors, si vous vouliez connaître la teneur de notre conversation, pourquoi ne pas m'avoir passé un petit coup de fil pour me le demander, tout simplement ?

— Parce que je ne sais toujours pas ce que vous manigancez.

— Je ne manigance rien du tout. Je suis journaliste et je mène une enquête. Je trouve qu'il y a beaucoup de mystères autour de Jason et Norine Burkett, y compris la mort de leur gamine et la disparition de ce comptable. Et je pense que Norine est la clé de tout. Malheureusement, il n'y a pas moyen de leur arracher un seul mot, à elle ou à son mari.

— Vous avez appris quelque chose, quand vous lui avez parlé, ce matin ?

— Et vous ?

— Widmer, je vous rappelle qu'elle m'a dit d'aller me faire foutre.

Ce dernier jeta la tête en arrière et partit d'un grand éclat de rire.

— Eh bien, elle m'a lancé à peu près la même chose, mais en ajoutant quelques menaces.

— Des menaces ?

Widmer eut un haussement d'épaules.

— Le truc habituel. Si je ne la laisse pas tranquille, elle est assez puissante pour couler mon journal et s'assurer que je ne trouve plus jamais de boulot dans cette ville. Rien de bien original.

— Elle est vraiment charmante, murmura Jackie. Comment se fait-il qu'elle ait accepté de vous rencontrer ?

— Je lui ai dit que je détenais certains éléments compromettants auxquels elle aimerait peut-être jeter un coup d'œil, avant que je les rende publics.

— C'est vrai ?

Il haussa les épaules de nouveau.

— Je n'ai rien de précis, pour le moment. Et il ne lui a pas fallu longtemps pour comprendre que je bluffais. Mais elle a peur de quelque chose. Ça, je peux vous l'assurer.

Jackie se dandina sur son siège ; elle avait le vertige et la nausée.

— Dieu, que j'ai horreur de l'odeur de la cigarette ! fit-elle brusquement. Widmer, votre bagnole pue.

— Désolé, répondit ce dernier, sans paraître embarrassé le moins du monde. C'est ma seule mauvaise habitude.

Au même moment, un homme de haute taille, large

d'épaules, sortit d'une épicerie, à quelques mètres de là. Il portait deux sacs à provisions et marcha vers eux, à travers les flocons de neige. Il était vêtu d'un jean, d'un gros blouson, et sa tête blonde était nue.

Jackie se pencha en avant pour le regarder, le cœur battant. Elle éprouvait un sentiment de profonde excitation et un désir si farouche qu'elle en eut la gorge serrée.

Elle s'apprêtait à ouvrir la portière et à l'appeler lorsqu'il passa devant eux. Aussitôt, elle vit que ce n'était pas Paul.

Pas du tout, même.

Cet homme était un inconnu, avec sa moustache, son visage grêlé et son expression préoccupée.

Elle se renversa sur le siège et ferma les yeux. Quand elle les rouvrit, Widmer la considérait d'un air inquiet.

— Ça va ? demanda-t-il.

Jackie secoua la tête, se sentant à la fois stupide et misérable.

— Cet homme blond, là… Il m'a rappelé quelqu'un, c'est tout.

— Qui donc ? Laissez-moi deviner. Ce veinard de fermier que vous allez épouser.

— Nous ne nous marions plus, déclara Jackie, d'une voix qu'elle voulut dépourvue de toute émotion. En fait, nous ne sommes plus ensemble.

Widmer continua de la regarder avec cet air d'insupportable compassion.

— Je crois que…

— Je me fiche de ce que vous croyez, l'interrompit Jackie en tirant sur la poignée de la portière. Qu'est-ce qu'on fabrique dans cette bagnole qui pue, de toute façon ? Ça servira à quoi, si elle sort ? On ne pourra pas la forcer à nous dire ce qu'elle fabriquait là-dedans.

Ignorant les protestations de Widmer, elle sortit dans l'air frais et respira profondément.

Le journaliste sortit à son tour, verrouilla les portes, et contourna la voiture pour la rejoindre. Ensemble, ils considérèrent l'immeuble. Des rangées de lumières brillaient ici et là.

Widmer eut un geste de la main en direction du vestibule d'entrée.

— A partir d'une certaine heure, seuls les gens qui travaillent dans les bureaux peuvent vous faire entrer, expliqua-t-il. J'ai essayé de prétendre que j'avais un rendez-vous, mais ça n'a pas marché.

— Il y a un gardien ?

— Oh, oui. C'est un petit étudiant avec un air de premier de la classe et qui joue les incorruptibles. Il prend son boulot très au sérieux. Même si vous vous pointez avec une arme nucléaire, il ne vous laissera pas passer.

— Avec une carte de presse non plus ? demanda Jackie, amusée.

— Encore moins avec une carte de presse.

Elle sourit. Elle commençait à se remettre du choc qu'elle avait ressenti en voyant cet homme qui lui avait rappelé Paul. Mais quelque part au fond d'elle-même, elle éprouvait un profond chagrin et elle savait bien qu'il lui faudrait se pencher sur cette douleur, tôt ou tard.

Widmer sur les talons, elle poussa les portes du vestibule de l'immeuble et se dirigea vers la cabine de verre à l'intérieur de laquelle un jeune homme était assis à un bureau, penché sur un livre de mathématiques.

Widmer ne s'était pas trompé dans son jugement. Le gosse avait des taches de rousseur, de grandes oreilles, et un regard bleu empreint de naïveté.

— Bonsoir, dit Jackie, lui montrant son badge. Je suis l'inspecteur Kaminski, du commissariat de Northwest.

Le jeune homme étudia le badge d'un air grave, comme s'il doutait de son authenticité. Puis il hocha la tête.

— Que puis-je pour vous, inspecteur ?

— Une dame est entrée, il y a un moment, répondit Jackie, faisant mine de consulter son calepin. Petite taille, jolie, blonde. Elle portait probablement un jean et un manteau long. J'ai besoin de savoir dans quel bureau elle s'est rendue.

Le gardien tira un registre vers lui et le consulta, avant de relever la tête.

— Je ne suis pas autorisé à laisser entrer des visiteurs qui n'ont pas été annoncés. Sauf en cas d'urgence.

— Il s'agit d'une urgence, répondit Jackie, sentant la présence de Widmer dans son dos. C'est lié à sa famille. Je ne peux pas vous en dire davantage.

Le jeune homme hocha la tête à contrecœur.

— Elle est dans un des bureaux du premier étage, à gauche de l'ascenseur. J'ignore lequel exactement, mais il n'y a pas beaucoup de monde là-haut, ce soir. Vous devriez pouvoir la trouver.

— Merci beaucoup, lui répondit Jackie avec un sourire poli.

Elle se dirigea vers la deuxième double porte vitrée

menant au vestibule intérieur, Widmer toujours sur ses talons. Là, elle attendit que le gardien débloque le verrouillage automatique.

Le journaliste posa la main sur son épaule, tandis qu'ils entraient.

— Encore bravo, inspecteur, murmura-t-il à son oreille. Vous n'arrêtez pas de m'épater, ce soir.

Son souffle était chaud et il sentait la menthe et le tabac. Jackie se dégagea.

— C'est mon boulot, répondit-elle.

Ils prirent l'ascenseur en silence, débouchèrent dans le couloir du premier étage, et s'arrêtèrent devant un distributeur automatique de boissons, pour faire le point de la situation.

— Vers quelle heure sort-elle, habituellement ? demanda Jackie.

— Jamais avant 21 heures.

Elle consulta sa montre.

— Mince. Nous avons une demi-heure à attendre.

— Vous avez l'intention de l'aborder ? demanda Widmer, la considérant d'un air stupéfait.

Jackie venait de défaire le rabat de son holster et vérifiait machinalement la crosse de son revolver. Puis elle toucha l'étui de cuir qui contenait les menottes, à sa ceinture.

— Hein ? fit-elle, remarquant soudain l'expression ahurie du journaliste. Juste une habitude, expliqua-t-elle. Je m'assure que tout est en ordre.

— Mais vous n'allez pas entrer dans un de ces bureaux, si ?

— Pour quoi faire ? Il ne sert à rien de provoquer un

affrontement, alors qu'une petite enquête peut donner les mêmes résultats. Nous allons découvrir quel bureau elle quitte et, quand elle sera partie, nous irons voir qui se trouve à l'intérieur, en essayant de ne pas trop nous faire remarquer.

— Je vois. Mais si…

Une porte s'ouvrit, au bout du couloir, et quelqu'un s'avança vers eux, d'un pas vif. Jackie aperçut une tête blonde, un long manteau de laine noire et des baskets.

Elle s'accroupit aussitôt devant le distributeur de boissons, offrant ainsi son dos au couloir, et elle se mit à taper sur la machine, comme si celle-ci refusait de lui délivrer ce qu'elle attendait.

Widmer l'imita aussitôt et entreprit de taper sur la machine à son tour.

Norine Burkett passa devant eux sans un regard, et elle disparut dans l'ascenseur, en laissant une odeur de gardénia sur son passage.

Jackie et Widmer se redressèrent.

— Il était moins une ! fit le journaliste.

— Comme vous dites, acquiesça Jackie. Bon, je crois bien qu'elle est sortie du bureau 167, ajouta-t-elle en lisant ce numéro sur une élégante plaque de bronze qui ornait une porte en chêne.

— Oui, confirma Widmer. Alors, qu'est-ce qu'on fait maintenant, inspecteur ?

Jackie lui donna une bourrade.

— Eh bien, pour un type aussi arrogant, je trouve que vous êtes devenu drôlement docile et obéissant !

Widmer lui offrit un sourire vorace.

— Rien n'est plus amusant que de regarder une femme puissante à l'action. Moi, ça m'excite.

Jackie se dirigea vers le bureau 167. Arrivée devant la porte, elle hésita un instant, se demandant quelle démarche adopter. Finalement, elle décida d'improviser ; elle adapterait son histoire en fonction de la personne qu'elle rencontrerait.

Elle prit une profonde inspiration, toucha de nouveau la crosse de son revolver, et frappa deux coups à la paroi de chêne.

Quelques secondes passèrent, puis la porte s'ouvrit sur une personne qui ne correspondait en rien à ses attentes.

Il s'agissait d'une femme d'environ soixante-dix ans, petite, mince. Vêtue d'un tailleur de marque composé d'une jupe longue et d'un chemisier de soie, elle se tenait très droite. Ses cheveux étaient teints en noir et tirés vers l'arrière, révélant un visage à l'ossature exceptionnellement fine.

Elle enveloppa Jackie d'un long regard pénétrant, ses yeux gris perdus dans un labyrinthe de rides.

— Oui ? Puis-je vous aider ? demanda-t-elle avec une trace d'accent européen.

Jackie et son compagnon la regardèrent fixement, en silence, avant d'échanger un coup d'œil nerveux.

— Allons, allons, ne soyez pas timide, reprit la femme, s'effaçant pour les faire entrer et refermant la porte derrière eux. Il n'y a aucune raison d'être gêné. Je suis Mme Tassin.

— Je m'appelle Jackie. Et voici… voici Karl.

— Soyez les bienvenus, Jackie et Karl.

Ils se retrouvèrent dans un bureau décoré à la manière

d'un salon, avec toute une collection d'objets d'art, de coussins brodés et de tapis turcs. Dans un coin, une table de bois flanquée d'un haut classeur métallique paraissait déplacée dans ce décor.

Mme Tassin devait être une sorte de médium, se dit Jackie.

— Alors, vous êtes mariés ? demanda la femme, leur faisant signe de s'installer sur le canapé.

Elle leur apporta des tasses remplies d'un café noir aromatique qu'elle avait puisé dans un samovar en argent trônant sur une table basse.

Jackie et Widmer échangèrent un autre regard.

— Pas encore, répondit Jackie. Mais nous… nous allons nous marier bientôt.

Widmer s'approcha d'elle, sur le canapé, et elle lui donna un petit coup de genou discret.

— Et vous avez besoin de mon aide, dit la femme.

Elle considéra Jackie un instant, puis se tourna vers Widmer.

— Karl, parlez-moi dc vous, s'il vous plaît ?

— Quoi ? s'exclama ce dernier.

En dépit de l'étrangeté de la situation, Jackie se réjouissait du malaise de son compagnon. Le journaliste, d'ordinaire si sûr de lui, si sardonique, paraissait soudain marcher sur des œufs.

— Ce que vous voudrez, insista leur élégante hôtesse, se perchant dans un fauteuil ancien et étalant gracieusement sa longue jupe autour d'elle.

Elle croisa les mains sur ses genoux et attendit.

— Eh bien, fit Widmer, après avoir échangé un autre

regard avec Jackie, qui le considérait d'un air impassible, j'ai grandi à Fullerton, en Californie. J'ai fait mes études à l'université de Los Angeles et j'ai décidé que je voulais voyager un peu…

— Que faites-vous, maintenant ? l'interrompit Mme Tassin.

— Je suis associé dans une affaire, répondit Widmer, recouvrant son sang-froid. Je travaille dans la presse écrite.

— Et vous avez l'intention de gravir les échelons de votre profession, n'est-ce pas ? Vous êtes ambitieux.

— Evidemment, répondit le journaliste avec une évidente sincérité. Je veux aller aussi loin que je le pourrai. En fait, je…

— C'est bien ce que je pensais.

La femme eut un geste de la main, comme pour couper court aux confidences de son interlocuteur, puis elle se tourna vers Jackie.

— Alors, Jackie, c'est vous qui avez besoin de mon aide.

Celle-ci hésita, avant de hocher la tête.

— Hmm, oui, murmura-t-elle en baissant les yeux. Je suppose.

— Votre mari va être amené à se mouvoir dans des cercles importants, avec des hommes puissants, poursuivit la femme en la considérant avec gravité. Karl est bel homme, éduqué, cultivé, et il a des ambitions importantes dans la vie. Vous allez rencontrer beaucoup de gens qui vous intimideront et vous devrez apprendre à vous mêler à eux, à converser avec eux, pour le bien de la carrière de votre mari. N'est-ce pas ?

Jackie déglutit péniblement et se retint de crier : non !

Elle commençait à comprendre ce que Mme Tassin faisait pour gagner sa vie. C'était fascinant. D'autant plus fascinant quand on connaissait l'identité de la cliente qui les avait précédés.

Norine Burkett.

22.

Le silence, dans la pièce, devint si profond que Jackie pouvait entendre le battement d'une pendule ancienne, sur le manteau de la cheminée. Elle détourna les yeux, craignant que Mme Tassin ne lise dans ses pensées.

— Oui, murmura-t-elle finalement.

— Vous venez de… Californie, n'est-ce pas ? poursuivit la femme. Un des quartiers les plus défavorisés de Los Angeles, probablement ?

Jackie releva la tête, stupéfaite.

— Comment le savez-vous ?

Mme Tassin eut un sourire.

— Je suis très douée pour reconnaître les accents. Et je peux également tirer bon nombre de conclusions à partir de votre manière de vous tenir et de vous comporter. C'est mon travail, Jackie, ajouta-t-elle sur un ton posé. A mon avis, vous avez eu une enfance assez pauvre et vous ignorez presque tout de l'art et des grâces de la vie.

Jackie écouta ce jugement proféré sur un ton parfaitement neutre et fut surprise d'éprouver un violent sentiment d'outrage. Elle dut même résister à une farouche envie de se lever et de partir en claquant la porte.

Mais elle se dit aussitôt que cela nuirait à son enquête,

et préféra regarder fixement ses mains croisées sur ses genoux.

— Et vous pensez pouvoir m'aider ? demanda-t-elle après quelques instants.

— Oh, j'en suis sûre. Cela nous prendra quelque temps, mais après un certain nombre de séances, vous serez capable d'avoir une conversation avec toutes les personnes que vous serez amenée à rencontrer, par le biais du travail de votre mari. Vous deviendrez une hôtesse raffinée qui saura parfaitement recevoir des invités, vous pourrez aborder tous les sujets avec élégance, et vous aurez assimilé quelques connaissances de base vous permettant de passer pour une personne cultivée. Enfin, ajouta Mme Tassin avec un mince sourire, vous perdrez cet horrible accent.

— Son accent ne me dérange pas, moi, déclara Widmer, intervenant pour la première fois.

Mme Tassin tourna le visage vers lui.

— Votre loyauté est tout à fait admirable, Karl. Mais, pour attirante que vous trouviez votre compagne, sa présence à vos côtés risque de vous desservir dans votre carrière, si elle n'acquiert pas le minimum de manières qui lui permettra de se fondre dans la bonne société. J'ai vu cela se produire bien des fois.

Jackie posa une main sur la manche du journaliste, serrant son bras de toutes ses forces, à travers la veste de tweed.

— J'aurai besoin de combien de séances, à votre avis ? demanda-t-elle.

— Cela dépend de ce que vous souhaitez apprendre, répondit la femme. J'ai des clients qui viennent me voir deux ou trois fois par semaine, sur une période de plusieurs années.

— Et combien ça coûte ? demanda Widmer sur un ton brusque.

Mme Tassin pinça les lèvres, d'un air peiné et désapprobateur, comme si parler d'argent constituait une faute de goût.

— Je puis vous assurer que votre investissement sera très largement compensé, répondit-elle avec froideur.

— Combien, madame Tassin ? insista Widmer. Combien prendrez-vous pour transformer ma petite fille des rues en une dame de la haute société ?

Ses paroles claquèrent comme un fouet, mais il adoucit leur portée en enroulant un bras autour des épaules de Jackie pour la serrer contre lui.

— Je prends généralement deux cent cinquante dollars de l'heure, répondit Mme Tassin. Toutefois, si nous décidons de travailler ensemble à long terme, ce tarif peut être ajusté.

Jackie et Widmer échangèrent un regard stupéfait.

— Nous allons devoir en discuter, reprit le journaliste, après quelques instants. Votre offre nous intéresse, mais vous comprendrez, madame, que votre prix nous semble très élevé — quelles que soient vos compétences.

— Comme vous voudrez. Mais vous n'irez nulle part sans aide, ajouta Mme Tassin, avec un geste en direction de Jackie, comme si celle-ci avait l'importance d'un objet exposé dans une vitrine. Son accent et son maintien sont tout à fait impossibles. Elle a beaucoup de travail à faire.

Widmer se leva, entraînant Jackie avec lui.

— C'est drôle, fit-il en agrippant le bras de la jeune femme, parce que moi, je la trouve parfaite comme elle est.

Ils se dirigèrent vers la porte.

— Merci pour votre temps, madame, dit Jackie avec un petit sourire d'excuse. Nous vous appellerons sans faute.

— J'attendrai de recevoir de vos nouvelles, répondit cette dernière en les accompagnant, avant de tendre une carte de visite à Widmer.

Elle leur ouvrit la porte et demeura sur le seuil à les observer, tandis qu'ils s'éloignaient dans le couloir. Puis elle rentra dans son bureau.

Jackie et Widmer entendirent le déclic de la porte qui se refermait, juste avant de pénétrer dans l'ascenseur.

— Mon Dieu ! s'exclama le journaliste. Non mais vous arrivez à le croire ?

Jackie pressa le bouton du rez-de-chaussée, en silence. Une fois dans le vestibule, elle passa rapidement devant le jeune gardien, heureuse de sortir dans la fraîcheur de la nuit.

Ils traversèrent la rue côte à côte, sans parler, et s'engouffrèrent dans la voiture de Widmer. Ce dernier mit le chauffage tandis que Jackie regardait fixement devant elle. Enfin, elle murmura :

— Même si elles ont conclu un arrangement financier, Norine Burkett doit payer cette femme mille dollars par semaine, pour ses petites sessions de culture et de bonnes manières. Ça fait cinquante mille dollars par an.

— Tout ça pour se débarrasser de son passé et devenir une grande dame, enchaîna Widmer en secouant la tête. D'où croyez-vous qu'elle vienne ?

— Allez savoir ! répondit Jackie avec amertume. Elle a peut-être grandi dans mon quartier. Nous étions peut-être tous voisins.

— Ce serait la meilleure de l'année !

Widmer tira un paquet de cigarettes de sa poche et les contempla d'un air d'envie, avant de les ranger de nouveau.

— Je ne sais pas d'où elle vient, reprit Jackie, mais j'ai une très bonne idée de l'endroit où elle veut aller. Une de mes amies la connaît. Elle dit que Norine vise la Maison Blanche.

— Eh bien, elle a l'air de le vouloir vraiment !

— Suffisamment pour couvrir n'importe quel petit scandale qui éclaterait dans sa famille, c'est certain. Je comprends mieux pourquoi ils ne veulent plus parler à la police.

— Alors, vous croyez qu'il y a un scandale ? demanda Widmer, lui jetant un regard perçant.

Jackie poussa un soupir.

— Je ne sais pas quoi penser. Tout ce que je sais, c'est qu'ils refusent de nous laisser entrer dans leur garage, et de parler avec qui que ce soit de la mort de leur petite fille. S'ils s'étaient montrés ouverts et prêts à collaborer avec la police, comme des parents normaux, personne ne se serait posé la moindre question.

— Sauf qu'il y a tous ces liens bizarres entre les Burkett et leur comptable qui s'est évanoui en fumée, entre ce fameux comptable et la femme qui a été assassinée, et entre cette femme et l'accident qui a tué la gosse des Burkett.

Autrement dit, quel que soit le bout par lequel on l'aborde, cette affaire nous ramène toujours aux Burkett.

— En effet, acquiesça Jackie, tout en regardant un Père Noël qui clignotait dans une vitrine, de l'autre côté de la rue.

Widmer s'éclaircit la gorge.

— Jackie, reprit-il, l'air gêné.

— Oui ?

— Vous vous souvenez, l'autre jour, quand je vous ai dit que je ne vous croyais pas taillée pour devenir l'épouse d'un fermier ?

— Evidemment que je m'en souviens.

— Je viens de changer d'avis.

— Ah oui ? fit Jackie, le foudroyant du regard. C'est parce que Mme Tassin me trouve trop plouc pour être l'épouse sophistiquée d'un homme appelé à une carrière de col blanc ?

— Pas du tout. C'est parce que j'ai vu la manière dont vous avez regardé le type blond qui est passé devant nous, tout à l'heure. Vous êtes vraiment folle de votre mec, pas vrai ?

Jackie respira profondément, mais ne répondit rien.

— Un amour de ce genre n'arrive qu'une fois dans la vie, Jackie, reprit-il d'une voix un peu rauque. C'est rare. Il ne faut pas le jeter, lorsqu'on a la chance de l'avoir entre ses mains.

Il regardait droit devant lui, son profil d'aigle se découpant dans la pénombre, et Jackie repensa à l'histoire que Michelson lui avait racontée au sujet de sa femme, et du dévouement dont il avait fait preuve, après l'agression, quand elle gisait dans un lit d'hôpital.

— Je...

Elle s'interrompit, s'avisant brusquement que s'ils poursuivaient cette conversation, elle risquait d'éclater en sanglots.

Elle ouvrit la portière.

— Il faut que je rentre, dit-elle. Merci pour votre aide. Appelez-moi si vous avez du nouveau, d'accord ?

— Bien sûr, répondit Widmer.

Il se pencha pour la regarder.

— Jackie ? appela-t-il, comme elle s'apprêtait à claquer la portière.

— Oui ?

— Je pensais vraiment ce que j'ai dit à cette bonne femme, là-haut. Je vous trouve formidable. Une femme comme il y en a peu.

Le samedi matin, Jackie se rendit au commissariat. Elle n'avait pas envie de rester seule chez elle. Même son appartement, dans lequel elle se sentait si bien d'ordinaire, lui paraissait vide et froid.

Les inspecteurs et leurs supérieurs ne travaillaient pas le week-end, sauf quand une affaire l'exigeait. Et les officiers de service patrouillaient déjà dans la ville enneigée. Elle trouva donc la salle de brigade déserte. En général, cela ne la dérangeait pas — bien au contraire.

Elle se fit du café, s'installa à son bureau et passa en revue des fichiers dans son ordinateur. Mais son esprit ne cessait de vagabonder.

Jackie se demandait si Mme Tassin parlerait de ses visiteurs tardifs à Norine Burkett ; celle-ci n'était pas sotte. D'autant qu'ils avaient décliné leur identité. Et Norine saurait alors qu'ils avaient découvert son secret.

Or il ne faisait aucun doute que la femme du politicien tenait absolument à cacher cette partie de son emploi du temps.

Peut-être pourraient-ils utiliser cet avantage pour faire pression sur elle et l'amener à parler à la police de la mort de son enfant, de John Stevenson, et de l'étrange série de liens qui existaient entre lui et la famille de son employeur.

Hélas, Norine Burkett n'avait guère cédé à la pression, jusqu'à maintenant. Elle refusait catégoriquement, à l'instar de son mari, de parler de quoi que ce soit avec la police. Ils avaient même fait une déclaration publique après la découverte du corps de Darla Drake, affirmant qu'ils considéraient désormais la mort accidentelle de leur petite fille comme une affaire réglée.

Point final.

Jackie avala une gorgée de café et fit la grimace. Il était trop amer. Elle se demanda si Wardlow avait des sachets de thé dans son bureau. Mais elle n'avait pas envie de se lever pour aller vérifier.

Elle poussa un soupir et continua de regarder fixement son écran. Elle n'aimait pas la manière dont l'affaire Stevenson se développait. Ou plutôt, elle n'aimait pas l'idée que, loin de se développer, elle paraissait s'enliser. Les circonstances, les personnes concernées, tout s'ingéniait à lui échapper. Depuis le matin où Carly Stevenson s'était présentée au commissariat avec ses enfants, Jackie avait l'impression de se débattre dans des sables mouvants. Chaque jour, elle s'enfonçait davantage dans des digressions et des questions sans rapport avec le véritable problème.

Elle n'éprouvait aucun des sentiments qui accompagnent généralement une enquête bien menée ; l'assemblage méthodique d'indices et de faits, le développement graduel d'une vue d'ensemble, une théorie fondée sur des données solides et que confirment chaque fois de nouvelles découvertes ; enfin, pour couronner le tout, le frisson viscéral de la chasse, et la capture.

C'est ainsi qu'une enquête devait se dérouler. Or tout ceci n'était qu'une pagaille dans laquelle même une chatte aurait perdu son petit.

Elle se leva et se rendit dans la kitchenette, pour jeter son café tiède dans l'évier. Puis elle entreprit de fourrager dans les placards.

Elle trouva une boîte de biscuits secs sur laquelle le nom de Brenda était inscrit au crayon feutre. Elle se mit à piocher dedans, d'un air absent, consciente qu'elle allait sans doute la terminer et qu'il lui faudrait la remplacer avant lundi.

Et pendant tout ce temps, elle continuait de réfléchir.

Rien n'était plus difficile que de retrouver un homme qui avait délibérément choisi de disparaître. Et le fait que leur homme ait peut-être assassiné Darla Drake, moins d'une semaine après s'être volatilisé, loin de les aider, ne faisait que compliquer encore l'enquête sur l'homicide. John Stevenson était devenu un élément incontrôlable, une sorte d'animal solitaire qui opérait en dehors des normes habituelles.

Des crimes de ce genre étaient généralement résolus, soit grâce à des témoins oculaires, soit par l'intermédiaire des chiffres — ces séries de numéros d'identité qui suivaient les gens, depuis leur naissance jusqu'au jour de leur mort.

Mais Stevenson n'avait plus ni logis, ni travail. Il n'avait pas de plaque d'immatriculation, ni de numéro de téléphone. Personne ne l'avait vu entrer ou sortir de chez Darla Drake — bien qu'il eût laissé des empreintes derrière lui. Apparemment, nul ne savait non plus où il se trouvait à présent, et des inconnus avaient bien peu de chances de le remarquer, tant son apparence était ordinaire.

C'était comme de poursuivre une ombre, songea Jackie avec frustration.

Peut-être qu'un jour, dans un avenir plus ou moins proche, John Stevenson utiliserait un numéro d'identification personnel pour essayer d'obtenir un travail, ou de louer un appartement ; cela attirerait aussitôt quelqu'un du FBI, et leur permettrait d'aller le cueillir, où qu'il se trouve. Mais s'il avait déjà réussi à obtenir une fausse identité, l'homme demeurerait à jamais introuvable.

A moins qu'il ne succombe à un autre accès de violence et ne tue de nouveau…

Jackie continua de croquer ses biscuits, perdue dans ses réflexions.

Des gens disparaissaient, chaque jour, par milliers. Le grand public n'imaginait pas le nombre de personnes qui abandonnaient leur travail et leur famille, sans qu'on puisse jamais les retrouver. Officiellement, après un certain temps, on les déclarait « disparus : présumés morts ». Le délai, pour les compagnies d'assurance, était de sept ans.

Mais Jackie et les autres officiers de police savaient que la plupart de ces disparus n'étaient pas morts du tout. Ils vivaient quelque part, cachés derrière une nouvelle identité, avec toute une structure sociale qui leur servait de barricade contre le passé.

Dans un cas comme celui de John Stevenson, leur seul espoir était que le criminel soit attiré de nouveau dans son ancienne orbite à cause de ses enfants.

Et encore ! se dit Jackie, remettant la boîte de biscuits à moitié vide dans le placard. Si l'on en croyait les événements récents, John Stevenson avait plutôt l'air de vouloir faire du mal à ses enfants que de leur rendre des visites surprises pour leur offrir des ours en peluche.

Elle repensa au véhicule sombre qui avait essayé de l'envoyer dans le ravin — celui qui ressemblait à la Land Rover de Norine Burkett. Finalement, elle retourna s'asseoir à son bureau et décrocha le téléphone. Elle composa le numéro d'Adrienne et la voix de Harlan interrompit la deuxième sonncric.

— Résidence Calder, bonjour.

— Bonjour, Harlan, c'est Jackie. Je viens aux nouvelles.

— Jackie, écoute ça.

La jeune femme l'entendit murmurer quelque chose. Puis il y eut un silence et une série de petits bruits.

— Tu as entendu ? demanda-t-il en reprenant la ligne.

— Hmm, vaguement. C'est quoi ?

— Patrick. Je lui ai donné son biberon et je viens de le changer ; il est tellement content qu'il fait tous ces drôles de petits bruits. On dirait qu'il chante, mais avec des bulles.

Jackie sourit en imaginant l'avocat d'affaires, d'ordinaire si digne et si sérieux, en train de jouer les papas gâteaux. Au loin, elle entendait des rires d'enfants et la voix d'Alex donnant des instructions.

— On dirait que tout se passe bien, chez vous, commenta-t-elle.

— A merveille, répondit Harlan. Ne te fais pas de soucis pour ce petit groupe, Jackie. Ils peuvent rester aussi longtemps qu'ils le voudront.

— C'est vraiment très généreux de votre part à tous les deux, Harlan.

— Oh, c'est un bon entraînement. Adrienne et moi avons toujours rêvé d'avoir une maison pleine de gosses, tu sais. Nous étions si seuls, toutes ces années. Maintenant, grâce à toi, nous en avons cinq dans la maison, et un autre en route.

— Hé, je ne suis responsable que des cinq dans la maison. Je n'ai rien à voir avec celui qui est en route.

Harlan pouffa de rire.

— Bon, prévenez-moi si vous avez besoin de quoi que ce soit, d'accord ? ajouta la jeune femme.

— Jackie…

— Oui ?

— Je n'ai pas eu l'occasion de te demander ça. Ces enfants courent vraiment un danger ?

Jackie hésita.

— J'ai veillé à ne pas être suivie jusque chez vous, répondit-elle. Je doute que quiconque sache où ils sont.

— Qui aurait pu vouloir te suivre ? Que se passe-t-il, Jackie ?

— Je préfère ne pas en parler pour l'instant, Harlan. J'espère que la situation va s'arranger rapidement. Dans le cas contraire, je prendrai d'autres arrangements pour eux. Comment va Carly ?

— Elle a bien meilleure mine, ce matin. Adrienne pense qu'elle a dormi correctement pour la première fois depuis longtemps.

— J'aurais dû vous appeler il y a une semaine.

— Jackie, voyons, tu ne peux pas t'occuper de la terre entière. Dans ton boulot, on est confronté à tant de misère humaine, au jour le jour, que tu finirais par craquer et dépasser toutes tes limites, si tu passais ton temps à t'investir personnellement.

Il avait raison, bien sûr. N'importe quel officier de police qui ne prenait pas soin de développer une carapace lui permettant d'affronter le quotidien — souvent tragique — finissait par s'user et changer de travail, généralement au cours des toutes premières années.

— Jackie ? reprit Harlan. Il faut que je couche ce petit bonhomme. On dirait qu'il va s'endormir.

— Très bien. Merci pour tout. Remercie Adrienne aussi. Je rappellerai plus tard dans la journée.

— D'accord. Et encore une fois, ne t'inquiète pas pour nous. Tout va très bien, ici.

Jackie le remercia de nouveau et raccrocha, se perdant dans la contemplation du petit arbre de Noël artificiel posé sur le classeur métallique. Il avait l'air triste, lui aussi.

Elle pensa à Paul, là-bas dans son ranch, et aux dernières paroles qu'il lui avait dites.

« Au revoir, Jackie. Appelle-moi si jamais tu changes d'avis. »

Elle secoua la tête et enfouit son visage dans ses bras croisés.

Elle n'arriverait pas à répondre à ses exigences et à fixer une date de mariage. Cette seule idée la terrifiait, et la peur la rendait furieuse et têtue.

Mais Paul ne reculerait pas non plus ; pas plus qu'il ne lui permettrait de prendre son temps. Il était convaincu que la pression était le meilleur moyen de concrétiser la situation et que, si elle lui résistait, c'était parce qu'elle ne l'aimait pas vraiment.

Ils étaient dans l'impasse, et Jackie sentait confusément que leur couple n'y résisterait pas.

Elle l'avait perdu.

Pourtant, par un tour du sort tristement ironique, Jackie commençait tout juste à comprendre à quel point Paul lui manquait, et surtout combien elle l'aimait.

Widmer avait raison. Elle avait été vraiment secouée, la veille, quand elle avait confondu cet homme blond, dans la rue, avec Paul. Depuis, son absence était comme une douleur qui la grignotait de l'intérieur. Mais le manque qu'elle ressentait n'était pas seulement physique. Elle regrettait aussi leur complicité, leurs longues conversations ponctuées de rires, les soirées passées à marcher main dans la main, dans la prairie, à partager leurs rêves et leurs souvenirs…

Ses yeux lui brûlaient, mais elle refusait de verser les

larmes qui ne demandaient qu'à couler. Elle ne pouvait plus se permettre de pleurer.

« Tu aurais dû savoir que tu le perdrais, murmura la voix cassante de sa grand-mère, à son oreille. Tu n'as pas ce qu'il faut pour devenir l'épouse de qui que ce soit, Jackie Kaminski. Tu es bien trop dure, trop égoïste. Et tu n'as pas la moindre idée de la manière dont on s'y prend pour s'occuper d'un homme. Tu es tellement… »

— Tais-toi ! chuchota Jackie, dans le coton de sa manche. Tais-toi, tais-toi !

Elle releva la tête, se frotta les yeux et fronça les sourcils. Elle venait d'entendre un bruit, à l'extérieur. Quelqu'un frappait de grands coups à la porte d'entrée.

Ginny ne tenait pas le standard durant les week-ends, et les officiers de patrouille entraient et sortaient par l'arrière.

Jackie décida d'ignorer cette intrusion. Il y avait une boîte, près de l'entrée, avec un téléphone relié au commissariat central, par lequel les gens pouvaient appeler, en cas d'urgence. Elle n'avait aucune raison de répondre, surtout en dehors de ses heures de travail.

Le bruit persista pendant quelques minutes, puis cessa.

Jackie reporta son attention sur l'écran de son ordinateur, et parcourut le fichier contenant toutes les informations réunies sur John Stevenson depuis qu'on avait lancé l'avis de recherche le concernant. Elle prit des notes sur un papier, chaque fois que deux personnes ou plus déclaraient avoir vu le disparu au même endroit.

Wardlow et l'équipe qu'il avait réunie avaient déjà vérifié chacun de ces tuyaux, sans résultat. Mais on ne savait jamais.

Soudain, le bruit reprit à l'extérieur. Quelqu'un frappait de nouveau, avec insistance, à la porte d'entrée.

Jackie se leva et se rendit dans le vestibule.

Un homme se tenait dehors, son visage encadré par la lucarne de verre renforcé. Il donnait de grands coups sur la porte, d'un air déterminé.

Jackie déverrouilla le portillon menant à la réception et passa un moment à essayer de comprendre comment marchait l'Intercom.

— Que voulez-vous ? demanda-t-elle finalement.

L'homme sursauta et jeta des regards affolés autour de lui, tandis que la voix de la jeune femme se répercutait dans le haut-parleur au-dessus de sa tête.

— Je cherche l'inspecteur Jackie Kaminski, répondit-il enfin à travers l'Intercom. C'est très important.

Jackie pencha la tête et le regarda encore, à travers la lucarne. Il devait avoir une trentaine d'années et portait un jean et un épais coupe-vent.

En fait, il ressemblait un peu à John Stevenson. Il était plus brun et plus petit, plus râblé, mais il avait cet air de brave type, le genre d'homme, bon mari, bon père de famille, qui vivait tranquillement dans sa petite maison de banlieue et passait son temps libre à tondre consciencieusement la pelouse ou réparer des tricycles dans son garage.

Jackie détacha instinctivement le rabat de son holster, puis elle coupa le système d'alarme, ouvrit la porte et le laissa entrer.

— Je suis Jackie Kaminski, dit-elle. Vous voulez me parler ?

— Oui. Mon nom est Ken Dillard.

Le jeune homme tapa des pieds pour ôter la neige accrochée à ses bottes. Il avait l'air tendu, évasif, et les poings serrés.

— Je viens de quitter ce journaliste, au *Sentinel*, poursuivit-il. Karl Widmer. Il m'a dit que je vous trouverais sans doute ici, ce matin. Je ne savais pas que le poste de police fermait, le week-end.

— Me parler de quoi ? demanda Jackie.

— Eh bien… je voulais seulement… je crois que la police a besoin de savoir…

Jackie jaugea son interlocuteur encore une fois, puis elle fit un geste de la tête en direction de la salle de brigade.

— Suivez-moi, Ken. Nous allons nous installer à mon bureau.

Quand le jeune homme se fut assis en face d'elle, Jackie ouvrit son calepin et prit un stylo.

— Alors, je vous écoute.

— Je crois…

Ken Dillard déglutit péniblement et s'humecta les lèvres.

— Je crois que je sais où se trouve John Stevenson.

23.

Jackie saisit son stylo et s'efforça d'afficher une froide efficacité, se disant qu'il s'agissait peut-être d'un autre tuyau inutile, à l'instar de tous ceux qu'ils avaient reçus dans la semaine.

En même temps, si Widmer avait jugé nécessaire d'envoyer cet homme au commissariat, ce matin, il devait y avoir une raison.

— Commençons par le commencement, dit-elle. Parlez-moi un peu de vous.

— Que voulez-vous savoir ?

— Votre âge, votre situation familiale, ce que vous faites dans la vie, etc.

Dillard parut se détendre un peu.

— J'ai trente-deux ans, déclara-t-il. Je travaille comme soudeur à Midtown Farming Implements. Je suis marié, j'ai deux enfants, et nous vivons pas très loin d'ici, du côté de Corbin Park.

Il déclina son adresse et son numéro de téléphone, et Jackie consigna toutes ces informations, avant de lever de nouveau les yeux vers lui.

Ken Dillard avait un visage carré, agréable, marqué d'une légère cicatrice qui courait sur sa joue gauche, presque jusqu'au coin de sa bouche ; cela remontait sans doute à l'enfance, car la blessure semblait guérie depuis très longtemps.

— Alors, dites-moi ce que vous savez au sujet de John Stevenson, reprit-elle.

— Eh bien, John et moi nous... nous sommes amis depuis des années.

Il baissa les yeux et regarda ses mains.

— Nous jouons dans la même équipe de base-ball.

— Quel genre d'équipe ?

— Oh, juste un groupe de mecs qui se réunissent pour s'amuser. Nous faisons partie d'une ligue, dans la Vallée, et nous disputons une vingtaine de matchs, chaque année, et aussi un ou deux tournois. On emmène nos femmes et nos enfants.

— Vous et Stevenson faites partie de cette équipe depuis longtemps ?

Dillard s'éclaircit la gorge et se dandina sur sa chaise, visiblement mal à l'aise.

— Environ six ans, je crois. On s'est bien entendus sur-le-champ et on est devenus amis. La plupart des autres gars ne se retrouvent que durant la saison de base-ball, mais John et moi, on se voit toujours assez régulièrement. On fait des trucs en famille, des sorties au cinéma, des barbecues.

Jackie nota tout cela, puis elle chercha un fichier dans son ordinateur.

Au début de l'enquête, Jackie avait demandé à Carly de lui donner une liste des amis de son mari, et celle-ci avait mentionné le nom de Ken Dillard. L'officier de patrouille

Pringle était allé le trouver, sur son lieu de travail, pour lui poser quelques questions. A l'époque — cela remontait à plus d'une semaine — Dillard avait déclaré qu'il ne savait rien au sujet de la disparition de John Stevenson, et qu'il n'avait pas vu son ami depuis près de deux mois.

« Type sympathique, très apprécié sur son lieu de travail. Il avait l'air un peu tendu, mais il n'aime peut-être pas les flics, avait noté Pringle dans son rapport. Il n'est pas impossible que Dillard cache quelque chose, mais, à ce point de l'enquête, nous n'avons aucune raison valable d'insister. »

Jackie sentit son cœur battre, mais elle se garda bien de laisser paraître son excitation. Quelle que soit l'information que détenait cet homme, il était clair qu'elle le rendait extrêmement nerveux. Ce n'était pas le moment de lui faire peur en se montrant trop impatient.

— Quel âge ont vos enfants ? demanda-t-elle.

— Mon fils est un peu plus grand que Caitlin, et ma fille a le même âge que les jumelles.

— Je vois. Et votre femme… c'est également une amie de Carly ?

— En quelque sorte. Vivian est d'un tempérament plus extraverti. Elle est institutrice et elle a ses propres amies. Elle a toujours trouvé Carly un peu timide, difficile à approcher. Mais elles s'entendent plutôt bien.

— Donc, quand vos familles se réunissent, c'est surtout en raison de votre amitié avec John ?

— On peut le présenter comme ça. Mais nos enfants s'amusent beaucoup ensemble.

Jackie hocha la tête, puis elle le regarda droit dans les yeux.

— Qu'est-ce qui vous fait penser que vous savez où il se trouve ?

Le jeune homme rougit, ce qui fit ressortir la mince cicatrice blanche sur sa joue.

— Je n'ai pas dit que je le savais de manière certaine, murmura-t-il. Juste que je crois en avoir une idée.

— Dans ce cas, pourquoi ne vous êtes-vous pas manifesté plus tôt ?

Il rougit de plus belle.

— J'avais promis à John de n'en parler à personne. Mais avec toutes ces histoires dans la presse, au sujet de la petite Burkett et aussi de cette femme…

Il parut la supplier du regard, puis détourna les yeux. Jackie attendit.

— Je ne savais pas quoi faire, reprit-il. J'ai horreur de trahir une promesse d'ami. Et je n'arrive toujours pas à croire que John soit mêlé à tout ça. Mais si…

— Si c'est le cas, vous ne voulez pas le protéger, enchaîna Jackie. Car la complicité de meurtre est un crime grave.

— Je sais, chuchota Dillard, baissant la tête de nouveau.

Il se mit à tripoter un cal dans la paume d'une de ses mains.

— J'ai une petite cabane, au bord de la rivière, reprit-il finalement. Il y a deux mois, quand nous avons tout verrouillé pour la saison, John m'a demandé une clé.

— Où est cette cabane ?

— Au nord de la ville, sur la réserve d'Indiens. Mon père

avait obtenu un bail de quatre-vingt-dix ans, dans les années cinquante, et il avait construit une cabane de pêcheur. J'ai hérité du bail quand il est mort, il y a neuf ans.

— Et vous n'utilisez la cabane que durant l'été.

— Oui. C'est assez isolé, et très primitif. Les toilettes sont à l'extérieur, nous avons une pompe pour l'eau potable et un petit générateur pour l'électricité. Ce n'est pas pratique en hiver. Il nous arrive parfois d'aller faire de l'auto des neiges mais, à part ça, on barricade la cabane en octobre.

— Et John Stevenson la connaît ?

— Evidemment. Nous passons beaucoup de temps là-bas. On se fait un week-end de pêche une ou deux fois par an, et on emmène les enfants, tous les étés, pour un barbecue en famille.

— Et vous lui avez donné la clé en octobre ?

— Juste avant Halloween, répondit Dillard. John m'a dit qu'il aurait peut-être besoin de... d'utiliser la cabane pendant quelque temps.

— Pourriez-vous me rapporter les détails de cette conversation ? Essayez de bien vous rappeler, Ken. C'est important.

Dillard se renversa sur sa chaise et passa une main sur son visage.

— C'était le week-end précédant Halloween. Une journée superbe. Nous avons emmené nos deux familles à la cabane, pour nettoyer et faire un pique-nique. A la fin de l'après-midi, les femmes et les enfants sont rentrés dans une voiture, et John et moi, nous sommes restés pour clouer des planches aux fenêtres. On les a suivis une heure plus tard.

Il se tut, les yeux fixés droit devant lui.

— Et alors ? s'enquit Jackie.

— Alors, John m'a dit qu'il avait des ennuis. Il m'a fait jurer que je n'en soufflerais mot à personne.

Ken avait l'air bouleversé. Il était clair qu'il jugeait sa démarche comme une trahison envers son ami, et qu'il en souffrait sincèrement.

— John vous a-t-il expliqué de quel ordre étaient ses ennuis ? demanda Jackie.

Le jeune homme secoua la tête.

— Non. Il m'a seulement confié qu'il serait peut-être obligé de disparaître, pendant un moment. Il ne voulait pas que Carly sache où il se trouvait.

— Je croyais que John et Carly formaient un couple idéal. Qu'ils étaient très proches l'un de l'autre. C'est ce que tout le monde ne cesse de me dire.

— Parce que c'est la vérité. Tout ce qu'il racontait ce jour-là n'avait aucun sens. Mais quand j'ai mentionné le nom de Carly, il m'a attrapé le bras et m'a secoué comme un prunier. On aurait dit qu'il était fou. Il a répété qu'il ne voulait pas que sa femme sache quoi que ce soit. Il m'a fait jurer sur la vie de mes enfants que je ne parlerais pas de tout cela à Carly.

— Il devait vraiment être dans de sales draps, commenta Jackie.

— Je ne l'avais jamais vu comme ça. Jamais.

— Qu'en avez-vous déduit ? Vous êtes amis depuis longtemps. Vous devez bien avoir une opinion.

Ken eut un haussement d'épaules.

— J'ai pensé que lui et Carly traversaient peut-être

une crise et que John voulait être seul pendant quelques jours. C'est le genre d'homme qui ne peut pas supporter le moindre problème dans son mariage ; sa famille est tellement importante pour lui.

— Vous aviez des raisons d'imaginer qu'ils étaient dans une mauvaise passe, tous les deux ?

— Non, mais qui peut se vanter d'avoir un mariage parfait ? Même ma femme et moi…

Il s'interrompit et haussa de nouveau les épaules, l'air gêné.

— Alors vous avez promis à John que vous ne diriez à personne que vous lui aviez prêté les clés de la cabane, insista Jackie, essayant de relancer son récit.

— Oui, acquiesça-t-il d'un air sombre. Je lui ai promis. Et je lui ai donné la clé. Je lui ai assuré que, quoi qu'il arrive, je me tairais.

— Qu'est-ce qui vous a décidé à parler ? demanda Jackie.

— Je n'arrête pas de penser aux deux personnes qui ont été tuées. D'abord la petite fille, et puis cette femme, chez elle. Je n'ai pas fermé l'œil depuis près d'une semaine.

Il passa de nouveau une main sur son visage.

— Vous pensez que votre ami les a tuées ?

— Je ne sais pas quoi penser, répondit-il en secouant la tête. J'ai vraiment du mal à imaginer John dans la peau d'un tueur. Ce dont j'ai peur, c'est…

Il s'interrompit et Jackie compléta sa phrase pour lui.

— Vous avez peur qu'il se soit suicidé dans votre cabane, n'est-ce pas ?

Le jeune homme hocha la tête. Des larmes brillaient dans ses yeux.

Jackie se leva et posa brièvement la main sur son épaule. Elle aussi commençait à penser que les craintes de Ken pouvaient bien être justifiées.

— Merci d'être venu, lui dit-elle. Je sais que ce n'était pas facile.

— C'est mon ami. J'étais perturbé. Et je… je ne pouvais pas me rendre à la cabane tout seul. Qu'est-ce que j'aurais fait, si je l'avais trouvé…

Sa voix se perdit dans un murmure.

— Vous avez un autre double de la clé ? demanda Jackie.

— Non. Mais vous n'aurez pas beaucoup de mal à entrer. J'ai juste un gros cadenas sur la porte. Vous pouvez le faire sauter en tirant un coup de feu dedans. Il y a un verrou à l'intérieur.

— Vous pouvez me donner des instructions précises pour me rendre là-bas ?

— Il vaut mieux que je vous fasse un plan.

Jackie déchira une page de son calepin et la lui tendit. Ken lui dessina un plan précis, avec la courbe de la rivière qui traversait la réserve indienne, le tracé de la route et une série de points de repère.

— Vous allez tourner à gauche, en arrivant devant ces trois greniers, et filer vers le sud jusqu'à ce que vous voyiez une grande maison en briques rouges avec un hangar d'avion, lui expliqua-t-il au fur et à mesure. Là, il faudra tourner à droite. Vous vous retrouverez alors sur une route de gravier qui longe un canal d'irrigation. Continuez jusqu'à ce que vous aperceviez la barrière d'entrée d'un ranch, avec deux cornes de bison.

Jackie suivait le plan avec attention, essayant de mémoriser les instructions.

— Vous avez raison, commenta-t-elle lorsqu'il eut terminé. Ça me paraît drôlement isolé. Vous pensez que je pourrai y accéder avec un véhicule à traction avant ?

— Probablement. La route est déblayée tous les deux ou trois jours, à l'exception des derniers trois cents mètres qui descendent la vallée jusqu'à la cabane. L'hiver, je laisse ma voiture et je finis à pied.

— Très bien. Merci, Ken. Je vous appellerai, ce soir au plus tard, pour vous tenir au courant.

Il se leva à son tour, visiblement très inquiet.

— Vous n'allez pas vous y rendre seule, dites ?

Jackie le considéra d'un air pensif.

— Vous venez de me confier que vous ne voyiez pas John Stevenson dans la peau d'un tueur.

— Et c'est vrai. Mais avec tout ce qui s'est passé, je…

— Ne vous inquiétez pas. Rentrez chez vous et essayez de passer un bon week-end en famille. La police s'occupe de tout ça, désormais.

— Vous n'allez pas… vous n'allez pas lui faire de mal, au moins ?

— Certainement pas, si cela peut être évité.

Jackie accompagna son visiteur jusqu'à l'entrée. Elle pensait à Angela Burkett et à Darla Drake, à qui personne ne ferait plus jamais de mal.

Et à cette pauvre Carly, aussi, terrifiée par les menaces qui pesaient sur ses enfants…

Elle regarda Dillard s'éloigner en direction de sa voiture, les épaules voûtées, les mains enfoncées dans les poches.

Puis elle retourna dans la salle de brigade et composa le numéro de téléphone de Wardlow. Comme il n'était pas chez lui, elle essaya de le joindre chez sa petite amie. Le fils de Christine répondit.

— Bonjour, Jackie, dit le garçon quand elle se fut présentée.

— Salut, Gordie. Comment vas-tu ? Tu passes un bon week-end ?

— Super, répondit le gamin. Maman et Brian sont sortis et ils m'ont permis d'inviter deux copains à la maison. On est en train de faire du pop-corn.

Jackie entendait les claquements du maïs, semblables à une salve de coups de feu, sur fond de cris joyeux.

— Vous avez l'air de vous amuser, dit-elle. Où sont ta maman et Brian ?

— Ils sont partis faire les courses de Noël. Brian m'a promis un super cadeau, mais il ne veut pas que je sache ce que c'est.

— Je crois le savoir, moi. En effet, c'est un super cadeau.

— Dis-moi.

— Et gâcher la surprise ? Pas question.

— T'es pas marrante, marmonna Gordie.

— Il paraît, oui, répondit Jackie.

— Si Brian appelle, tu veux que je lui passe un message de ta part ? C'est important ?

Jackie hésita.

— Dis-lui seulement que je le rappellerai à l'heure du dîner. D'accord ?

— D'accord.

Jackie raccrocha et appela ensuite le domicile du commissaire. Une adolescente lui répondit, d'un air de profond ennui, que Michelson et sa femme étaient partis écouter un récital de piano que donnait une de leurs filles cadettes.

Cette fois, la jeune femme ne laissa pas de message. A quoi bon déranger tous ces gens, un samedi après-midi, en pleine période d'achats de Noël ? Après tout, elle ne savait même pas si John Stevenson était vraiment dans la cabane de Ken Dillard.

Ses doigts tapotèrent le bureau, pendant qu'elle réfléchissait. Elle pouvait s'inscrire pour des heures supplémentaires, emprunter une voiture de police et se rendre sur la réserve. Cela lui permettrait de garder le contact radio.

Mais elle n'était pas habilitée à intervenir en dehors du secteur de la ville et elle n'avait pas particulièrement envie de passer par toutes les étapes administratives et bureaucratiques qui lui auraient permis d'établir la liaison avec les autorités compétentes sur la réserve — surtout pour une affaire aussi nébuleuse que celle-ci.

Le mieux était qu'elle se rende là-bas dans sa propre voiture, décida-t-elle. Elle jetterait un coup d'œil à l'endroit, sans se faire repérer et sans chercher à entrer dans la cabane.

Si elle remarquait le moindre signe de vie, comme des traces de pas dans la neige ou de la fumée sortant de la cheminée, elle rentrerait aussitôt en ville et appellerait Michelson.

La brigade se réunirait en urgence, les autorités compétentes seraient alertées, et on organiserait conjointement une opération de police pour prendre la cabane d'assaut et mettre Stevenson en garde à vue. Personne ne serait blessé, aucune susceptibilité juridictionnelle froissée.

En revanche, si la cabane était inhabitée, elle rentrerait tout simplement chez elle, et s'épargnerait ainsi l'humiliation d'avoir provoqué un branle-bas de combat pour rien.

Satisfaite de son plan, Jackie prit ses clés dans son sac, enfila son gros blouson et quitta le commissariat.

En dépit de la description de Ken Dillard, la jeune femme fut surprise de constater à quel point la cabane était isolée. Quand elle eut passé les trois greniers, le canal d'irrigation et les cornes de bison, et roulé pendant près d'une heure, elle se retrouva en rase campagne.

Des ravines escarpées pleines de broussailles divisaient les terres en descendant vers la rivière, et d'énormes rochers gisaient un peu partout, témoins d'une ancienne activité volcanique.

La route était praticable, ainsi que Dillard l'avait prévu, mais Jackie dut se frayer parfois un passage à travers de gros amoncellements de neige.

Sa petite voiture patina un peu, par endroits, en dépit des pneus antidérapants, mais, chaque fois, elle réussit à poursuivre sa route. Heureusement, se disait-elle en agrippant le volant. Elle n'aurait pas voulu se retrouver coincée, en plein milieu de nulle part, et devoir appeler des secours.

Finalement, elle arriva à une intersection où un étroit chemin de gravier quittait la route principale et descendait vers la rivière, longeant une sorte de corniche qui basculait brutalement dans le vide. Jackie s'y engagea et arrêta la voiture à quelques mètres. Elle ne voulait pas qu'on puisse l'apercevoir d'en bas.

D'après les instructions de Dillard, la cabane était située juste sous la corniche, au milieu d'un bosquet d'arbres, au bord de l'eau.

Elle sortit de son véhicule, marcha jusqu'au ravin et jeta un coup d'œil vers le bas. Mais elle ne vit rien, à part un fouillis d'arbres dénudés, quelques conifères, et le coin d'un toit patiné par le mauvais temps. Le chemin qui menait à la cabane était couvert de neige et n'avait pas été emprunté depuis la dernière tempête.

— Merde, grommela Jackie, voûtant le dos pour se protéger du vent violent. Je ne vois rien, d'ici.

Elle retourna vers sa voiture, enfila une paire de gants fourrés, et glissa l'ourlet de son jean dans ses bottes. Puis elle prit une paire de jumelles sous le siège du passager — celles qu'elle utilisait parfois, avec Paul, pour observer le vol des aigles au-dessus du ranch.

Jackie verrouilla la voiture et s'enfonça dans la neige pour rejoindre la ravine pleine de broussailles qui courait derrière la cabane. Elle descendit la pente à pas lents. Heureusement, le vent qui avait soufflé la nuit précédente avait durci la neige au point d'en transformer la surface en une croûte épaisse. Autrement, Jackie se serait sans doute enfoncée jusqu'à la taille dans la poudreuse.

Sur son passage, quelques pies jaillirent brusquement des branches nues d'un cotonnier mais, à l'exception de leurs cris perçants, le silence était total. Des nuages avaient commencé de s'amonceler au-dessus de sa tête, obscurcissant le ciel, et des flocons de neige lui sifflèrent au visage. Le vent, qui s'était levé de nouveau, apportait la menace d'une nouvelle tempête.

Enfin, Jackie arriva au bord de la ravine, juste au-dessus de la cabane. Elle s'installa derrière un écran de branches pour observer la scène. La maisonnette de bois se trouvait à une cinquantaine de mètres ; il s'agissait d'un bâtiment rustique d'environ quatre-vingt-dix mètres carrés, derrière lequel on voyait un abri pour entasser le bois. Un bout de toit dépassait également d'un côté de la cabane, protégeant une auto des neiges à la brillante carrosserie noire. C'était apparemment le seul véhicule.

Jackie ne vit rien d'autre, à l'exception d'une petite fenêtre, à l'arrière. Mais même en réglant ses jumelles, la jeune femme ne put pénétrer ce carré noir.

Juste sous cette fenêtre, posées contre la cabane, Jackie remarqua deux planches de bois. Elle fronça les sourcils. Dillard lui avait bien dit qu'ils avaient cloué des planches aux fenêtres.

C'est alors qu'elle vit passer une ombre.

Elle se pencha en avant, essayant follement de régler ses jumelles. Mais la neige céda sous ses pieds, et elle dévala la pente, créant une petite avalanche.

Sa glissade l'entraîna hors de son abri de broussailles, à découvert. Comme elle brandissait les jumelles en l'air pour éviter de les lâcher, un visage d'homme apparut brièvement à la fenêtre et la regarda fixement, avant de s'évanouir.

Jurant et pestant contre son manque de concentration,

Jackie se remit vite à couvert et grimpa la pente comme elle put, en s'aidant des pieds et des mains.

Elle était repérée, à présent. Qui qu'il soit, l'homme qui se trouvait dans la cabane savait désormais qu'on était venu l'espionner.

De plus, il avait cette auto des neiges, garée là, comme prête à partir. Il pouvait s'en aller le long de la rivière et disparaître avant qu'elle ait le temps d'appeler quelqu'un à la rescousse.

Elle n'avait pas le choix. Maintenant qu'elle avait trahi sa présence, elle allait devoir entrer dans la cabane.

24.

Jackie se dissimula derrière l'écran de broussailles, sans cesser de surveiller la cabane, le temps de mettre au point une stratégie. Puis, courbée en deux, elle longea la ravine jusqu'à ce qu'elle se trouve du côté du bâtiment où était garée l'auto des neiges. Si elle arrivait par là, l'homme ne pourrait pas la voir de l'intérieur, se dit-elle avec satisfaction.

Elle accrocha ses jumelles à une branche d'arbre, sortit son revolver, et dégagea le cran de sûreté. Puis, étudiant le manteau de neige qui la séparait de la cabane, elle essaya de repérer les endroits où la croûte de neige était moins solide.

Elle ne pouvait pas se permettre de trébucher et de dégringoler de nouveau...

Finalement, elle prit une profonde inspiration et, jaillissant du buisson d'arbres, elle se dirigea vers la cabane en courant, le revolver braqué devant elle. La neige qui craquait sous ses pieds s'enfonça de manière alarmante à deux reprises, mais sans céder.

Elle arriva au coin de la petite construction et se glissa dans l'ombre près de l'auto des neiges, le souffle court.

Là, elle savait être totalement invisible pour l'occupant

de la cabane, et elle avait le véhicule dans son champ de vision. L'homme ne pouvait plus sortir et s'échapper. Elle approcha de l'auto, cherchant une clé. Sans succès, bien sûr.

Elle caressa un instant l'idée de mettre le véhicule hors d'état de fonctionner, mais y renonça aussitôt. D'abord, elle n'était pas dans son secteur ; ensuite, rien ne prouvait que l'inconnu de la cabane fût Stevenson. Michelson ne serait vraiment pas content si Jackie se retrouvait accusée de dégâts sur une propriété privée.

Elle passa devant l'auto des neiges et se glissa à l'avant de la cabane, jetant un coup d'œil vers la véranda qui donnait sur l'eau. Elle n'y remarqua rien, à l'exception d'un tas de bois et d'une hache. Une grande et unique fenêtre dominait la vallée, où un passage avait été dégagé jusqu'à la rivière. On avait également creusé quelques trous dans la glace.

Quelqu'un avait dû pêcher. Et récemment.

Sur la porte fermée de la cabane, Jackie ne vit pas le cadenas dont Dillard lui avait parlé ; elle devait donc être verrouillée de l'intérieur.

La jeune femme s'appuya contre le mur et réfléchit un instant. Finalement, se penchant un peu, elle cria en direction de la fenêtre :

— Police ! Ouvrez la porte et sortez de là, les mains en l'air !

Le silence lui répondit. Des flocons de neige flottaient alentour, poudrant les branches des conifères.

— Ecoutez, Stevenson ! hurla-t-elle de nouveau. Nous savons que vous êtes là. La cabane est cernée. Nous avons des tireurs d'élite dissimulés dans les arbres, le long de la rivière. Si vous ne sortez pas, nous allons jeter des bombes lacrymogènes par les fenêtres. Vous ne pouvez pas vous échapper.

L'écho de sa voix, qui se répercutait le long de la vallée, semblait se moquer d'elle.

— Sortez, John, pour l'amour de Carly, cria-t-elle encore. Je lui ai parlé ce matin. Elle est morte d'inquiétude à votre sujet. Pensez à votre femme et à vos enfants, John. Ne permettez pas que les choses dégénèrent encore.

Jackie jeta un coup d'œil vers l'entrée de la cabane. Enfin, après ce qui lui parut durer une éternité, la porte s'entrouvrit. Jackie s'avança légèrement, le cœur battant, le dos collé à la paroi de bois, le revolver dressé.

— Qui êtes-vous ? demanda une voix rauque et effrayée.

— Inspecteur Jackie Kaminski, de la police de Spokane. Je veux juste vous parler, John. Nous devons essayer de trouver la meilleure solution pour Carly et les enfants.

Il y eut un silence si profond que Jackie crut entendre le bruit sourd des flocons de neige qui tombaient par terre, tout autour de ses bottes.

— D'accord, répondit l'homme. Vous pouvez entrer. Mais seulement vous. Personne d'autre. Entrez et fermez la porte derrière vous.

Il l'avait crue, se dit la jeune femme. Le pauvre idiot se figurait vraiment qu'il y avait toute une armée cachée dans les arbres. En l'invitant à l'intérieur, il pensait peut-être la prendre en otage.

Jackie hésita un moment, imaginant la fureur de Michelson

s'il apprenait qu'elle avait accepté une telle offre, alors qu'elle était seule, sans aucune possibilité de renfort…

Mais à en juger par le ton de sa voix, Stevenson avait l'air effrayé — pas fou, ni incohérent.

D'ailleurs, avait-elle le choix ? Si elle se débinait maintenant, John Stevenson comprendrait qu'elle avait bluffé et, dès qu'elle s'éloignerait, il disparaîtrait dans son auto des neiges, ou même à pied.

Elle avala encore un grand bol d'air et parla de nouveau en direction de la porte.

— Ouvrez et reculez, John. Je vais entrer. Ne faites pas de mouvement brusque, d'accord ? Inutile que ça dégénère. Je veux juste vous parler.

Grand silence.

— John ? appela-t-elle de nouveau. Pour l'amour de Carly et de vos enfants, dites-moi clairement que vous n'avez pas l'intention de commettre une bêtise. Il y a des tas de gens armés qui ont les yeux fixés sur la cabane, en cet instant.

La porte s'ouvrit encore d'un ou deux centimètres.

— D'accord, assura l'homme d'une voix étouffée. Entrez.

Jackie gravit les marches de la véranda, passa devant la fenêtre au pas de course et donna un grand coup de pied dans la porte, tenant son revolver devant elle à deux mains. Une fois à l'intérieur, elle regarda autour d'elle en clignant des yeux, le temps de s'habituer à la pénombre.

John Stevenson était adossé contre le mur de la cheminée de pierre, très pâle, l'air terrifié. Quand il vit le revolver de Jackie, il leva les mains au-dessus de sa tête.

Pendant ce temps, Jackie enregistrait machinalement des détails. La cabane comprenait en fait une large pièce et deux espaces plus petits, apparemment réservés pour dormir. Le mobilier, rustique, se composait principalement d'une grande table flanquée de chaises et d'un banc. Une chaudière à bois trônait dans un coin et une lampe à huile était posée au milieu de la table, à côté d'une pile de livres et d'une rame de papier.

Jackie remarqua encore un fusil de calibre 22 au-dessus du manteau de la cheminée. Stevenson n'avait visiblement pas cherché à le décrocher.

Elle garda son revolver pointé sur l'homme.

— Les chambres sont vides ? demanda-t-elle en s'avançant avec précaution.

Il déglutit péniblement.

— Oui. Il n'y a personne ici, à part moi.

Elle jeta un bref coup d'œil à l'intérieur des deux pièces. Des vêtements étaient accrochés à des clous et les lits étaient construits sur des plates-formes attachées au plancher. Il n'y avait là nulle part où se cacher.

John Stevenson était bien seul, songea la jeune femme avec soulagement.

Et il n'avait pas l'air de vouloir se battre. En fait, il ressemblait plutôt à un homme vaincu. Il était plus mince que sur les photos qu'elle avait vues de lui, et ses cheveux couvraient le col de sa chemise, en mèches dépeignées. En revanche, elle retrouva bien, sur son visage, cet air de jeunesse et d'honnêteté qu'elle avait remarqué sur les clichés que Carly lui avait passés ; en plus prononcé, encore. En cet instant, ses mains tremblaient violemment et il paraissait au bord des larmes.

— Allons, ne vous mettez pas dans cet état, John, dit-elle avec douceur, sachant combien un fugitif effrayé pouvait être dangereux. Il ne va rien arriver. Vous voulez bien vous retourner et poser vos deux mains sur le manteau de la cheminée ?

Il obéit, et Jackie s'approcha, le tenant toujours en joue. Elle le fouilla légèrement.

— Bon, reprit-elle. Tournez-vous et regardez-moi.

Il portait un jean, des bottes de marche et plusieurs épaisseurs de vêtements. Sous la veste en flanelle et la chemise en jean, Jackie remarqua un T-shirt qui avait bien besoin d'être lavé.

Mais il ne devait pas être facile de faire sa lessive, par ici… Elle lui passa les menottes aux poignets, et lui fit signe, avec son revolver, de s'approcher d'une des chaises.

Il s'assit et enfouit son visage dans ses mains entravées.

Jackie tira une autre chaise et s'installa en face de lui, sans cesser de le viser avec son arme, bien que cela parût de moins en moins nécessaire. Après tout, il continuait de croire qu'il y avait toute une armée cachée dehors, dans les arbres.

— Alors, qu'est-ce qui se passe, John ? demanda-t-elle sur un ton posé. Ce dernier secoua la tête, sans cesser de dissimuler sa figure dans ses mains.

Jackie remarqua qu'elles étaient couvertes de coupures et d'escarres, comme celles de Paul — mais en moins propres. Si John Stevenson avait exercé le métier de comptable jusqu'à sa disparition si soudaine, il avait maintenant des mains de manœuvre.

— Est-ce que vous êtes ici depuis tout ce temps, John ? demanda Jackie. Depuis qu'Angela Burkett a été tuée ?

— Angela ?

Il leva la tête et la regarda fixement.

— Qu'est-ce que vous avez dit ?

Jackie l'observa avec attention.

— Angela Burkett a été tuée le soir où vous avez disparu. Vous voulez dire que vous n'en saviez rien ?

— Tuée ? La petite fille de Jason Burkett ?

Il avait l'air abasourdi et ne cessait de secouer la tête.

— Je ne… Comment a-t-elle été tuée ?

— Elle a été heurtée par une voiture dont le conducteur a pris la fuite. Vous n'avez pas de radio, ici ?

Il secoua encore la tête.

— J'en avais apporté une vieille qui traînait au sous-sol de la maison, mais les piles étaient mortes quand je suis arrivé ici, et je n'en avais pas de neuves.

Le scénario était plausible, songea Jackie. Ou alors, s'il mentait, John Stevenson était vraiment un acteur consommé.

— Angela Burkett, murmura-t-il en baissant les yeux sur ses mains entravées. Elle a… elle a presque le même âge que Caitlin.

Il releva la tête.

— Comment vont mes enfants ? demanda-t-il avec une expression douloureuse.

— Aussi bien que possible, compte tenu des circonstances, répondit Jackie, essayant de jauger son interlocuteur. Cela n'a pas été facile pour elles, ni pour Carly. Du jour au lendemain, leur père et leur mari a disparu de la surface de la terre, sans explication…

— Je sais, chuchota-t-il.

— En plus, on a menacé les gosses, poursuivit Jackie délibérément. C'était l'enfer, pour Carly.

— On a menacé les gosses ? s'écria John, bondissant sur sa chaise. Comment ça ? Quel genre de menaces ?

— Oh, un peu de tout. Tentative d'enlèvement, des gens qui essayaient de s'introduire dans la maison au milieu de la nuit, ou qui ont voulu pousser le van hors de la route, alors que les jumelles se trouvaient à l'intérieur… Rien de bien joli, John. Vous imaginez ce que Carly a pu ressentir.

— Mon Dieu…

Il s'effondra de nouveau sur la chaise, les épaules tremblantes, et Jackie se demanda s'il n'était pas en train de pleurer.

— Tout le monde va bien, reprit-elle. Personne n'a été blessé. Ils sont tous à l'abri, maintenant, dans un endroit où personne n'ira leur faire le moindre mal.

— Merci, murmura-t-il. Merci, inspecteur.

De nouveau, elle croisa ce regard bleu et franc, brillant de larmes retenues.

Elle demeura silencieuse, un moment, se demandant quelle question lui poser. Mieux valait garder celles qui concernaient Darla Drake pour les interrogatoires qui auraient lieu au poste, après la lecture de ses droits, et surtout, avec un magnétophone pour enregistrer ses déclarations.

La porte était toujours ouverte dans le dos de Jackie, et il commençait à faire un froid glacial dans la cabane. La jeune femme se leva, son revolver toujours pointé sur Stevenson, et elle ferma le battant, faisant glisser le verrou.

Puis elle retourna s'asseoir.

Quand elle reprit la parole, ce fut en choisissant ses mots avec soin.

— Vous n'êtes pas tenu de me parler, John. Sachez que tout ce que vous direz pourra être retenu contre vous. Vous comprenez ?

— Vous êtes en train de m'arrêter ? demanda-t-il sur un ton las.

— Pas encore. Je voudrais que nous ayons une petite conversation informelle. Mais je tiens quand même à vous prévenir que ce que vous dites peut se retourner contre vous.

— C'est gentil de vous faire du souci pour moi, fit-il avec amertume, mais je vois mal comment je pourrais me compromettre plus que je ne le suis déjà.

— Alors vous voulez bien répondre à quelques questions ?

— Pourquoi pas ? Vous m'avez bien trouvé, non ? Je ne peux plus me dérober, maintenant ; il va falloir que je brave la tempête. Du moment que vous me promettez de continuer à protéger Carly et les enfants, je veux bien vous apprendre tout ce que je sais.

Jackie hésita un moment, troublée par l'attitude et les paroles de son interlocuteur.

— Bon, dans ce cas, commençons par le commencement, reprit-elle finalement. Pourquoi avez-vous quitté Carly et les enfants et disparu dans la nature ? Votre femme s'est fait un sang d'encre.

John arqua les sourcils, l'air stupéfait, puis il sourit. Son visage était agréable, beau même, quand il était débarrassé de son expression misérable.

— Ce n'est pas le commencement, ça ; c'est la fin de l'histoire, déclara-t-il.

— D'accord, répondit Jackie, s'adossant à sa chaise, le revolver toujours dans la main. Alors racontez-moi tout depuis le début.

L'homme détourna les yeux vers la fenêtre qui donnait sur la rivière gelée.

— Je travaillais pour Jason Burkett, aux entreprises White Wolf, depuis plus de six ans, dit-il. Je tenais la comptabilité de la société de portefeuilles et je m'occupais des fonds qui entraient par l'intermédiaire des autres compagnies.

Jackie savait déjà tout cela, mais elle le laissa parler, soucieuse de le mettre à l'aise.

— Je me suis toujours plutôt bien entendu avec Jason, même s'il lui arrive d'être un salaud plein d'arrogance — pas du tout le brave homme que les gens voient quand il fait campagne, vous savez ? ajouta-t-il en regardant Jackie d'un air interrogateur.

— J'imagine, en effet, répondit-elle posément.

— Il y a deux ans, j'ai commencé à avoir des problèmes financiers. Des problèmes personnels, j'entends.

— Comment ça ? demanda Jackie.

Stevenson baissa les yeux sur ses mains.

— Les dettes s'accumulaient. La naissance des jumelles a coûté très cher. Elles sont nées avec six semaines d'avance et elles avaient des problèmes respiratoires. Les soins n'étaient pas entièrement couverts par notre assurance. Et il nous a fallu faire des tas d'achats pour pouvoir nous occuper d'elles à la maison, sans compter les couches et le reste…

— Elever quatre enfants doit coûter beaucoup d'argent, commenta Jackie en hochant la tête.

— Après, c'est Caitlin qui a eu des petits problèmes. Ses dents de lait ne tombaient pas à temps et ses dents définitives poussaient de travers. J'ai essayé de convaincre Burkett de me payer une assurance dentaire, mais il a refusé. Il ne voulait pas créer un précédent. Puis notre crédit immobilier a été renouvelé et les traites ont augmenté. Bref, j'ai dû emprunter dix mille dollars à une compagnie de financement, juste pour pouvoir garder la tête hors de l'eau. Mais les intérêts étaient exorbitants et la compagnie a tout de suite exigé des remboursements. Je ne savais pas où trouver cet argent.

Jackie fronça les sourcils, regrettant de n'avoir pas pris son calepin.

— D'après Carly, vous êtes parti en vidant tous les comptes en banque. Vous avez pris neuf mille dollars d'économies.

— Carly vous a dit ça ?

— Elle était désespérée. Elle n'avait même pas assez d'argent pour acheter du lait en poudre pour le bébé. J'ai dû lui prêter quelques centaines de dollars.

— Oh, mon Dieu…

Il éclata brusquement en sanglots, le corps secoué de hoquets.

Jackie le regarda d'un air impassible. Puis elle se leva et s'approcha de la chaudière à bois, sur laquelle reposait une vieille cafetière ébréchée. Elle trouva deux chopes dépareillées, mais pas de sucre. Elle remplit les deux chopes et en porta une à Stevenson.

Il prit le café entre ses deux mains entravées et leva les yeux en reniflant.

— Désolé, marmonna-t-il. Tout ça est tellement…

— Prenez votre temps, répondit Jackie, qui alla ensuite chercher son café.

Elle retourna s'asseoir devant lui et sirota le breuvage noir, heureuse de sentir le liquide chaud pénétrer son corps.

— Cet argent que nous avions économisé…, reprit-il finalement après un moment de silence, ces neuf mille dollars, c'était comme le Saint Graal, pour Carly. Elle a grandi dans la pauvreté, vous savez. C'était sa bouée de sauvetage. A ses yeux, à partir du moment où nous avions près de dix mille dollars à la banque, il ne pouvait rien nous arriver de mal. Si j'avais pris cet argent pour payer nos dettes, elle aurait vécu dans la terreur. Il fallait que je trouve une autre solution.

— Oh, je vois, railla Jackie. Quelque chose de vraiment réconfortant, comme de vider les comptes en banque avant de disparaître de la circulation.

Il tressaillit et évita son regard.

— Dans les livres de la société White Wolf, poursuivit-il à contrecœur, il y avait un compte à part, un peu comme une caisse noire. Il était composé principalement de profits accumulés grâce aux intérêts, aux dividendes et aux opérations de change, des choses qui n'étaient pas liées directement à la vente des produits ou des services. J'enregistrais tous les faux frais sur ce compte, et Burkett s'en servait pour des dépenses personnelles comme les cadeaux et les vacances. Le compte était très actif et je le gérais moi-même. Personne ne vérifiait quoi que ce soit, pas même mon assistante.

— Alors vous avez pris quelques milliers de dollars pour vous tirer de vos ennuis, suggéra Jackie.

Il hocha la tête.

— Deux fois, pour me débarrasser de cette compagnie de financement. A l'époque… toujours… j'avais sincèrement l'intention de rembourser ce que j'avais pris.

— Comment ?

— Mon père nous promet depuis longtemps, à mon frère, ma sœur et moi, de vendre l'affaire de famille, une fois qu'il aurait pris sa retraite au printemps prochain. Il pensait nous donner un peu d'argent de cette vente. Je me suis dit que si je pouvais tenir jusque-là, tout rentrerait dans l'ordre et personne n'aurait besoin de savoir ce que j'avais fait — surtout pas Carly. Je considérais cet argent comme un emprunt, si vous voulez. J'avais même pris soin de calculer des intérêts à un taux raisonnable. Mais Burkett a mis son nez dans les livres et il a découvert ma combine.

Il se tut et son regard se perdit du côté de la fenêtre.

— Alors il vous a renvoyé, conclut Jackie. Et vous avez pris la fuite parce que vous ne supportiez pas de devoir tout raconter à Carly.

Alors même qu'elle prononçait ces paroles, Jackie s'avisa que sa théorie ne tenait pas debout. Burkett n'avait jamais parlé des vols de son comptable, et encore moins de son renvoi. Au contraire, il avait fait l'éloge de John Stevenson, déclarant qu'il était un employé modèle et que personne n'avait compris pourquoi il avait quitté son travail si brusquement.

Tout cela ne collait pas. Stevenson parut s'arracher à sa contemplation morbide.

— Ça non, alors, dit-il avec un sourire sans joie. Burkett ne m'a pas renvoyé du tout. Il m'a proposé une augmentation.

— Pardon ?

— Oh, j'ai très vite compris pourquoi. Il voulait que je trafique les livres, mais sérieusement cette fois, et pour son compte à lui. Je n'ai pas besoin de vous préciser qu'il me tenait.

— Que voulait-il que vous fassiez, exactement ?

— Il a reçu de fortes contributions, pour la plupart illégales, afin de financer sa campagne pour les élections primaires, au printemps prochain.

— Les fameuses caisses noires des politiciens ?

— Je suppose. Jason est un salaud totalement corrompu, et ses riches amis font tout ce qu'ils peuvent pour qu'il soit élu au Congrès. Comme ça, il pourra commencer à renvoyer l'ascenseur. Il avait besoin qu'on enterre ces fonds profondément dans les comptes de sa société. Ainsi, quand il se présenterait aux élections, au printemps, il pourrait prétendre qu'il dépensait le fruit de ses propres revenus.

— Il vous demandait de blanchir de l'argent ?

Stevenson hocha la tête.

— Plus d'un million de dollars. Dans les livres, l'argent semble provenir des différentes compagnies, à travers des emplois et des comptes fictifs. Puis cela passe par la structure de l'impôt sur les sociétés et aboutit dans la cagnotte politique de Burkett. Tout le procédé est parfaitement illégal.

— C'est le moins qu'on puisse dire. Mais vous l'avez quand même fait ?

— J'ai commencé. Je ne pouvais pas supporter de raconter tout ça à Carly, et aussi de me retrouver accusé de vol.

— Mais vous aviez suffisamment de preuves contre Burkett pour lui causer de sacrés ennuis, si jamais il vous dénonçait.

— Je sais. Quand ça m'est finalement venu à l'esprit, je suis allé le trouver et je lui ai demandé de me laisser tranquille. Je voulais qu'il m'autorise à rembourser l'argent que j'avais pris en versant des petites sommes mensuelles et, surtout, qu'il cesse de me demander de trafiquer ses comptes. Sinon, je démissionnais. Je lui ai dit que j'irais trouver la police et que je déballerais tout.

— Et alors ?

— Alors, il a fait intervenir Darla Drake.

Jackie sentit son pouls s'accélérer. Elle sirota son café et hocha la tête, comme pour l'encourager à poursuivre son récit.

— Burkett m'a donné une adresse et m'a demandé d'aller chercher une somme d'argent destinée à l'ébéniste. C'est une des compagnies de White Wolf. Quand je suis arrivé, il y avait une très jolie femme blonde dans une robe de soie. Je lui ai réclamé l'argent, mais elle a éclaté de rire et m'a laissé debout sur le seuil, comme un crétin. Et puis, elle a ôté tous ses vêtements et elle s'est enroulée autour de moi. L'instant d'après, un type est sorti de la pièce voisine avec un appareil photo.

— Alors c'était un coup monté ! s'exclama Jackie. Vous ne connaissiez pas Darla Drake ?

— Je ne l'avais jamais vue de ma vie. En revanche, j'ai reconnu son nom, quand je l'ai entendu. C'est la petite amie de Burkett.

— La petite amie de Burkett ? répéta Jackie, au comble de la stupéfaction.

— Mais oui, répondit Stevenson sur un ton amer. Elle a une carte de crédit et elle ne se gêne pas pour l'utiliser. J'avais l'habitude de payer ses factures en piochant dans la caisse noire.

Jackie garda le silence. Stevenson était lancé, maintenant.

— En tout cas, ils ont fait développer les photos et Burkett m'a convoqué dans son bureau. Il m'a annoncé que si je refusais de continuer à trafiquer ses comptes, il montrerait ça à Carly et lui dirait que je la trompais.

— C'est vraiment un type charmant, hein ?

Stevenson eut un sourire acide.

— Je lui ai répondu qu'il était en train de commettre une grosse erreur, que mon mariage avec Carly était solide et que son chantage ne réussirait jamais. J'ai ajouté que s'il montrait ces photos à ma femme, je lui raconterais toute la vérité et nous irions trouver la police.

— Que s'est-il passé, ensuite ?

— Je suis parti. J'ai rassemblé mes affaires et je n'ai plus jamais remis les pieds là-bas. Mais je n'arrivais toujours pas à expliquer ce qui se passait à Carly. Elle aurait été trop bouleversée. Et puis, je me doutais bien que ce n'était pas fini. De fait, le lendemain, Burkett m'a appelé et m'a demandé de reprendre mon travail. Il a déclaré que j'avais intérêt à continuer de blanchir son argent et surtout, à ne pas aller voir la police, sinon…

Il serra les dents et Jackie vit tressauter un muscle de sa mâchoire.

— Sinon… ? répéta-t-elle. Qu'est-ce qu'il a dit, John ?

— Il a dit qu'il s'en prendrait à ma femme et à mes gosses.

— Seigneur ! Ce type ne plaisante pas, murmura-t-elle. Il n'a pourtant pas l'air, comme ça.

— Non. On lui donnerait le bon Dieu sans confession. Mais c'est un vrai serpent. Et sa femme aussi.

— Vous croyez qu'elle était au courant de l'affaire ?

— Norine ? C'était sûrement son idée.

— Elle savait aussi, pour Darla Drake ?

— Ça, je l'ignore, répondit Stevenson sur un ton las. Mais je ne pense pas. Et de toute façon, si elle venait à l'apprendre, je suis sûr qu'elle n'hésiterait pas à se servir de Darla pour réaliser ses ambitions politiques.

Jackie hocha la tête.

— Autrement dit, vous étiez coincé.

— Comme vous dites. Je ne voyais pas d'autre solution que de disparaître de la surface de la terre, en donnant surtout l'impression que j'étais parti de mon plein gré et pour de bon. C'était le seul moyen de m'assurer qu'il laisserait Carly et les enfants tranquilles. S'il soupçonnait un seul instant que j'avais le moindre contact avec eux, il se servirait d'eux pour faire pression sur moi. Ma famille courait un vrai danger.

Jackie écarquilla les yeux, tandis que l'évidence se faisait jour dans son esprit.

— C'est pour ça que vous avez vidé les comptes en banque.

— Oui. Je devais abandonner Carly dans une situation désespérée, afin que tout le monde croie que j'étais parti pour ne plus revenir. Avant de disparaître, j'ai passé une semaine à venir ici et à stocker des provisions et des articles de première nécessité. Je ne savais pas combien de temps ça allait durer.

— Quoi donc ? demanda Jackie.

— La deuxième partie du plan. C'est là que Darla entre en jeu, de nouveau.

25.

Jackie le considéra d'un air soupçonneux.

— Je croyais que vous ne connaissiez pas Darla Drake.

— Je ne l'avais jamais vue avant cette histoire de photos. Mais après ça, elle m'a téléphoné. Elle voulait me parler.

— Mais vous n'avez pas eu de liaison ?

— Une liaison ? Avec Darla ? s'exclama Stevenson d'un air stupéfait. Je n'ai jamais touché une autre femme que Carly de toute ma vie. Darla et moi n'avons aucune relation, ni d'amour ni d'amitié.

Jackie remarqua qu'il parlait de la jeune femme au présent, mais elle n'émit aucun commentaire. Un tel comportement n'était pas inhabituel, de la part d'un homme qui a tué sous le coup d'une impulsion et ne peut se résoudre, ensuite, à admettre ce qu'il a fait.

— Darla et moi n'avons qu'un point commun, poursuivit Stevenson. Tous les deux, nous nous faisons entuber par Jason Burkett. Alors on s'est rencontrés plusieurs fois et on a mis au point un plan.

— Quel est ce plan ?

— Darla est furieuse parce que Burkett lui promet depuis des années de quitter sa femme pour l'épouser.

Mais bien sûr, il n'en fait rien. Elle a l'intention de les confronter, chez eux, et de dévoiler leur liaison à Norine. D'après elle, cela brisera leur mariage et Jason se tournera vers elle.

— C'est culotté, commenta Jackie. Mais quel rapport avec vous ?

— Le scandale détruirait la carrière politique de Jason. Et s'il ne peut plus devenir membre du Congrès, je ne lui servirai plus à rien. Il n'aura plus aucune raison de menacer ma famille.

— Pourquoi Darla voudrait-elle faire sa vie avec un type aussi dégueulasse, en sachant en plus qu'il menace votre famille ? demanda Jackie.

— Elle est folle de lui. Je crois qu'elle est convaincue que son ambition politique lui vient de sa femme. Elle pense que Jason serait totalement différent s'il pouvait s'éloigner un peu de Norine.

— Je commence à comprendre. Si vous et Darla… Elle s'interrompit soudain et tendit l'oreille.

— Vous avez entendu ?

— Quoi ?

— Je ne sais pas. Une branche qui craque. Une voix, aussi.

— C'est sûrement un de vos hommes.

— Sans doute.

Mais Jackie savait qu'il n'y avait pas un seul policier, à l'extérieur. Il n'y avait rien que des kilomètres de terre isolée couverte de neige. C'est pourquoi, lorsqu'elle entendit de nouveau un bruit étouffé, elle pria intérieurement pour que ce soit le vent.

Peut-être Stevenson avait-il des complices, dehors, prêts à intervenir ? Elle se dandina nerveusement sur sa chaise et agrippa son revolver.

— Alors, j'ai conclu un accord avec Darla, continuait Stevenson. J'avais l'intention de disparaître avant qu'elle se rende chez Burkett. Mais pour ça, j'avais besoin que quelqu'un me conduise à la cabane ; or je ne voulais pas mêler un de mes amis à cette histoire. Darla a accepté de venir. Cela n'a pas été sans mal. Elle déteste sortir sa petite voiture rouge du garage, l'hiver.

— Alors, Darla vous a retrouvé sur le parking du centre commercial, lundi soir ; vous y avez laissé votre van, et elle vous a conduit jusqu'ici.

— C'est moi qui ai conduit. Darla est venue avec moi, elle m'a déposé, et elle est repartie à Spokane, en promettant de venir me trouver, dès qu'elle aurait provoqué cette confrontation avec les Burkett.

Jackie hocha la tête. Cette version des événements expliquait la présence des empreintes de Stevenson dans la voiture de Darla Drake.

Mais pas le cadavre sanglant avec les chaussons de petite fille…

— Elle n'a pas voulu que je descende la colline, poursuivait John. Elle avait peur de rester bloquée, au retour. Alors je suis descendu à pied et elle a promis qu'elle reviendrait dès qu'elle pourrait, une fois que le mariage et la carrière politique de Jason seraient ruinés et qu'il aurait des problèmes plus importants que moi à gérer.

— Mais elle n'est pas revenue ?

— Je ne l'ai pas revue, depuis. En fait, je n'ai pas vu

âme qui vive, à part vous, ajouta Stevenson avec un pauvre sourire. Croyez-le ou non, j'étais presque content quand je vous ai repérée dehors, avec vos jumelles.

— Quelle était l'humeur de Darla, le soir où vous êtes venus jusqu'ici ? demanda Jackie.

— Elle était dans tous ses états. Elle a une trouille bleue de Burkett, et elle est encore plus terrifiée par sa femme. Mais elle a ce mec dans la peau. Je crois qu'elle avait vraiment l'intention d'aller les trouver, ce soir-là, pour provoquer cette scène. Je n'ai pas arrêté de me demander ce qui a bien pu se passer, quand elle est arrivée.

« Elle n'est jamais arrivée », songea Jackie.

En chemin, Darla Drake avait manqué un virage et tué l'enfant unique de Jason Burkett. Puis elle avait couru se réfugier chez elle.

Apparemment, elle avait alors oublié l'existence de l'homme caché dans la cabane, au bord de la rivière…

— John, fit-elle soudain, en épiant sa réaction, que diriez-vous si je vous annonçais que Darla Drake a été assassinée quelques jours après vous avoir laissé ici ?

— Assassinée ? s'exclama John, stupéfait. C'est une blague ?

— Elle a été tuée chez elle. Ses poignets étaient tailladés, mais il ne s'agit pas d'un suicide.

— Mais…

Stevenson secoua la tête, l'air totalement abasourdi.

— Qui a fait ça ? Burkett ?

— Nous n'en savons rien, répondit Jackie sur un ton posé. En revanche, nous avons trouvé deux verres à whisky sur les lieux du crime et l'un d'eux portait vos empreintes.

— Mes empreintes ? Mais je ne suis jamais entré chez cette femme !

— Vous vous êtes bien rendu chez elle, le jour où on a pris ces photos.

— Mais… je suis resté planté sur le seuil. C'est absurde. Pourquoi est-ce que…

— Vous vous êtes bien revus pour mettre votre plan au point. Vous n'êtes pas allé chez elle, alors ?

— Jamais ! s'écria John avec passion. On se retrouvait dans des restaurants ou dans des cafés.

Jackie étudia l'expression de son visage, essayant de décider s'il disait la vérité, ou s'il était le menteur le plus convaincant qu'elle avait jamais rencontré.

John Stevenson pouvait bien protester de son innocence autant qu'il voulait, Jackie avait une confiance totale en Claire Welsh et la brigade de l'Identification. Les empreintes de Stevenson représentaient une preuve irréfutable.

Pendant qu'elle l'observait avec perplexité, un bruit rompit le silence, violent comme une explosion, et la fenêtre qui donnait sur la rivière vola en éclats.

— Jetez-vous par terre, cria Jackie, s'aplatissant elle-même au sol. Vite ! Rampez vers les chambres.

Elle se dirigea vers l'une des pièces du fond, faisant signe à Stevenson de l'imiter. Puis elle se demanda pourquoi elle se donnait cette peine.

Si des gens tiraient sur la cabane, ils devaient être de mèche avec lui ; ils étaient venus le délivrer. Elle avait été dupée par ses accents de sincérité et, maintenant, elle était prise au piège.

Pourtant, Stevenson n'avait pas l'air d'un homme sur le

point d'être secouru. Il était étalé sur le sol, à côté d'elle, les yeux écarquillés et fixés sur la fenêtre démolie.

— Pourquoi est-ce qu'ils tirent ? demanda-t-il d'une voix blanche. Vous leur avez donné un signal ?

Jackie le considéra d'un air confus. Il était livide et ses lèvres tremblaient de peur.

— Oh, John, murmura-t-elle. Chacun de nous croit que l'autre a une armée dissimulée dans les arbres. Je crois que nous nous trompons lourdement.

— Que se passe-t-il ? chuchota-t-il.

Elle tendit le bras et lui agrippa l'épaule.

— Ecoutez ! Est-ce que vous m'avez dit la vérité ? Toute la vérité ?

Il hocha la tête.

— Je vous le jure.

— Bon.

Elle lui ôta ses menottes.

— Rampez jusqu'à l'autre chambre, l'enjoignit-elle. Abritez-vous derrière le lit et tout ce que vous pourrez trouver, mais en gardant de la visibilité sur la fenêtre de devant.

Il lui obéit aussitôt et Jackie s'approcha de la cheminée, à quatre pattes. D'un bond, elle décrocha le fusil. A son grand soulagement, elle constata qu'il était chargé. Il y avait même plusieurs boîtes de munitions, sur une étagère, à côté.

Elle les prit également et s'aplatit de nouveau au sol, juste au moment où une nouvelle salve de coups de feu éclatait.

Elle ignorait qui se trouvait à l'extérieur, mais ils avaient des armes automatiques et tiraient depuis au moins deux angles différents. Apparemment, ils étaient équipés pour détruire la cabane — et ses occupants.

A l'intérieur, en revanche, les deux assiégés ne disposaient que d'un fusil et un revolver.

Classique, songea Jackie avec amertume.

Elle rampa jusqu'à la chambre où Stevenson s'était réfugié, et lui tendit le fusil et la boîte de munitions.

— Restez à votre place, dit-elle. Visez la fenêtre. Si quelqu'un passe par là, abattez-le. Je m'occupe de la porte.

Une nouvelle série de coups de feu martela la façade de la cabane, et Jackie se glissa prestement jusqu'à la deuxième chambre. Une fois à l'abri derrière le lit, elle se hissa sur ses coudes.

C'est alors qu'elle entendit des bruits étouffés : des pas gravissaient les marches de la véranda.

— John, est-ce que ça va ? chuchota-t-elle.

— Oui, répondit ce dernier. Et vous ?

— Ouais.

— Je ne l'ai pas tuée, murmura-t-il encore. Je n'ai tué personne.

— D'accord. Ne pensez pas à ça, maintenant. Essayons juste de nous tirer d'ici en vie.

Au même moment, elle entendit des coups de hache contre la porte. Le bois craqua et se fendit violemment. Jackie poussa un juron entre ses dents. La porte ne tarderait pas à céder.

Puis il y eut un cri et une silhouette massive apparut dans le cadre de la fenêtre. Le fusil de Stevenson explosa, dans la pièce voisine, et l'intrus poussa un hurlement rauque, avant de tituber vers l'arrière et de disparaître.

— Bien visé, John ! lança Jackie.

La lumière du jour commençait de filtrer à travers le bois déchiqueté et, soudain, un autre coup de hache arracha le verrou intérieur. La porte s'ouvrit, laissant entrer la lumière et le froid dans la cabane.

Jackie ne quittait pas cette ouverture des yeux, le revolver bien calé sur son avant-bras gauche. La lame de la hache parut, poussant la porte jusqu'à l'ouvrir complètement.

Jackie ne tira pas.

Elle attendit, tandis que sa vie défilait devant ses yeux.

Elle revit les années désespérées de son enfance et sa longue bataille pour devenir officier de police, puis inspecteur. Elle revit naître et grandir les rares amitiés qui avaient jalonné son existence, revit ses années solitaires avant sa rencontre avec Paul, puis leurs disputes, la tendresse et l'amour qu'ils avaient partagés…

Soudain, un homme apparut dans l'encadrement de la porte. Il tenait un fusil d'assaut à répétition avec une ceinture de munitions, et il balayait la cabane de coups de feu. Le bruit était assourdissant. Les balles ricochaient sur les pierres de la cheminée, criblaient les murs de plomb, valsaient dans les chambres et rebondissaient sur le sol.

Jackie visa, tira, et le bruit cessa.

L'homme s'écroula vers l'avant, face contre terre. En une seconde, son allure de monstre vengeur s'était transformée en un vilain tas de chair engoncé dans un pantalon de ski et un gros pull-over.

Une partie de son crâne avait sauté et des flots de sang coulaient sur le plancher de la cabane.

Jackie essaya de détourner les yeux, mais l'odeur du sang emplit la pièce, en même temps que la puanteur fétide des intestins qui avaient lâché.

Un jet de bile monta à la gorge de la jeune femme et elle recula derrière le lit pour vomir. Puis elle pointa de nouveau son revolver devant elle et, luttant contre une vague de faiblesse, elle se glissa dans la pièce voisine.

— John ! chuchota-t-il d'une voix rauque. Ça va ?

— Oui.

— Couvrez-moi, d'accord ? Je vais voir dehors s'il y a quelqu'un d'autre.

— Je vous accompagne.

John apparut, les mains crispées sur le fusil. Du sang coulait de son bras.

— Juste une égratignure, déclara-t-il en voyant Jackie fixer sa blessure. Une balle perdue.

Ils sortirent ensemble sous la véranda, évitant le cadavre sur le plancher.

Un homme était appuyé contre la rampe de bois, saignant de l'abdomen. Il était plié en deux et gémissait. Un deuxième fusil à répétition gisait dans la neige, au pied des marches.

Jackie pointa son revolver sur le blessé.

— Il y en a d'autres ? demanda-t-elle.

L'homme poussa un grognement.

— Hé ! insista-t-elle, en le poussant du pied. Est-ce que vous avez d'autres complices dans les parages ?

— Non, répondit l'homme. Juste lui et moi.

Il leva les yeux. Son visage était gris.

— Il faut m'aider, fit-il entre deux sanglots. Je suis en train de me vider de tout mon sang.

— Qui vous a envoyé ?

Il secoua la tête.

— Qui vous a envoyé ? répéta Jackie.

Elle se pencha et l'attrapa par les cheveux, le forçant à la regarder bien en face.

— Comment avez-vous trouvé cet endroit ? Répondez ou on s'en va et on vous laisse crever ici.

— On vous a suivie, répondit l'homme d'une voix grinçante. Burkett nous avait dit que vous finiriez par nous conduire à l'autre type. Alors on vous surveillait.

— Vous travaillez pour Jason Burkett ?

— Ouais, grommela-t-il, avant d'être pris d'une quinte de toux. Il voulait vous éliminer tous les deux.

Jackie se redressa.

Elle échangea un regard avec Stevenson et retourna dans la cabane, pour jeter un coup d'œil au cadavre. Après le grand air, l'odeur, à l'intérieur, était irrespirable.

— Allons, John, déclara-t-elle d'un ton las. Essayons de trouver leur véhicule. Je suis prête à parier qu'il s'agit d'un 4x4 noir. Si c'est le cas, nous pourrons nous en servir pour transporter ce type à l'hôpital.

John hocha la tête, la main toujours crispée sur le fusil. Ils s'engagèrent de concert dans la neige, et gravirent la colline où un pesant silence s'était installé.

De retour au commissariat, Jackie remplit toute la paperasserie d'usage, consignant les informations relatives à la fusillade. Puis elle fit un compte rendu oral des événements qui avaient précédé le dénouement, à la cabane. Michelson la réprimanda, en privé, pour s'être rendue là-bas sans renfort, mais il accepta de ne pas porter une lettre à son dossier, quand Jackie lui expliqua que son intention était d'observer et de venir faire son rapport, et non d'agir seule. Malgré tout, il lui interdit de revenir au poste avant le lendemain de Noël. Jackie dut donc passer des journées entières à tourner en rond dans son appartement.

Elle n'arrivait pas à dormir, la nuit. Dès qu'elle fermait les yeux, des images de sang et des claquements de coups de feu explosaient dans son esprit. Elle était sujette à de fréquentes vagues de nausée et n'avait aucun appétit. En une semaine, elle perdit trois kilos.

Les détails de la fusillade ne parurent jamais dans les journaux, de sorte que même Adrienne ignorait jusqu'à quel point elle avait été mêlée à l'affaire. Karl Widmer dut s'en douter, en revanche, car il l'appela et lui proposa de le rencontrer, promettant que leur conversation demeurerait confidentielle. Mais Jackie déclina son offre.

En revanche, elle accepta d'aller voir le psychologue de la police, à deux reprises, pour essayer de résorber le traumatisme causé par la fusillade. Ces deux sessions, qui lui permirent de parler de ce qui s'était passé, lui firent du bien. Cependant, inquiet pour sa santé physique, le psychologue lui conseilla d'aller consulter un spécialiste de médecine interne. Ce dernier lui donna rendez-vous la veille de Noël.

Ce jour-là, Jackie se réveilla fatiguée, agitée. Elle prépara son petit déjeuner, mais ne put se résoudre à l'avaler. Puis elle se demanda comment occuper l'heure qu'il lui restait à tuer avant de se rendre à la clinique.

Obéissant à une impulsion, elle se rendit chez les Stevenson.

Elle se gara devant la petite maison, longea l'allée jusqu'à l'entrée et poussa le bouton de sonnette.

Comme c'était souvent le cas, ce fut Emily qui ouvrit la porte. Mais au lieu de rester pendue à la poignée, en la regardant d'un air solennel, la fillette sourit d'un air heureux et vint enrouler ses petits bras autour de ses genoux.

— Hé, Jackie est là ! cria-t-elle, en attirant la jeune femme à l'intérieur.

Aussitôt, Jackie fut entourée de visages heureux. Carly jaillit de la cuisine, suivie de Rachel et Caitlin. La figure des deux enfants était couverte de sucre glace.

— On fait des gâteaux pour le Père Noël ! déclara Rachel en sautant d'un pied sur l'autre. Des sapins et des anges et des flocons de neige.

Jackie sourit à Carly. Cette dernière ne ressemblait plus du tout à la pauvre jeune femme pâle et désespérée qui était arrivée au commissariat avec ses enfants, quelques semaines auparavant.

Son visage était rose de bonheur et ses yeux étincelaient. Elle toucha le bras de Jackie.

— Comment allez-vous ? demanda-t-elle. Je suis tellement contente de vous voir.

— Ça va, répondit Jackie.

John arriva à son tour, portant le petit Patrick dans ses bras ; le bébé arborait un pyjama en tissu-éponge jaune et ses cheveux étaient encore tout humides du bain.

Jackie sourit.

— Bonjour, John. Comment va votre bras ?

Ce dernier souleva son coude libre, nichant son fils plus confortablement au creux de l'autre bras.

— Mieux, répondit-il. Ça fait encore mal mais, d'après le médecin, il n'y a pas d'infection.

— Le Père Noël vient ce soir ! cria Emily. Papa dit qu'il va descendre par la cheminée et apporter des cadeaux à tout le monde. Regarde, Jackie !

Celle-ci examina la rangée de grosses chaussettes accrochées au manteau de la cheminée, et elle dut lutter contre une brusque envie de pleurer.

— Je suis sûre que le Père Noël va vous offrir de beaux cadeaux, dit-elle aux jumelles. Vous avez été très sages.

— Ah oui ! déclara Rachel d'un air solennel. On a été très, très sages.

Les adultes échangèrent un sourire.

— Caitlin, dit John à sa fille aînée, retourne dans la cuisine, avec tes deux sœurs, et finissez de décorer les derniers gâteaux, d'accord ? Maman et moi voulons parler avec Jackie.

Les enfants sortirent en courant.

— Ne faites pas trop de saletés, lança leur mère machinalement.

Mais elle ne paraissait pas très convaincue et, lorsqu'elle se tourna vers Jackie, son visage rayonnait de douceur.

Ils s'installèrent dans le living-room, à côté de l'arbre de Noël et de la cheminée.

— Vous voulez tenir Patrick ? proposa John, en s'arrêtant

près du fauteuil de Jackie. Il est tout câlin, maintenant ; c'est bientôt l'heure de sa sieste.

— Avec plaisir, répondit Jackie, prise au dépourvu.

John posa le nourrisson dans ses bras et la jeune femme s'adossa au fauteuil. Patrick sentait bon le talc et le shampooing ; il regarda Jackie d'un air grave, son pouce minuscule enfoncé dans sa bouche.

Jackie lui sourit et déposa un baiser sur son front. Puis elle leva les yeux vers le couple, assis en face d'elle.

— Jason Burkett a fait des aveux complets, déclara-t-elle. Mon coéquipier a repris l'affaire, et je n'étais pas présente lors de l'interrogatoire, mais je suis passée au poste, hier, et j'ai écouté l'enregistrement.

— Il a tout avoué ?

— Oui. Ses déclarations concordent avec ce que vous m'avez dit.

Jackie jeta un coup d'œil du côté de Carly.

— Carly sait tout maintenant, dit John en prenant la main de sa femme dans la sienne. J'aurais dû tout lui raconter depuis le début. Nous avons déjà remboursé l'argent que j'avais pris et j'ai un entretien, la semaine prochaine, pour travailler dans une société de transports, dans la Vallée.

Les deux époux échangèrent un sourire plein de tendresse, et Jackie se dit qu'il n'y avait plus aucun problème, dans la petite maisonnée des Stevenson, en cette veille de Noël.

— En bref, reprit-elle, Burkett a expliqué comment il avait découvert votre petit détournement de fonds et comment il s'en était servi afin de vous pousser à blanchir les contributions illégales qu'il avait reçues pour sa campagne électorale. Quand vous avez essayé de reculer, il a mis en scène cette séance de photos avec Darla Drake en espérant vous faire chanter.

Le bébé ferma les yeux, ses cils soyeux se profilant sur ses joues rebondies.

— Tout l'aspect financier de l'affaire ne représente plus qu'un problème annexe, poursuivit Jackie. La carrière politique de Jason Burkett est terminée.

— Est-ce qu'il a parlé de Darla ? demanda John.

— Oui. On dirait même qu'il était soulagé de raconter à la police ce qui s'était passé. D'après ses déclarations, dès l'instant où Angela a été tuée et où les policiers lui ont décrit le véhicule qui l'avait renversée, il a soupçonné Darla d'avoir provoqué l'accident. Apparemment, celle-ci l'avait menacé plusieurs fois de venir chez lui pour faire une scène. Alors il a avoué leur liaison à Norine. C'est à partir de là que les Burkett ont cessé de collaborer avec les enquêteurs. Ils ne voulaient pas que Darla soit arrêtée, car ils savaient qu'elle aurait parlé, et le scandale aurait éclaté.

Carly secoua la tête d'un air incrédule.

— Leur petite fille venait d'être tuée, et ils pensaient encore à leur carrière politique ?

— Ils étaient totalement et exclusivement motivés par leur ambition, répondit Jackie. C'est pour ça qu'il a tué Darla. Elle lui a téléphoné, complètement bouleversée par l'accident, et elle l'a encore menacé de tout révéler à la presse. Il a décidé de la faire taire à tout jamais. Il n'a pas l'air d'éprouver le moindre remords, ajouta-t-elle. Si j'ai bien compris son raisonnement, elle avait tué Angela et, par conséquent, elle méritait de mourir.

— Mais comment mes empreintes ont-elles atterri chez elle ? demanda Stevenson.

— Ça, c'était une idée de Norine. Elle avait dû voir ça dans un feuilleton à la télé. Vous vous souvenez quand Burkett vous a convoqué dans son bureau, juste avant que vous quittiez votre travail. Il vous a offert un verre, n'est-ce pas ?

John hocha lentement la tête et Jackie poursuivit :

— Il l'a soigneusement gardé, avec l'intention de s'en servir pour vous incriminer, à un moment ou un autre. Il était tout content de lui, quand il a eu l'occasion de poser ce verre sur les lieux du meurtre de sa maîtresse. Comme ça, il était sûr que si vous dévoiliez quoi que ce soit à son sujet, personne ne prendrait vos déclarations au sérieux, et la police vous soupçonnerait de raconter des histoires pour essayer de vous couvrir.

John et Carly échangèrent un regard horrifié.

— Il s'est tellement pris au jeu qu'il a été jusqu'à laisser un message sur le répondeur de Darla en lui demandant de le rappeler au numéro habituel, le soir où nous avons découvert le cadavre. Il s'était dit que, si on découvrait leur liaison, cet appel ferait croire qu'il ignorait qu'elle était morte.

— Est-ce qu'il a parlé de… Est-ce qu'il a admis avoir menacé la vie de mes enfants ? demanda encore John.

— Oui. Il s'est largement étendu là-dessus. Les Burkett étaient terrifiés quand vous avez quitté votre travail, et encore plus quand vous avez disparu. Ainsi perdu dans la nature, vous représentiez un vrai danger pour leur carrière politique. Ils ont décidé que vos enfants étaient le meilleur moyen de vous faire sortir de votre cachette. Jason n'a jamais cru que vous étiez parti pour de bon, en abandonnant Carly. S'ils enlevaient un de vos enfants, ils étaient sûrs de vous tenir.

Carly fut parcourue d'un long frisson et elle baissa les yeux. Aussitôt, John serra sa main, qu'il tenait toujours entre les siennes.

— En revanche, la tentative de me jeter dans le ravin, alors que j'étais avec les jumelles, ça, c'était sûrement Norine, ajouta Jackie. Elle devait me filer, dans l'espoir que je la mènerais jusqu'à vous.

— Norine a avoué son rôle dans toute cette histoire ? demanda John.

Jackie secoua la tête.

— Elle nie tout en bloc. Elle prétend qu'elle ignorait ce que manigançait son mari, qu'elle était tellement écrasée par le chagrin, après la mort de sa fille, qu'elle n'avait aucune idée de ce qui se passait chez eux. Elle a même déclaré à mon coéquipier qu'elle n'aurait jamais cru Jason aussi impitoyable.

— On l'a crue ?

— Non. Mais, à mon avis, elle va s'en tirer tout de même. Un des hommes de main qu'ils avaient engagés est mort. L'autre va survivre, mais il n'a rien de compromettant à révéler au sujet de Norine. Ils ont toujours été en rapport avec Jason. Autrement dit, c'est la parole de Jason contre celle de sa femme. Or il a déjà cessé de parler d'elle. Il déclare qu'il ne témoignera pas contre elle, même pour bénéficier de l'indulgence du tribunal. J'ai l'impression qu'il l'aime toujours.

— Mais Norine est incapable d'aimer qui que ce soit, intervint Carly.

— C'est probable. Norine Burkett est un concentré d'ambitions dans une enveloppe en acier trempé. Je suis prête à parier qu'une fois Jason en prison, elle trouvera un autre type ayant des visées politiques et elle s'attachera à ses pas. Elle finira peut-être par arriver à la Maison Blanche, qui sait ?

Le jeune couple secoua la tête.

— Ce n'est vraiment pas le même genre de personne que votre femme, reprit Jackie, à l'adresse de John. Carly n'a jamais cessé de croire en vous, en dépit de tout.

John Stevenson enroula un bras autour des épaules de son épouse et l'attira contre lui en souriant. Il y eut un petit silence, confortable, puis Carly se leva et prit le bébé endormi des bras de Jackie.

— Vous voulez un thé ou un café, Jackie ? Ou bien un des gâteaux décorés par les filles ? ajouta-t-elle avec une grimace comique en direction de la cuisine, d'où jaillissaient des rires et les accents d'une conversation animée.

Jackie se leva et prit son manteau.

— Une autre fois, peut-être. Je dois me sauver. J'ai un rendez-vous en ville.

John l'accompagna jusqu'à la porte et, sur le seuil, il la serra très fort contre lui.

— Merci, Jackie, murmura-t-il. Merci pour tout.

Jackie se dégagea en rougissant, toute gênée.

Mais tandis qu'elle s'éloignait en direction de sa voiture, elle repensa à la rangée de chaussettes alignées sur la cheminée, aux rires des enfants, et au bébé qui s'était endormi dans ses bras un instant plus tôt, et sa gorge se serra.

Jamais de toute son existence elle ne s'était sentie aussi seule.

26.

Deux heures plus tard, Jackie quittait le cabinet du médecin avec des brochures pleines de conseils alimentaires et une prescription de suppléments en vitamines.

Elle s'engouffra dans sa voiture et se dirigea vers la sortie du parking ; mais au moment de s'engager dans la rue, elle hésita, se demandant où aller.

Le temps avait changé depuis son arrivée à la clinique. C'était la mi-journée, mais les nuages s'étaient amoncelés dans le ciel, donnant l'impression que la nuit tombait déjà. Sous la voûte sombre, la ville ressemblait à un globe doré suspendu dans l'immobilité de l'hiver et scintillant de lumières et de guirlandes colorées.

La neige continuait de voler dans l'air, si lentement que chaque flocon était visible, et une impression de calme et de paix régnait dans l'atmosphère.

Finalement, Jackie se dirigea au sud, vers le quartier résidentiel où vivaient Adrienne et Harlan.

Adrienne lui ouvrit et la serra joyeusement dans ses bras, tandis que Jackie s'essuyait les pieds sur le paillasson, pour décrocher la neige collée à ses bottes.

— Quelle bonne surprise ! s'écria son amie. J'ai beaucoup pensé à toi, cette semaine, après tous ces événements. Mais je me suis dit que tu devais être très occupée. Je ne voulais pas te déranger. Comment vas-tu ?

— Ça va, répondit Jackie. Toute cette histoire m'a laissée sur les genoux, mais je commence à me remettre.

— Eh bien, quand tu te sentiras tout à fait bien, et si tu en as envie, tu pourras tout me raconter, déclara Adrienne en accrochant le manteau de son amie dans le placard du vestibule. Pour le moment, viens goûter les petits gâteaux que je viens de confectionner.

Jackie la suivit dans le salon et s'installa sur le canapé de cuir, à côté de l'arbre de Noël.

— Je suis passée voir les Stevenson, ce matin, dit-elle.

Un large sourire illumina le visage d'Adrienne.

— Comment vont-ils ?

— Heureux comme des papes.

Jackie lui raconta sa visite et Adrienne secoua la tête, d'un air tout attendri.

— Je suis tellement contente pour eux. J'adore cette famille.

— Où sont Harlan et Alex ? demanda Jackie.

— Partis faire des courses de Noël. Cet homme attend toujours le dernier jour et, après, il faut qu'il mette les bouchées doubles.

— Au moins, Alex est là pour l'aider.

Jackie étudia la silhouette de son amie avec attention.

— Dis donc, ça commence à se voir...

Adrienne tapota son ventre d'un air heureux.

— Je suis enceinte de plus de cinq mois, maintenant. Non seulement ce petit bout de chou bouge chaque jour, mais il fait du crawl.

— Sans blague ? s'esclaffa Jackie, imaginant le minuscule nageur.

— Tu sais ce que tu vas faire pour Noël, demain, Jackie ? Je ne veux pas que tu restes toute seule dans ton appartement. Pas après tout ce que tu viens de traverser.

Jackie se dandina sur le canapé. Elle prit un coussin à côté d'elle et enroula les franges soyeuses autour de ses doigts, incapable de croiser le regard de son amie.

— Tu es tellement pâle, poursuivit Adrienne. Et je suis sûre que tu as maigri. Est-ce que tu as vu le médecin ?

— J'ai rencontré un spécialiste de traumatologie, deux fois, répondit Jackie à voix basse. Nous avons parlé du boulot et…

Elle marqua une pause pour respirer profondément.

— On a parlé d'autres trucs aussi, qui n'avaient rien à voir avec la police.

— Quoi, par exemple ?

— Mon enfance, ma grand-mère, la manière dont je perçois la vie… ma peur de m'engager, ce genre de choses.

— Ça t'a aidée ?

Jackie retourna le coussin et se mit à caresser la surface en velours.

— Je crois, oui. Je n'aurais jamais imaginé que de parler avec un psy me ferait du bien, mais il était assez perspicace.

— Tant mieux, commenta Adrienne.

— En tout cas, il a eu l'air de penser que je n'étais pas en bonne santé, et il m'a envoyée voir un médecin. J'en reviens. On m'a fait passer des tas d'examens.

Elle prononça ces derniers mots d'une voix si rauque qu'Adrienne la considéra avec inquiétude.

— Jackie, est-ce que ça va ? demanda-t-elle dans un chuchotement tremblant.

Jackie se leva et alla toucher une des décorations accrochées sur l'arbre de Noël, essayant de trouver la force de prononcer les mots à voix haute.

— Eh bien…, commença-t-elle, s'étranglant aussitôt.

— Quoi ?

Adrienne se leva à son tour et vint glisser un bras autour de ses épaules.

— Je suis enceinte, Adrienne, murmura Jackie. Le toubib dit que je suis enceinte de trois mois.

Adrienne recula d'un pas et la considéra d'un air tellement abasourdi que c'en était presque comique. Puis son visage devint tout rose et elle éclata de rire, avant de serrer Jackie contre elle.

— C'est une nouvelle merveilleuse, Jackie ! Oh, c'est vraiment merveilleux !

Comme Jackie demeurait immobile entre ses bras, Adrienne se dégagea et l'enveloppa d'un long regard pénétrant. Puis, l'entraînant de nouveau vers le canapé, elle s'assit à côté d'elle.

— Est-ce que c'est merveilleux, Jackie ? reprit-elle doucement. Que ressens-tu ?

Celle-ci secoua la tête, cherchant ses mots.

— Quand le médecin me l'a annoncé, je n'ai rien senti du tout, sinon un déni total. D'ailleurs, je lui ai dit qu'il se trompait sûrement ; que c'était une erreur. Même quand il m'a montré les résultats des examens, je n'arrivais toujours pas à ressentir quoi que ce soit. Ça n'avait pas l'air réel jusqu'à ce que je te l'annonce à haute voix.

— Alors, que ressens-tu, maintenant ? Tu… tu le veux, ce bébé ? demanda Adrienne.

— Si je le veux ? s'exclama Jackie, un peu étourdie. Evidemment que je le veux ! Ce bébé…

Elle toucha son ventre encore plat et dur, sous la chemise et le jean.

— Ce bébé, c'est… moi et Paul. C'est vraiment incroyable…

Des larmes jaillirent de ses yeux et se mirent à couler sur ses joues. Sans réfléchir, elle les essuya d'un revers de manche.

Adrienne sourit et tira des mouchoirs en papier de sa poche. Jackie les prit pour se moucher.

— Tu vas en parler à Paul ? reprit son amie.

— Dès que je pourrai. C'est son enfant autant que le mien. Il a le droit de savoir ce qui se passe.

— Alors, tu vas céder à son ultimatum et aller t'installer au ranch ?

Jackie secoua la tête.

— Rien n'a vraiment changé. En fait, j'étais déjà enceinte quand on a commencé à se disputer. La seule différence, c'est que maintenant, je le sais.

Elle marqua une pause et Adrienne lui tapota la main avec douceur.

— Mais j'ai grandi sans père, enchaîna Jackie, et je sais à quel point ça peut démolir un enfant.

Elle fronça les sourcils.

— Autrement dit, la question se pose toujours, mais

les données ont changé. Est-ce que je dois épouser Paul, même si je ne suis pas prête, juste parce que nous avons fait un bébé ensemble ?

— C'est comme tu veux, Jackie. Le choix t'appartient.

Jackie hocha la tête. Plus elle parlait avec Adrienne, plus elle sentait renaître sa force, plus elle se sentait à même de gérer le miracle dévastateur qui avait envahi son corps.

Elle baissa les yeux.

— Dans des moments comme celui-là, j'entends toujours la voix de ma grand-mère, dans ma tête, murmura-t-elle. Je n'en ai jamais parlé à personne, à part le psy.

— Que te dit-elle ? demanda Adrienne.

— Que je ne suis bonne à rien, que je suis une incapable, que je n'y arriverai jamais, que je vais tout gâcher ; quel que soit le choix que je ferai, ce sera le mauvais.

— Qu'est-ce que c'est que ces conneries ? s'exclama Adrienne, sur un ton d'outrage qui, en d'autres circonstances, aurait sûrement fait s'esclaffer Jackie.

— Tu crois que c'est des conneries ? demanda Jackie d'une voix hésitante.

— Evidemment, décréta son amie avec force. Elle leva la main et se mit à compter sur ses doigts :

— Tu es la meilleure amie que j'aie jamais eue. Tu es aussi la femme la plus courageuse que je connaisse. Et tu es tellement généreuse ! Tu fais des tas de choses formidables pour des inconnus que tu rencontres à travers ton travail. Je suis certaine que personne ne sait à quel point tu aides les autres. Et tu seras la meilleure mère qui ait jamais existé, quel que soit l'arrangement que tu trouveras au sujet de ta relation avec Paul. Alors, au diable ta grand-mère et sa manie de toujours tout désapprouver !

— Tu crois vraiment ce que tu viens de dire ? insista Jackie.

— De tout mon cœur et de toute mon âme, répondit Adrienne.

Elle sourit.

— Le bébé est prévu pour quand ?

— Juin.

En parlant, Jackie sentit une bouffée d'excitation lui traverser le corps, comme une rivière chaude et brillante.

— D'après le médecin, il devrait naître au début du mois de juin.

— Quelle bonne époque pour venir au monde, s'extasia Adrienne. Tu te rends compte, nos bébés n'auront que deux mois de différence.

Jackie se leva brusquement.

— Il faut que… Adrienne, je suis désolée, mais il faut que je m'en aille.

— Où ? s'exclama son amie, l'air inquiet. Tu ne veux pas rester pour la journée avec nous ? Harlan et Alex vont bientôt rentrer et on passera une bonne petite soirée de Noël entre nous.

— Je veux aller voir Paul et lui annoncer la nouvelle.

Adrienne se leva aussitôt pour prendre le manteau de Jackie dans le placard du vestibule.

— Alors ça, c'est différent, déclara-t-elle d'un air solennel. Mais fais bien attention sur la route, hein ?

Jackie enfila son manteau, puis ses bottes. Sur le seuil, elle serra son amie dans ses bras.

— Joyeux Noël, Adrienne, chuchota-t-elle. Je t'aime vraiment très fort.

— Hé, qu'est-ce qui t'arrive ? s'exclama cette dernière en secouant la tête. Voilà que la maternité te rend toute sentimentale.

Elle s'essuya les yeux.

— Bon, dépêche-toi de t'en aller, avant que je m'y mette, moi aussi.

Jackie prit la direction de la voie express. En chemin, obéissant à une impulsion, elle s'arrêta dans un magasin et acheta un petit arbre de Noël et tout un assortiment de décorations. Puis elle continua sa route, se demandant quelle mouche l'avait piquée.

Elle n'avait jamais, de toute sa vie, décoré un arbre de Noël.

Paul non plus, d'ailleurs. Ils feraient donc leur coup d'essai ensemble.

Ils allaient devoir se livrer à tant d'ajustements, désormais. Il y aurait sûrement toutes sortes de disputes amères, des compromis malaisés ; ils avaient beaucoup à apprendre.

En fait, songea la jeune femme, c'était le plus grand défi qu'elle ait jamais relevé au cours de sa vie, qui n'avait pourtant pas été facile. Mais pour la première fois, elle n'avait plus peur de ce qui l'attendait.

Elle éprouvait un immense soulagement, comme si on lui avait ôté un gros poids des épaules, maintenant qu'elle comprenait ce qui avait causé son état d'extrême émotivité, ces dernières semaines ; toute cette confusion, les nausées, les sautes d'humeur — ce n'était donc pas le résultat d'une horrible transformation de sa personne, mais la conséquence normale de son état.

L'image moqueuse de sa grand-mère et la voix grinçante qui chuchotait toujours à ses oreilles paraissaient avoir disparu comme par enchantement. A leur place se trouvait un bébé, niché tout près de son cœur, au plus profond de son être.

A sa grande stupéfaction, Jackie s'avisa qu'elle aimait déjà avec passion cette petite personne encore invisible. Et elle savait à présent, sans l'ombre d'un doute, qu'elle serait capable de s'occuper de son bébé.

Rien de ce que sa grand-mère lui dirait ne pourrait la décourager, pas plus que les exigences de Paul ne réussiraient à la déstabiliser.

Jackie Kaminski allait avoir un bébé, et elle serait une bonne mère.

— Je vais être une bonne mère, chuchota-t-elle.

Elle répéta ces mots à haute voix, criant vers le ciel et la prairie blanche et silencieuse qui s'étendait alentour.

Elle bifurqua sur le chemin menant vers le ranch de Paul et ressentit un flot de bonheur si intense que son cœur paraissait vouloir sortir de sa poitrine.

Bientôt, elle aperçut les bâtiments et la maison solitaire et sombre, dans le crépuscule.

Paul traversait le jardin, un seau de métal dans la main. Ses larges épaules étaient voûtées et il avait l'air tout petit, comme perdu dans cette immensité.

Jackie arrêta la voiture devant la maison, et lança un coup d'œil vers son arbre de Noël et ses paquets de décorations entassés sur la banquette arrière.

Au même moment, Paul l'aperçut. D'abord il se figea, l'air stupéfait. Puis il abandonna le seau sur place et se mit à courir vers elle, se tordant les chevilles dans la neige.

Jackie sortit alors de la voiture.

— Joyeux Noël, s'écria-t-elle avant de se jeter dans ses bras en riant.

— Ma chérie !

Il l'embrassa, ses lèvres courant follement sur tout son visage.

— Jackie, Jackie, ma chérie…

C'était si bon d'être dans les bras de Paul. Jackie se dégagea à contrecœur.

— Est-ce qu'on peut entrer et parler un moment ? demanda-t-elle.

— Bien sûr.

Il la lâcha aussitôt, la suivit jusque sur le seuil, où ils s'arrêtèrent pour se débarrasser de leurs bottes.

Une fois à l'intérieur, Jackie posa son manteau et alla mettre de l'eau à bouillir.

— Je vais me faire une soupe, déclara-t-elle. Je meurs de faim.

— Jackie, j'ai appris ce qui s'était passé, dans cette cabane. Est-ce que ça va ?

— Mieux. Beaucoup mieux. Mais c'était vraiment horrible.

— J'étais tellement inquiet à ton sujet. Il y a quelques jours, j'ai appelé le poste de police et Brian m'a dit que tu étais en congé pour une semaine.

Jackie déchira un sachet de soupe instantanée et le versa dans un bol.

— Mais tu ne m'as pas téléphoné ?

— Je ne voulais pas te mettre la pression.

Jackie se tourna vers lui.

— J'espérais que tu appellerais.

Le visage de Paul s'éclaira et une expression de bonheur incrédule se peignit sur ses traits.

— Ne te méprends pas, ajouta Jackie vivement. Je ne suis toujours pas prête à venir m'installer ici. Mais je voudrais voir si nous ne pouvons pas trouver un compromis… C'est tellement dur de vivre sans toi. Et puis…

Elle se tut, le cœur battant.

— Quoi ? demanda-t-il en la dévorant des yeux. Qu'est-ce que tu allais dire ?

Elle prit une profonde inspiration.

— Je suis enceinte, Paul. Je l'ai appris ce matin.

Paul la regarda fixement, comme quelqu'un qui vient d'être frappé par la foudre.

— Tu es enceinte ?

— De trois mois. Le bébé doit naître en juin.

Il se leva et vint la prendre dans ses bras.

— Mon Dieu, Jackie, tu te rends compte de ce que tu m'annonces ? murmura-t-il dans les cheveux de la jeune femme.

— Je t'annonce que tu vas être papa. Quel effet ça te fait ?

Il la serra plus fort contre lui.

— Un effet merveilleux. Un effet… C'est un sacré choc, je dois l'admettre. Mais c'est vraiment merveilleux.

— Oh, Paul, chuchota Jackie, fondant entre les bras de son amant, c'est vrai que c'est merveilleux, n'est-ce pas ?

Il se dégagea légèrement et la considéra un moment, d'un air grave.

— Alors, je vais être père, mais pas mari ?

— Donne-moi juste un peu de temps, le supplia-t-elle. Je t'en prie, Paul, laisse-moi gérer tout ça à mon rythme. Je ne veux pas vivre sans toi, et je ne veux pas élever un enfant sans son père. Mais je ne peux pas affronter l'idée du mariage, pour le moment.

Paul ne répondit rien, l'espace de quelques secondes, et Jackie put suivre sur son visage le conflit d'émotions et la bataille qui se déroulaient à l'intérieur de lui. Finalement, il l'attira de nouveau dans ses bras.

— Après tout, qu'importe l'avenir ? dit-il. Tu es là, maintenant, et nous allons avoir un bébé. Je peux me contenter de cela.

— Je t'aime, Paul.

De nouveau, il fit courir ses lèvres sur le visage de la jeune femme.

— Tu vas rester avec moi, ce soir ? demanda-t-il.

— Il le faut bien.

— Ah bon ? Pourquoi ?

— Parce que j'ai acheté un arbre de Noël. Tu sais comment installer ce truc et mettre toutes les lumières et le reste ?

— Non.

Il l'embrassa de nouveau.

— Oh, Paul, nous avons tant à apprendre, tous les deux. Il faut que…

Les paroles de Jackie se perdirent dans le baiser de son compagnon et elle poussa un soupir de plénitude, s'abandonnant au bonheur de leur étreinte. Ils auraient bien le temps, plus tard, à la lueur clignotante de leur arbre de Noël, de parler de leur relation.

Ce soir, c'était Noël, le crépuscule tombait, et ils avaient toute la vie devant eux.

DANS LA MÊME COLLECTION

Par ordre alphabétique d'auteur

LAURIE BRETON	*Ne vois-tu pas la mort venir ?*
BARBARA BRETTON	*Le lien brisé*
JASMINE CRESSWELL	*La Manipulatrice*
JASMINE CRESSWELL	*Le secret brisé*
JASMINE CRESSWELL	*La mort pour héritage*
JASMINE CRESSWELL	*Soupçons mortels*
JASMINE CRESSWELL	*Je saurai te retrouver*
MARGOT DALTON	*Amnésie*
MARGOT DALTON	*Kidnapping*
MARGOT DALTON	*Le sceau du mal*
MARGOT DALTON	*Crimes inavoués*
WINSLOW ELLIOT	*L'innocence du mal*
LYNN ERICKSON	*Le Prédateur*
TESS GERRITSEN	*Présumée coupable*
TESS GERRITSEN	*Crimes masqués*
HEATHER GRAHAM	*L'invitation*
HEATHER GRAHAM	*L'ennemi sans visage*
HEATHER GRAHAM	*Le complot*
HEATHER GRAHAM	*Soupçons*
HEATHER GRAHAM	*La griffe de l'assassin*
GINNA GRAY	*Le voile du secret*
GINNA GRAY	*La cavale*
KAREN HARPER	*Testament mortel*
KATHRYN HARVEY	*La clé du passé*
CHRISTIANE HEGGAN	*Miami Confidential*
CHRISTIANE HEGGAN	*L'Alibi*
CHRISTIANE HEGGAN	*Intime conviction*
CHRISTIANE HEGGAN	*Labyrinthe meurtrier*
CHRISTIANE HEGGAN	*Troublantes révélations*
BONNIE HEARN HILL	*La disparue de Sacramento*
METSY HINGLE	*Le masque de la mort*
GWEN HUNTER	*Faux diagnostic*
GWEN HUNTER	*Virus*
GWEN HUNTER	*Les mains du diable*
GWEN HUNTER	*Le triangle du mal*
PENNY JORDAN	*De mémoire de femme*
PENNY JORDAN	*La femme bafouée*

.../...

DANS LA MÊME COLLECTION
Par ordre alphabétique d'auteur

R.J. KAISER	*Qui a tué Jane Doe ?*
ALEX KAVA	*Sang Froid*
ALEX KAVA	*Le Collectionneur*
ALEX KAVA	*Les âmes piégées*
ALEX KAVA	*Obsession meurtrière*
RACHEL LEE	*Neige de sang*
RACHEL LEE	*Le lien du mal*
CARLA NEGGERS	*L'énigme de Cold Spring*
MEG O'BRIEN	*Le piège*
MEG O'BRIEN	*En lettres de sang*
MEG O'BRIEN	*Pluie de sang*
MEG O'BRIEN	*La déchirure*
MEG O'BRIEN	*Spirale meurtrière*
SHIRLEY PALMER	*Zone d'ombre*
EMILIE RICHARDS	*Le refuge irlandais*
EMILIE RICHARDS	*Mémoires de Louisiane*
EMILIE RICHARDS	*Le testament des Gerritsen*
EMILIE RICHARDS	*L'héritage des Robeson*
EMILIE RICHARDS	*L'écho de la rivière*
EMILIE RICHARDS	*Promesse d'Irlande*
EMILIE RICHARDS	*Du côté de Georgetown*
HELEN R. MYERS	*Mortelle impasse*
HELEN R. MYERS	*Les ombres du doute*
NORA ROBERTS	*Le cercle brisé*
NORA ROBERTS	*Possession*
NORA ROBERTS	*Et vos péchés seront pardonnés*
NORA ROBERTS	*Tabous*
NORA ROBERTS	*Coupable innocence*
NORA ROBERTS	*Maléfice*
NORA ROBERTS	*Enquêtes à Denver*
NORA ROBERTS	*Crimes à Denver*
NORA ROBERTS	*L'ultime refuge*
FRANCIS ROE	*L'engrenage*
FRANCIS ROE	*Soins intensifs*
M. J. ROSE	*Rédemption*

.../...

DANS LA MÊME COLLECTION
Par ordre alphabétique d'auteur

JOANN ROSS	*La femme de l'ombre*
SHARON SALA	*Sang de glace*
SHARON SALA	*Le soupir des roses*
TAYLOR SMITH	*Le carnet noir*
TAYLOR SMITH	*La mémoire assassinée*
ERICA SPINDLER	*Rapt*
ERICA SPINDLER	*Black Rose*
ERICA SPINDLER	*Le venin*
ERICA SPINDLER	*La griffe du mal*
ERICA SPINDLER	*Trahison*
ERICA SPINDLER	*Cauchemar*
ERICA SPINDLER	*Pulsion meurtrière*
ERICA SPINDLER	*Le silence du mal*
ERICA SPINDLER	*Jeux macabres*
ELISE TITLE	*Obsession*
CHARLOTTE VALE ALLEN	*L'enfance volée*
LAURA VAN WORMER	*La proie du tueur*

6 TITRES À PARAÎTRE EN JANVIER 2007

MIRA

Composé et édité par les
éditions Harlequin
Achevé d'imprimer en octobre 2006

par

LIBERDÚPLEX

Dépôt légal : novembre 2006
N° d'éditeur : 12386

Imprimé en Espagne